区块链金融

赵华伟 主 编
刘晶 张路 张文瑶 石庆芳 宋开宇 副主编

清华大学出版社
北京

内 容 简 介

本书围绕区块链技术与金融服务创新、金融监管创新深度融合过程中所引发的社会普遍关注的区块链金融这一主题展开。第1章主要介绍区块链的相关概念，区块链与通证经济的关系，并概述了区块链对金融业的影响。第2～9章分别介绍了区块链对征信、数字货币、证券、网络借贷、支付、保险、众筹、供应链金融与票据等金融业的影响，以及区块链对解决上述业务领域所存在痛点问题的技术优势，并详细论述了上述金融业与区块链技术深入结合后的模式创新方法及创新发展趋势。第10章介绍了区块链技术对金融审计创新与金融监管创新的促进作用。另外，本书包含大量的区块链金融实际案例，每章后附有适量的练习与思考，可供读者学习与复习。

本书不仅可作为高等院校经济类专业、管理类专业和计算机类专业开设"区块链金融"课程的教材，还可作为相关领域机关、企事业单位的培训教材，以及作为区块链金融从业者或对区块链金融感兴趣人士的参考用书。

本书封面贴有清华大学出版社防伪标签，无标签者不得销售。
版权所有，侵权必究。举报: 010-62782989, beiqinquan@tup.tsinghua.edu.cn。

图书在版编目(CIP)数据

区块链金融/赵华伟主编.—北京：清华大学出版社，2020.11(2024.9重印)
ISBN 978-7-302-55672-5

Ⅰ.①区… Ⅱ.①赵… Ⅲ.①电子商务-支付方式 Ⅳ.①F713.361.3

中国版本图书馆 CIP 数据核字(2020)第 100813 号

责任编辑：白立军　杨　帆
封面设计：杨玉兰
责任校对：梁　毅
责任印制：沈　露

出版发行：清华大学出版社
网　　址：https://www.tup.com.cn, https://www.wqxuetang.com
地　　址：北京清华大学学研大厦 A 座　　邮　编：100084
社 总 机：010-83470000　　邮　购：010-62786544
投稿与读者服务：010-62776969, c-service@tup.tsinghua.edu.cn
质量反馈：010-62772015, zhiliang@tup.tsinghua.edu.cn
课件下载：https://www.tup.com.cn, 010-83470236

印 装 者：大厂回族自治县彩虹印刷有限公司
经　　销：全国新华书店
开　　本：170mm×230mm　　印　张：24.25　　字　数：347 千字
版　　次：2020 年 12 月第 1 版　　印　次：2024 年 9 月第 5 次印刷
定　　价：89.90 元

产品编号：084198-01

前言

党的十九大报告提出"深化金融体制改革,增强金融服务实体经济能力"。在传统金融模式服务实体经济能力已经存在瓶颈的情况下,信息技术驱动金融服务产业转型升级的作用日趋明显。促进信息科技与金融业务的深度融合,利用金融科技手段驱动金融服务创新与金融监管创新,进而优化金融资源配置,提高金融效率,降低金融成本,加强金融监管,最终达到提升金融服务实体经济的目的,已经是建设现代金融体系、深化金融体制改革的必由之路。

新兴的区块链技术是金融科技领域最前沿的信息技术。它作为一种新型的分布式账本数据库,数据存储的每个节点都会同步复制整个账本,并且互相验证其信息的有效性,所有信息公开透明,并以密码学方法保证其不可篡改,具有去中心化、不可篡改、可追溯、多方共识、智能合约等特征。这些特征在金融领域有巨大的应用优势:去中心化的分布式结构可节省大量的金融中介成本;不可篡改的时间戳可解决业务追溯与信息防伪问题;安全的共识机制可实现多方信任与多方协作;灵活的智能合约可帮助规范现有的金融市场秩序。从应用前景看,区块链与金融业务应用有很高的契合度。区块链可以在去中心化系统中自发地产生信用,从而建立无中心机构信用背书的金融市场,在很大程度上实现"金融脱媒",这对于各类金融业态的商业模式,特别是存在中介机构的金融商业模式是颠覆性的变革。因此,区块链金融已经成为当前全球金融创新领域最受关注的话题,而区块链金融也已经成为一种驱动新金融发展的朝阳行业。

区块链金融的发展离不开对专业人才的培养。区块链金融属于融合信息与金融两个学科的新型交叉领域,其内容涉及区块链技术在各类金融业务的各个环节上的深度应用,在内容上涵盖众多交叉学科的知识点,而现有该领域的书籍多是科普类读物,难以作为教材。为此,齐鲁工业大学(山东省科学院)通过教材立项,组织师资力量编写了本书。

本书在章节结构的设计上:一方面充分考虑了知识点布局的合理性,确保学生学习的连贯性,并确保学生能够利用前期掌握的知识点解决后续章节所提出的问题;另一方面对区块链在传统金融业态,以及现有互联网金融各形态中的应用进行了科学归类,便于让读者从全局角度把握区块链对我国金融改革和金融创新的巨大促进作用。

本书的特色:全面介绍区块链对传统金融、互联网金融各业态的促进作用,并详细介绍区块链在金融业态的服务创新、风控创新、监管创新中发挥的作用;详细分析当前传统金融与互联网金融面临的发展困境,可使读者深入理解区块链对金融的巨大促进作用。

本书第 1 章和第 8 章由赵华伟编写,第 2 章和第 5 章由张文瑶编写,第 3

章和第 4 章由石庆芳编写，第 6 章和第 7 章由刘晶编写，第 9 章和第 10 章由张路编写。本书由赵华伟拟定编写大纲并总纂定稿。宋开宇在教材统稿、课后题制定和课件制作过程中做了大量具体工作。

区块链金融在我国是一个快速发展、动态变化的新兴领域，不仅知识更新快，而且观点众多，百家争鸣。因此，在编写本书的过程中，我们尽量参考和借鉴相关专家学者的大量研究成果，包括著作、教材和网络文献，以期为读者呈现我国区块链金融的全貌。由于编写时间紧，以及部分网络文献作者不详，在本书中未能列出全部成果的出处，因此向各相关文献的作者由衷地表示感谢和歉意。

作者在本书的编写过程中投入了大量的时间和精力，但因能力与水平有限，经验、视野不足，难免存在疏漏之处，在此恳请读者批评指正，我们虚心采纳读者的意见，对本书不断进行完善。同时，我们向所有提出批评和建议的读者表示衷心的感谢！

作者
2020 年 8 月

目录

第1章 区块链的概念与运行原理 ……………… 1

1.1 区块链概述 …………………… 1

1.1.1 区块链的起源 ………… 1

1.1.2 区块链的概念及设计思想 ……………… 2

1.2 区块链的技术架构、技术特点、分类及发展趋势 ……………… 4

1.2.1 通用技术架构 ………… 4

1.2.2 区块链的技术特点 …… 9

1.2.3 区块链的分类 ……… 10

1.2.4 区块链的发展趋势 … 11

1.3 区块链与通证经济 ………… 15

1.3.1 区块链的价值内涵 … 15

1.3.2 通证经济对经济体制改革的促进 ………… 17

1.4 区块链在金融业的应用 ·· 24
   1.4.1 比特币 ·· 25
   1.4.2 瑞波系统 ·· 29
   1.4.3 金通计划 ·· 32
1.5 区块链的技术基础 ·· 37
   1.5.1 公钥密码体制 ·· 37
   1.5.2 散列算法 ·· 45
   1.5.3 数字签名 ·· 48
   1.5.4 分布式账本 ·· 52
   1.5.5 共识机制 ·· 53
   1.5.6 智能合约 ·· 55
1.6 本章小结 ·· 56
练习与思考 ·· 57
参考文献 ·· 57

第 2 章 区块链＋征信 ·· 58
  2.1 我国征信行业发展现状 ·· 58
  2.2 区块链＋征信的发展前景 ·· 61

  2.2.1 保障信息主体隐私和权益 …………………………………… 63

  2.2.2 提升征信数据维度和共享性 …………………………………… 63

 2.3 区块链与征信的契合优势 ………………………………………… 64

 2.4 区块链＋征信的模式创新 ………………………………………… 68

 2.5 区块链＋征信的应用案例分析 …………………………………… 71

 2.6 本章小结 …………………………………………………………… 75

 练习与思考 ……………………………………………………………… 75

 参考文献 ………………………………………………………………… 76

第 3 章 区块链＋数字货币 …………………………………………… 77

 3.1 数字货币概述 ……………………………………………………… 77

  3.1.1 数字货币的起源与定义 ………………………………………… 77

  3.1.2 数字货币的 3 个基本问题 ……………………………………… 84

  3.1.3 数字货币的主要特征 …………………………………………… 87

  3.1.4 数字货币的需求 ………………………………………………… 90

  3.1.5 中央银行发行数字货币面临的挑战 …………………………… 93

 3.2 基于区块链的数字货币 …………………………………………… 94

  3.2.1 区块链与数字货币 ……………………………………………… 94

3.2.2　区块链技术与央行数字货币需求的分歧 …………………… 98
　　3.2.3　基于区块链的数字货币的影响 ………………………………… 100
　　3.2.4　基于区块链的数字货币发展潜在的问题与阻碍 ……………… 103
　　3.2.5　未来数字货币发行的模式 …………………………………… 105
　　3.2.6　影响数字货币发展的因素 …………………………………… 106
　　3.2.7　数字货币发展的政策建议 …………………………………… 108
3.3　案例分析：我国法定数字货币探索 ……………………………………… 116
　　3.3.1　我国法定数字货币现状 ……………………………………… 116
　　3.3.2　我国法定数字货币的构建思路研究 ………………………… 117
　　3.3.3　未来展望之一：基于账户和基于价值 ……………………… 121
　　3.3.4　未来展望之二：自顶向下和自底向上 ……………………… 123
　　3.3.5　未来展望之三：量子货币 …………………………………… 126
3.4　本章小结 ………………………………………………………………… 127
练习与思考 ……………………………………………………………………… 128
参考文献 ………………………………………………………………………… 128

第4章　区块链＋证券　129

4.1　证券业的发展趋势与面临的挑战 ………………………………………… 129

  4.1.1 证券业的发展趋势 …………………………………………… 129

  4.1.2 证券业面临的挑战 …………………………………………… 132

4.2 **基于区块链技术的证券** ……………………………………………… 139

  4.2.1 证券业区块链技术应用可行性分析 ………………………… 139

  4.2.2 区块链＋证券面临的问题与挑战 …………………………… 141

  4.2.3 区块链技术在证券市场的应用分析 ………………………… 149

  4.2.4 区块链进入证券交易领域的优势 …………………………… 156

  4.2.5 区块链技术应用于证券市场的监管建议 …………………… 159

  4.2.6 区块链技术应用于证券市场的前景展望 …………………… 166

4.3 **区块链＋证券实践探索** ……………………………………………… 167

  4.3.1 国内外区块链＋证券实践现状 ……………………………… 167

  4.3.2 区块链技术在资产证券化上的应用——以京东金融为例 … 169

4.4 **本章小结** ……………………………………………………………… 171

练习与思考 ………………………………………………………………… 172

参考文献 …………………………………………………………………… 172

第 5 章　区块链＋网络借贷 ………………………………………………… 174

5.1 国内外网络借贷发展现状及问题 …………………………………… 175

5.2 区块链＋网络借贷的契合本质及特点 …… 176
    5.2.1 区块链＋网络借贷的契合本质 …… 176
    5.2.2 区块链＋网络借贷的契合特点 …… 178
5.3 区块链＋网络借贷的交易流程 …… 181
5.4 区块链＋网络借贷的新模式构建 …… 183
5.5 区块链＋网络借贷的应用案例分析 …… 188
5.6 本章小结 …… 192
练习与思考 …… 192
参考文献 …… 192

第6章 区块链＋支付 …… 194

6.1 支付汇款的发展 …… 195
    6.1.1 不简单的支付 …… 195
    6.1.2 跨境汇款的烦恼 …… 200
    6.1.3 为什么是 Ripple …… 202
6.2 区块链技术在支付领域的应用 …… 206
    6.2.1 区块链技术在支付领域的应用概述 …… 206
    6.2.2 区块链＋支付的应用潜力 …… 210

6.2.3　区块链技术在支付领域的具体应用场景 ……………… 213
　　　6.2.4　区块链＋支付的应用前景 …………………………… 217
6.3　区块链技术在支付领域的优势、应用风险及风险的应对措施 ……… 217
　　　6.3.1　区块链技术在支付领域的优势 ……………………… 217
　　　6.3.2　区块链技术在支付领域的应用风险 ………………… 219
　　　6.3.3　风险的应对措施 ………………………………………… 222
6.4　区块链＋支付的发展前景 ……………………………………… 225
6.5　案例分析：京东金融"互联网金融支付安全联盟风险信息共享
　　（分布式查询）平台" …………………………………………… 226
　　　6.5.1　研发目的 ………………………………………………… 227
　　　6.5.2　总体设计思路和业务流程 …………………………… 227
　　　6.5.3　实际效果及优势 ………………………………………… 228
6.6　本章小结 …………………………………………………………… 230
练习与思考 ……………………………………………………………… 231
参考文献 ………………………………………………………………… 232

第 7 章　区块链＋保险业 …………………………………………… 233

7.1　全球保险业应用区块链技术概览 …………………………………… 234

XI

7.2 区块链技术与保险业务嵌合分析 ·· 239
　　7.2.1 传统保险业务的局限性与瓶颈 ·· 239
　　7.2.2 区块链特征及对传统保险局限性的突破 ···························· 242
7.3 区块链技术在保险业的运用及优势分析 ·· 243
　　7.3.1 区块链技术在保险业的运用机理 ······································ 243
　　7.3.2 区块链技术在保险业的具体应用场景介绍 ························· 244
　　7.3.3 区块链技术在保险业应用的优势 ······································ 248
7.4 区块链技术促进保险市场改革 ·· 253
　　7.4.1 区块链与新型保险业务 ·· 253
　　7.4.2 区块链与保险服务 ·· 260
7.5 区块链技术在保险业应用面临的挑战及建议措施 ··························· 263
　　7.5.1 区块链技术在保险业应用面临的挑战 ······························· 263
　　7.5.2 区块链技术在保险业应用的建议措施 ······························· 265
7.6 本章小结 ··· 268
练习与思考 ··· 269
参考文献 ·· 269

第 8 章　区块链＋众筹 ·· **271**

 8.1　众筹概述 ·· 271

  8.1.1　众筹的概念 ·· 271

  8.1.2　众筹的分类 ·· 272

  8.1.3　众筹面临的潜在风险 ····································· 275

 8.2　基于区块链的众筹 ··· 282

  8.2.1　区块链众筹的优势 ······································· 282

  8.2.2　区块链众筹平台架构 ····································· 285

 8.3　ICO ·· 292

  8.3.1　ICO 的概念 ·· 292

  8.3.2　ICO 的交易方式 ··· 293

  8.3.3　ICO 的发展历程 ··· 294

  8.3.4　ICO 的风险 ·· 295

 8.4　本章小结 ·· 296

 练习与思考 ··· 297

 参考文献 ··· 297

第 9 章 区块链＋供应链金融与票据 … 298

9.1 供应链金融模式与区块链的应用 … 298
9.1.1 供应链金融简介 … 298
9.1.2 供应链金融模式 … 299
9.1.3 供应链金融机制的局限性 … 302
9.1.4 区块链在供应链金融中的应用 … 304

9.2 区块链＋票据 … 308
9.2.1 票据的内涵及特点 … 308
9.2.2 票据市场对中小企业融资的支持作用 … 310
9.2.3 区块链架构下的数字票据 … 312
9.2.4 数字票据平台 … 318
9.2.5 案例分析：链式票据"合同＋单据＋发票"对信用的影响 … 321

9.3 基于数字票据的应收账款融资场景 … 322
9.3.1 应收账款的内涵 … 322
9.3.2 应收账款融资模式 … 324
9.3.3 区块链技术下的应收账款融资方案 … 325
9.3.4 案例分析：浙商银行推出国内首个基于区块链的应收账款平台 … 330

9.4 本章小结 … 332
练习与思考 … 332

参考文献 ………………………………………………………………………… 333

第 10 章　区块链＋金融审计与监管 …………………………………………… 334

10.1　金融审计 ……………………………………………………………… 334
10.1.1　金融审计的概述 ………………………………………………… 335
10.1.2　金融审计的特点 ………………………………………………… 337
10.1.3　金融审计面临的问题 …………………………………………… 339

10.2　区块链技术驱动金融审计 …………………………………………… 341
10.2.1　区块链＋金融审计的可行性分析 ……………………………… 341
10.2.2　区块链技术在金融机构内部审计中的应用 …………………… 343
10.2.3　区块链技术在政府层面审计中的应用 ………………………… 346

10.3　基于区块链技术的金融审计应用平台 ……………………………… 348
10.3.1　数据采集层 ……………………………………………………… 349
10.3.2　区块链技术层 …………………………………………………… 350
10.3.3　平台分析层 ……………………………………………………… 350
10.3.4　应用服务层 ……………………………………………………… 351

10.4　基于区块链技术的金融监管 ………………………………………… 351
10.4.1　区块链技术驱动金融监管 ……………………………………… 352

  10.4.2 监管沙盒 …… 355
  10.4.3 区块链金融监管的研究展望 …… 360
 10.5 案例分析：享宇金服——区块链授权存证体系 …… 364
  10.5.1 数据支持 …… 365
  10.5.2 系统框架 …… 365
  10.5.3 业务流程 …… 366
  10.5.4 区块链授权存证体系的作用 …… 368
 10.6 本章小结 …… 369
练习与思考 …… 370
参考文献 …… 370

第 1 章　区块链的概念与运行原理

1.1　区块链概述

1.1.1　区块链的起源

2008 年 11 月 1 日，一位署名为中本聪（Satoshi Nakamoto）的人发表了一篇名为《比特币：一种点对点的电子现金系统》的论文。该论文构建了一套点对点的电子现金交易系统，并描述了一种称为"比特币"的虚拟货币（详细介绍见 1.4.1 节），以及该虚拟货币的核心技术"区块链"。该虚拟货币交易系统解决了在没有中心机构的参与下，总量恒定的数字资产的发行与流通问题，并能够确保交易的双方在未取得任何信任的情况下成功完成交易。

2009 年 1 月 3 日，中本聪利用基于区块链技术所开发的比特币客户端，在位于芬兰赫尔辛基的一台小型服务器上，通过首次"挖矿"（mining），创建了比特币的第一个区块——"创世块",并将当天《泰晤士报》的头版标题 The Times 03/Jan/2009 Chancellor on brink of second bailout for banks(《泰晤士报》2009年1月3日,财政大臣正处于实施第二轮银行紧急援助的边缘)永久地记录在了创世块上,同时获得了第一批50比特币的奖励。而这一天也标志着区块链技术与比特币金融体系的正式诞生。

1.1.2　区块链的概念及设计思想

1. 区块链的概念与原理

典型的区块链是块链式的数据存储结构,这也是区块链这一名称的来源。在典型的区块链系统中,数据以区块(block)为存储单元,区块之间按照时间顺序,结合密码算法构成链式(chain)的数据结构,从而构成区块链(blockchain)。

2016年10月18日,工业和信息化部发布了《中国区块链技术和应用发展白皮书》,其中从狭义和广义两个层面给出了区块链的概念。

(1) 狭义上,区块链是一种按照时间顺序将数据区块以顺序相连的方式组合成的链式数据结构,并以密码学方式保证的不可篡改和不可伪造的分布式账本。

(2) 广义上,区块链技术是利用块链式数据结构来验证和存储数据,利用分布式节点共识机制来生成和更新数据,利用密码学的方式来保证数据传输和访问的安全,利用自动化脚本代码组成的智能合约来编程和操作数据的一种全新的分布式基础架构和计算范式。

在区块链运行的原理上,区块产生过程中的密码学算法保证了数据一旦上链确认,就难以删除和更改,只能进行查询操作,从而保障了区块数据的完整性；区块产生过程中的共识机制确保了各参与方通过事先约定好的机制选出记账节点，由该节点决定最新的区块，并由其他节点共同参与最新区块的验证、存储和维护，从而保障了区块数据的共识性；由于区块链上的数据由各参与方共同存储，形成了全备份的分布式存储架构，从而保障了区块链系统的健壮性。

2. 区块链的设计思想

当前的互联网是一种信息互联网，在设计之初，其主要功能侧重在低成本地实现数据传递与数据共享，但对数据的保密性、完整性、可追溯性等安全保障机制考虑不足。目前，虽然已经研究出各种网络信息安全技术来弥补和加强对互联网数据的安全保护，但数据篡改、数据伪造的现象却愈演愈烈，造成了互联网数据难以表述真实的社会经济活动过程。为此，人类社会不得不建立各种中介机构和社会组织，为互联网环境下社会经济活动的可信性提供支撑和背书，并为此付出了巨大的成本。

区块链技术的革命性在于在不可信的互联网上，通过技术的创新，构建出一种全新的信任架构和价值交换机制，形成一种"价值互联网"，打造出一种"协同共治"的社会治理结构，从而大幅降低社会经济活动的运行成本，提高社会经济活动的运转效率。

去中介是区块链技术最重要的一种设计思想。在区块链体系中，交易双方能够在无须信任对方的情况下完成交易，从而颠覆了传统的交易方式中以可信第三方为中介的交易模式。这种设计思想的关键在以下两方面。

（1）交易信用由算法决定。区块链体系构建了一个依赖于算法的交易信任体系：通过密码算法锁定交易主体的身份、交易数据的完整性以及可追溯性，通过共识机制实现交易的多方共识以及对共识的存证，从而能够实现匿名环境下的两方或多方的直接交易，从而降低了交易成本，提高了交易效率。另外,基于算法,还能够实现交易信用的低成本拆分和传递,从而促进群体协作。

(2) 交易的自动执行。区块链技术利用可编程的、经过共识的智能合约,能够自动执行事先达成的合同、承诺,从机制上有效排除人为干扰,从而实现价值的低成本传递,进而推动经济社会活动进入一种数字化智能状态。

1.2 区块链的技术架构、技术特点、分类及发展趋势

1.2.1 通用技术架构

区块链在技术上融合了密码算法、共识机制、分布式存储、智能合约、点对点通信(P2P)等多种理论和技术,构建出一种能够提供去中心化的信任基础设施。其通用技术架构如图 1-1 所示。

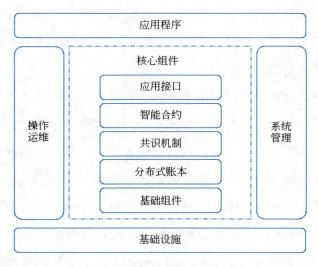

图 1-1 区块链技术架构

1. 基础设施

基础设施是保障区块链系统正常运行所必需的操作环境与软硬件设施。主要包括网络资源，如网卡、交换机、路由器；存储资源，如硬盘、磁盘阵列、云盘；计算资源，如中央处理器（central processing unit，CPU）、图形处理单元（graphics processing unit，GPU）、专用集成电路（application specific integrated circuit，ASIC）、现场可编程门阵列（field programmable gate array，FPGA）等，同时，还包括支撑这些硬件资源运行的各类操作系统。

2. 基础组件

基础组件用于支撑区块链系统中信息的传播、验证和记账。基础组件保证了整个区块链系统在没有中心化管理机构的条件下，任何节点都有机会参与信息的验证和记账，且任一节点的损坏或者退出都不会影响整个系统的运作。具体而言，基础组件主要包含网络发现协议模块、数据收发模块、密码库模块、数据存储模块和消息通知模块 5 类。

（1）网络发现协议模块。区块链系统由众多节点通过网络通信联结而成。每个节点需要通过网络发现协议发现邻居节点，并与邻居节点建立通信链路。在某些特定种类的区块链中，网络发现协议还需要验证节点的合法身份，以加强网络安全保护。

（2）数据收发模块。节点通过网络发现协议连接到邻居节点后，数据收发模块将完成与其他节点的数据交换，事务广播、消息通知、消息共识以及数据同步等都由该模块执行。根据不同区块链的架构，数据收发模块的设计需要考虑节点数量、网络拓扑、密码算法等因素。

（3）密码库模块。密码库为区块链系统的多个环节，如数据传输、存储、验证等过程提供密码算法的支撑，包括各种常见的加解密算法、哈希算法、签名算法等。与此同时，密码库还提供密钥管理的功能，包括密钥的产生、分享、传播、冻结、销毁等整个管理生命周期。

（4）数据存储模块。根据数据类型和系统结构的不同，区块链系统采用了不同的数据存储模式。存储模式包括关系数据库（如 MySQL）和非关系数据库（如 LevelDB）。一般而言，区块链系统中保存的数据为需要存证的公共数据，包括交易数据、事物数据以及状态数据等。

（5）消息通知模块。消息通知模块为区块链中不同组件之间以及不同节点之间提供消息通知服务。交易成功之后，客户通常需要跟踪交易执行期间的记录和获取交易执行的结果。消息通知模块可以完成消息的生成、分发、存储和其他功能。

3. 分布式账本

区块链系统采用的是一种分布式账本（distributed ledger），账本数据存储于多个节点中，以加强系统的健壮性。分布式账本采用了一种按时间顺序存储的块链式数据结构，负责区块链系统的信息存储，包括收集交易数据，生成数据区块，对本地数据进行合法性校验，以及将通过校验的区块加到链上。在技术上，分布式账本将上一个区块的数据签名嵌入下一个区块中，从而组成块链式数据结构，确保了数据的完整性与前后关联性，这正是区块链系统防篡改、可追溯特性的技术来源。其概念与特征见 1.5.4 节。

4. 共识机制

在区块链系统中，数据由参与记账的节点各自独立验证和存储，而共识机制主要负责协调保证全网各记账节点数据记录的一致性。在共识机制的协调下，共识机制层能够实现记账节点的选举、数据一致性验证以及数据同步控制等功能，从而体现出区块链的价值传递、数据确权等特性。其概念与特征见 1.5.5 节。

5. 智能合约

智能合约（smart contract）是一种旨在以信息化方式自动传播、验证和执行合同的计算机协议。基于智能合约，区块链系统可以实现无第三方介入的可信自动化交易。由于智能合约无人工参与，因此可以降低人为失误、道德风险所带来的交易安全隐患，并大幅降低交易成本。其概念与特征见1.5.6 节。

6. 应用接口

应用接口主要用于完成功能模块的封装，为应用层的开发提供简洁的调用方式。应用程序通过调用区块链的远程过程调用（RPC）接口与其他节点进行通信，并通过调用软件开发工具包（SDK）对本地账本数据进行访问、写入等操作。同时，RPC 和 SDK 应遵守以下规则：一是功能齐全，能够完成交易和维护分布式账本，有完善的干预策略和权限管理机制；二是可移植性好，可以用于多种环境中的多种应用，而不仅限于某些绝对的软件或硬件平台；三是可扩展和兼容性好，应尽可能向前和向后兼容，并在设计中考虑可扩展性；四是易于使用，应使用结构化设计和良好的命名方法便于开发人员使用。

7. 应用程序

应用程序作为最终呈现给用户的部分，主要作用是调用智能合约层的接口，适配区块链的各类应用场景，为用户提供各种服务和应用。

根据实现方式和作用目的的不同，当前基于区块链技术的应用可以划分为如表 1-1 所示的三类场景：一是价值转移类，即实现数字资产在不同账户之间的转移，如跨境支付；二是存证类，即将信息记录到区块链上，实现事实的存证,但无资产转移,如电子合同;三是授权管理类,即利用智能合约控制数据访问,如数据共享。此外,随着应用需求的不断升级,还存在多类型融合的场景。

表1-1 区块链应用场景分类

类型	政府	金融	工业	医疗	法律	版权
价值转移		数字票据 跨境支付 应收账款 供应链金融	能源交易	医疗保险		
存证	电子发票 电子证照 精准扶贫	现钞冠字号 溯源 供应链金融	防伪溯源	电子病历 药品溯源	公证 电子存证 网络仲裁	版权确权
授权管理	政府数据共享	征信		健康数据共享		版权管理

8. 操作运维

可靠的操作运维是区块链系统安全平稳运行的前提。操作运维层主要负责区块链系统的日常运维工作,用于保障区块链系统的正常运行状态,及时排除异常并应对突发事件。区块链系统需要提供详尽、可视化的直观监控信息,以便操作运维人员能够实时了解系统的真实健康状况,以便及早发现并应对异常;同时还应该设有应急操作特权入口,以便为应急手动操作提供一个安全方便的操作环境。

由于不同应用场景下的区块链系统在基础组件、分布式账本、共识机制、智能合约等方面实现上存在较大差异,因此不同的区块链系统具有不同的操作运维机制。

9. 系统管理

系统管理层负责对区块链体系结构中的其他部分进行管理,主要包含权限管理和节点管理两类功能。

（1）权限管理是区块链技术的关键部分，可以通过以下 3 种方式实现：①将权限列表提交给分布式账本层，并实现分布式的权限控制；②使用访问控制列表实现访问控制；③使用权限控制，如采用评分机制。通过权限管理，可以确保数据和函数调用只能由相应的合法操作人员在合规的条件下进行操作。

（2）节点管理的核心是节点标识的识别，通常使用以下两种技术实现：①CA 认证，集中式颁发 CA 证书给系统中的各种应用程序和区块链节点，身份和权限管理通过这些证书实现认证和确认；②第三方身份验证，身份由第三方提供的认证信息确认。由于各种区块链系统具有不同的应用场景，因此节点管理具有差异性。区块链的节点管理可与现有的身份验证和权限管理机制进行融合和交互。

1.2.2　区块链的技术特点

基于区块链的通用技术架构，区块链系统在技术上呈现出以下 3 个主要特点。

（1）交易的多方共识。在区块链中，一笔交易或者合约必须在多个记账节点的参与下，由共识机制认可后，才能记录到区块链上。确保了链上的交易均是被多方认可的，增强了交易的合规性和可信性。

（2）数据的安全存储。在区块链中，多个记账节点共同参与交易数据的记账，形成了交易数据的多节点全备份，能够有效防止技术上的单点故障和业务上的道德风险问题，提高了数据存储的安全性。

（3）数据的完整性与可追溯性。在区块链中，交易数据以区块的形式聚合，并以哈希树的形式实现区块内数据的完整性保护。而各个区块基于哈希算法，按照时序关系链接在一起，即前序区块的哈希特征被包含在了后序区块中。这意味着，在区块链中，篡改前序区块的内容，就必须重新调整所有后续区块的内容，而随着区块链长度的不断增加，对前序区块内容的修改会愈加困难。同时，由于块链式数据结构是按照时序链接在一起的，因此很容易实现对交易历史的追溯。

1.2.3 区块链的分类

区块链根据应用场景和技术原理的不同，一般分为公有链、联盟链与专有链 3 类。

（1）公有链。典型的公有链对加入区块链系统的节点没有限制，任何节点均可以自由加入和退出区块链系统。加入区块链系统的任何节点均能够在区块链系统中读取、发送交易，并能够参与交易的共识与记账。比特币、以太坊均是典型的公有链系统。

（2）联盟链。联盟链主要服务于由利益相关的各个机构组建的业务联盟。联盟链中的节点来自联盟的各个机构，且只有经过认证和授权后，才能加入联盟链系统，共同维护区块链的正常运行。联盟链适用于多机构联合的场景，如供应链金融、跨境清算等。

（3）专有链。专有链也称私有链，主要服务于某个机构内部的业务运营。专有链的节点均来自该机构内部，只有经过认证和授权后，才能加入专有链系统，共同维护区块链的正常运行。专有链适用于特定机构的内部管理与审计。

由于联盟链和专有链中的节点均需要经过认证和授权后才能加入区块链系统，因此联盟链与专有链又统称为许可链。

1.2.4 区块链的发展趋势

自 2009 年区块链技术诞生至今,区块链技术经历了 3 个发展阶段,即区块链 1.0、区块链 2.0 以及区块链 3.0。

1. 区块链 1.0

区块链 1.0 指的是以比特币为代表的虚拟货币时代,其特征是具有了去中心化的数字货币交易支付功能,能够实现虚拟货币的去中心化发行与支付手段。

在区块链 1.0 时代,在比特币的带动下,涌现出了大量的虚拟货币,如莱特币、点点币、瑞波币、以太币等。这些虚拟货币虽然问题重重,包括价格剧烈波动、数量上限导致通货紧缩,采用挖矿技术导致资源严重浪费,各国政府对其进行限制等,但其却勾画出一幅宏大的货币远景图,即未来的货币不再依赖于各国中央银行(简称央行)的发布,而是进行全球化的货币统一。

2. 区块链 2.0

区块链 2.0 指的是虚拟货币与智能合约相结合的时代。其特征是具备了虚拟机、智能合约与分布式应用(DApp),其中智能合约是区块链 2.0 的关键特征。

在区块链 2.0 时代,人们尝试创建可共用的区块链技术平台,并向开发者提供区块链即服务(blockchain as a service,BaaS),这使得分布式身份认证、分布式域名系统、分布式自治组织等 DApp 的开发将变得非常容易。同时,智能合约的部署与实施也促进了自动化交易的发展,大幅提高了交易效率,降低了交易成本。区块链 2.0 的典型代表是以太坊。

3. 区块链 3.0

区块链 3.0 代表着区块链的未来发展。在区块链 3.0 时代，区块链技术将广泛应用于公共治理与监管、电子商务、智慧医疗、能源等各个领域，能够对人们的协作方式产生巨大改变，并广泛而深刻地改变人们的生活方式和社会运作方式，最终构建出一种互信共治的社会新形态。

然而，值得注意的是，区块链技术发展的 3 个阶段并不是按照时间的序列依次展开的。例如，在 2019 年被认为是区块链应用的元年，各种基于区块链的应用，如基于区块链的供应链金融、基于区块链的司法存证、基于区块链的物流等在加速落地，在数字经济的各个局部领域形成了新生态，区块链应用进入了 3.0 时代。同时，由于看到了区块链在数字经济领域的巨大应用空间，Facebook（脸书）于 2019 年 6 月发布了其虚拟货币 Libra（天秤座）计划，基于其 27 亿的 Facebook 用户打造一个基于 Libra 的数字生态。Libra 是一种新型的虚拟货币，与一揽子法定货币（简称法币）资产相绑定，如美元、欧元等，与以往的虚拟货币，如比特币、以太币相比，具有价值稳定性高的特点。因此，可以看出，区块链发展的 3 个阶段是交叉重叠、相互促进的。

随着人们对区块链技术的认识不断加深，以及区块链技术的快速迭代演进，当前区块链技术的发展呈现出以下特点。

（1）架构方面，公有链与联盟链呈现融合态势。公有链目前是区块链技术最成功的应用领域。然而，随着人们对区块链认识的不断加深，人们愈加发现区块链技术在多部门协作的信任传递与价值传递中具有巨大的应用价值，因此联盟链在未来将是区块链应用落地的重要形式。

当前，公有链与联盟链在性能上具有互补性。公有链效率低，但由于其具有公众共识的特性，因此扩展性强，可信度与公信力较高；联盟链效率高，但该链由利益相关的机构共同维护，扩展性差，并且在提供公众服务时，其公信力逊于公有链。随着应用场景的日益复杂，在架构上开始探索两者的融合，即构建一种混合架构，在底层部署面向公众的公有链，上层部署构建面向企业或机构的联盟链，以充分利用两者的互补性，发挥区块链的最大效能。

（2）部署方面，BaaS加速落地应用。BaaS是一种新型的云服务，即利用云计算技术提供的区块链服务。BaaS能够帮助企业有效地降低区块链的部署成本。一方面，网络结构、分布式账本架构、身份管理、运行监控等逻辑被模块化、抽象成区块链服务，可满足机构快速搭建个性化区块链底层系统的需求；另一方面，基于云计算平台，通过对已有的基础设施做适当调整，可实现应用开发流程的加速，降低区块链应用的部署成本，使得区块链开发者可以专注于将区块链技术应用到不同的业务场景，帮助用户更低门槛、更高效地构建区块链服务，同时推动自有产业转型升级，为客户创造全新的产品、业务和商业模式。

（3）性能方面，高性能区块链技术不断取得突破。当前，区块链尤其是公有链的吞吐量，即每秒交易数（transactions per second，TPS）还比较低，无法满足大部分商业场景的需求。为此，研究人员提出了多种提高区块链TPS的方案。

① 有向无环图（directed acyclic graph，DAG）。基于DAG架构的区块链系统中没有区块的概念，交易请求发起后，广播全网确认，形成交易网络，无打包成块的环节，交易可从网络中剥离出来或合并回去。其TPS主要取决于网络带宽、CPU处理速度和存储容量的限制。

② 减少共识节点数量。由于区块链TPS的瓶颈主要集中在共识机制上，因此该方案在不影响安全性的前提下，通过减少参与记账共识的节点数量，以缩短共识时间，提高TPS。

③ 提升横向扩展力。即通过设计分片、子链和多通道技术提升区块链系统的横向扩展能力，进而提高系统的整体吞吐量。分片（sharding）是把整

个区块链网络的节点分为若干相对独立的区域,通过把交易分配到片区,让不同的片区以并行方式开展交易的验证、记账,以提升系统的整体 TPS。当前已有的分片策略涉及网络分片(network sharing)、交易分片(transactions sharding)以及计算分片(computional sharding)。子链技术是在主链上派生出来的具有独立功能的区块链,子链依赖主链而存在,并且可以定义自己的共识方式和执行模块。通过定义不同的子链,系统的可扩展性、可用性和性能均得到提高。多通道技术是系统中多个节点组成一个通道,每个节点也可以加入不同的通道中,通道之间互相隔离,通过锚节点互相通信。多通道技术可以消除网络瓶颈,提高系统可扩展性。

(4) 共识机制方面,从单一机制到混合机制。共识机制是区块链的核心技术,也是决定区块链 TPS 高低的重要因素。当前的共识算法主要有 PoW、PoS、DPoS、拜占庭容错等。这些机制适用于不同的场景,且呈现出不同的优缺点。为了适应场景的变化,提升效率,区块链呈现出根据场景自动切换共识机制的趋势,并且正在从单一的共识机制向多类混合的共识机制演进,运行过程中支持共识机制的动态可调配,或系统根据当前需要自动选择相符的共识算法。

(5) 智能合约方面,易用性、通用性及安全性成为发展重点。区块链应用的丰富性需要智能合约的支撑,随着区块链技术的推广,智能合约呈现出以下的发展态势:①可插拔的执行环境架构,提高智能合约的易用性;②降低合约语言、执行环境、区块链之间的耦合度,提高智能合约系统的通用性;③提高智能合约的安全性,包括合约代码定型与发布时的验证与检查,节点在执行合约中的动态验证,合约执行完毕的合理性判断,相关利益方的申诉机制与自动判决技术等。

1.3 区块链与通证经济

1.3.1 区块链的价值内涵

区块链不仅是传统记账技术的一种升级，在本质上，它更是一种思维方式的创新，一种社会经济组织结构和运作方式的革命。在当前的数字经济中，人们的消费数据、行为数据、社交数据等均是重要的生产资料，然而却被少数大型互联网平台所占用，这不仅造成数据所有权和使用权的垄断，而且造成了数据收益分配的不公。而区块链技术能够支持人们拥有自己数据的所有权，并赋予人们自主选择将数据与谁分享的权利，这种数据所有权的改变必然会改变人们在生产过程中的地位和关系，进而导致数据产品和收益分配的变化。因此，区块链技术有望促进协同共治经济模式的打造，驱动新型生产关系的产生，如图 1-2 所示。

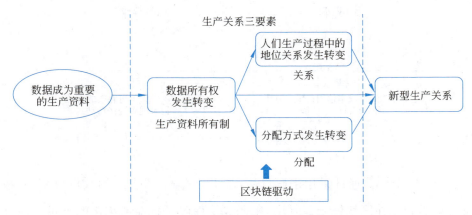

图 1-2 区块链驱动新型生产关系的产生

1. 通证

通证是现实世界中权益或者承诺的一种基于区块链技术的可信数字化表示。通证的产生、发行、交易与流通，能够将现实世界中的责任、权利与义务真实地映射到数字世界中，进而在具有弱信任特征的数字世界中，以多中心的方式完成大规模的群体协作与价值传递，进而实现社会组织运作流程和商业模式的再造。

通证具有以下特点，如图1-3所示。

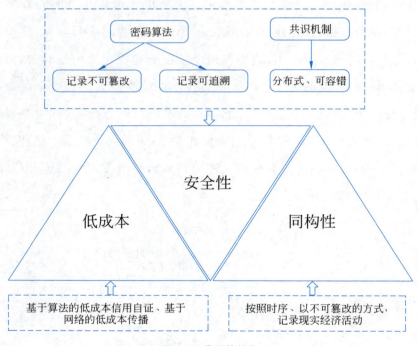

图1-3 通证的特点

（1）安全性。通证采用密码算法，基于分布式、可容错的共识机制，将权益或承诺固化在区块链上。其中，密码算法保障了权益或承诺的不可篡改和基于时序的可追溯性；分布式、可容错的多点共识确保了权益或承诺从现实世界到数字世界映射的真实性。因此,通证的安全性是建立在人类社会多数共识的基础上,由人类文明公认的算法提供保障。

(2) 低成本。通证基于密码算法和共识机制,被锁定在区块链上,在交易过程中无须依赖于高成本的可信第三方机构来证明通证的真伪,进而形成了一种能够信用自证的低成本新型交易模型。另外,通证根植于以信息网络为基础的数字世界中,数字形态的特点本身就决定了其具有低成本的大规模流通性。因此,通证交易将大大减少现实经济活动的交易成本,降低交易摩擦系数,提高整体的交易效率。

(3) 同构性。通证作为现实世界中权益或承诺在数字世界中的一种真实映射,能够在区块链上将现实经济生活中的交易或业务活动按照时序关系完整地记录下来,从而真实地反映出现实经济活动中的交易或业务逻辑,实现了数字经济对现实经济的真实刻画、复制和反映,实现两类经济活动的同构。

2. 通证经济

基于区块链技术的通证经济,是数字经济的一种新形态。当前,通证经济尚无明确定义,但本质上讲,它是将现实经济生活中的责、权、利采用以区块链为主的信息技术真实地映射到数字经济生活中,实现价值的高效创造与转化,利益公平分配,共同治理、互惠共赢的一种新型经济形态。2018 年 9 月在福州举办的"中国区块链技术与应用高峰论坛"上,福州区块链经济综合实验区就提出在建设规划上将聚焦通证经济。

1.3.2 通证经济对经济体制改革的促进

通证经济利用基于区块链技术产生的通证,实现了现实经济活动向数字经济活动的真实映射,并利用智能合约实现了法规、制度、规范、承诺的自动执行以及利益的及时、公平分配。通证经济将有助于实现经济生态的共同治理,完善产权保护制度,加快要素市场化,赋予政府职能部门穿透式监管的能力,在强化资源配置市场化和更好地发挥政府在监管和执行等方面的职能上有着积极的意义,有助于打造互信共治的数字经济,促进我国经济体制改革的深化。

1. 有助于促进共治协作组织的发展

协作是人类基于信任的一种群体合作关系,这是人类社会存在和进化的基础。从狩猎时代的部落式协作,到手工业时代的作坊式协作,到工业革命时代的分工协作,再到互联网时代的网络协作,每次社会协作方式的变革都是社会信任机制的变迁(见图1-4),而这种变迁将能够促进生产力的巨大释放,进而推进社会的发展与进步。

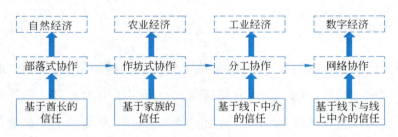

图1-4 社会信任机制的变迁对社会协作的影响

从图1-4中可以看出,虽然我们已经进入数字经济的时代,但是信任机制与工业革命时代相比并没有太大的变化,仅是增加了线上的信任中介,且没有解决线下信用中介存在的主要问题:信用成本高昂、效率低下,而且信用中介本身也存在道德风险。

基于区块链技术的通证经济,将是对社会信任机制和协作方式的又一次升级。在通证经济中,通过多方的分布式共识,可以实现交易、承诺、契约的公开透明、不可篡改与可追溯,这能够强化弱信任组织中人们的相互信任,从而弱化信用中介,同时促使信用中介变得更加透明和廉价。进而,在很多行业中人们无须建立公司、企业这样的管理集中、形式固化的契约组织来强化协作所必需的信任,而可以基于对价值创造的认同,自发组成共同治理的协作组织。同时,在这样的共治组织中,成员分工将以职能而非职务为主,利用通证契约实现共同治理,团队组织结构将大大扁平化,能够避免因管理层级过多所造成的权力斗争和效率低下。另外,基于通证的交易与流通,能够让每个参与协作的主体公平、及时地分享协作所创造的价值,进而激发人们参与协作的积极性。

因此,通证经济有助于构建信任摩擦系数低、劳动生产率高的大规模共治协作组织,进一步释放社会生产力,推动社会经济的再一次进步。

2. 有助于打造共享商业模式

互联网时代典型的商业模式是二段收费模式,即先通过免费产品获客,积累下具有垄断性的客户流量,形成商业壁垒,而后在此基础上,利用所获取的用户数据,通过增值服务与广告开展盈利。这种商业模式在免费产品供给阶段需要消耗大量金钱来获得客户流量,是一种烧钱模式。同时,由于这种烧钱模式简单粗暴,往往忽视用户黏度,当免费模式结束后,用户往往会脱离商业平台,从而导致商业模式的失败。另外,在这种商业模式中,平台的核心资产是积累下的海量用户交易数据,并基于这些交易数据获取了巨大商业价值,而用户却无法利用自身的交易数据获取价值,存在利益分配的极大不公平,如图1-5所示。因此,在这种烧钱的互联网商业模式中,往往只有领跑的大平台公司能够生存,从而形成事实上的商业垄断,同时由于垄断数据带来的巨大商业价值,平台公司无动力进行数据共享。

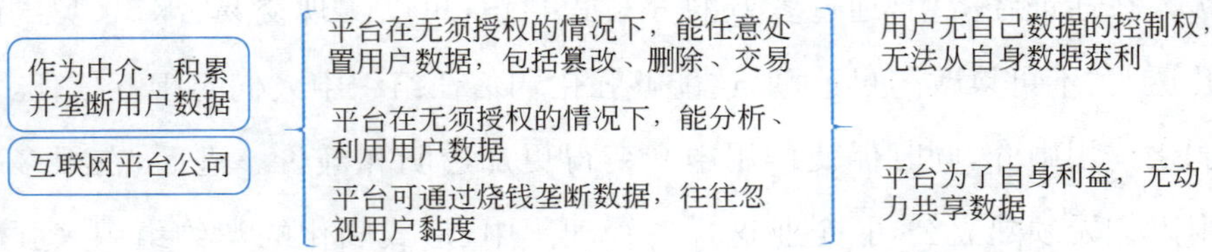

```
作为中介，积累          平台在无须授权的情况下，能任意处     用户无自己数据的控制权，
并垄断用户数据          置用户数据，包括篡改、删除、交易     无法从自身数据获利

                        平台在无须授权的情况下，能分析、
互联网平台公司          利用用户数据

                        平台可通过烧钱垄断数据，往往忽       平台为了自身利益，无动
                        视用户黏度                           力共享数据
```

图 1-5 传统数字经济中互联网平台运作模式

在通证经济中，互联网平台公司是基于区块链技术构建的通证平台，由用户共同参与治理，平台数据需要经过用户授权后，通过通证（智能合约）的形式，依据共识的规则进行访问，并获得访问结果。在此环境中，用户可通过对数据的控制权而获利，而平台公司由于无法垄断数据，则会将竞争力的提升放在通证生态的优化，而不是烧钱获客上。平台通证生态的优化会使得用户利用自身数据获得更多的收益，从而形成平台与用户互惠互利的良性商业环境，如图 1-6 所示。因此，在通证经济中每个平台只要做好通证生态，就会集聚一批黏度高的用户，因此难以形成一家独大或者商业垄断的局面。

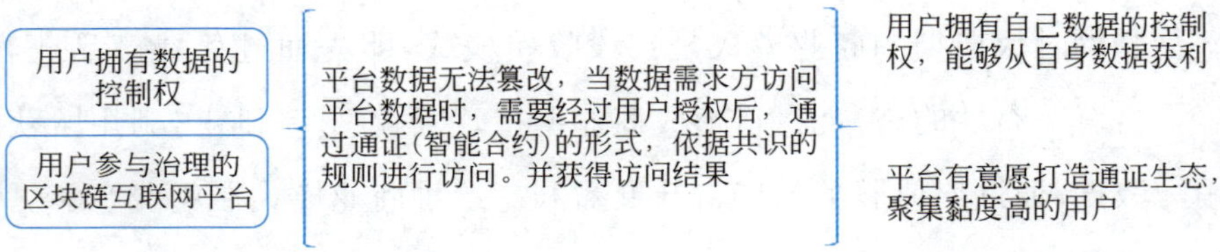

```
用户拥有数据的                                                用户拥有自己数据的控制
控制权            平台数据无法篡改，当数据需求方访问           权，能够从自身数据获利
                  平台数据时，需要经过用户授权后，通
用户参与治理的    过通证（智能合约）的形式，依据共识的
区块链互联网平台  规则进行访问，并获得访问结果                 平台有意愿打造通证生态，
                                                              聚集黏度高的用户
```

图 1-6 基于区块链的通证生态

另外，在通证生态中无须进行原始数据的共享，数据的需求方只需要将通证形式的智能合约存储到数据提供方的原始数据集里进行分析，获取分析结果即可，这将大大优化数据共享生态，如图 1-7 所示。

3. 有助于完善产权保护制度

产权包括财产的所有权、占有权、支配权、使用权、收益权和处置权等权

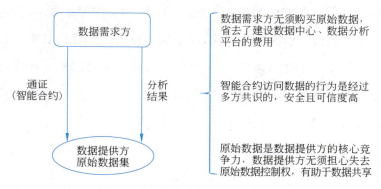

图 1-7 基于智能合约的数据共享模型

利,是经济所有制关系的法律表现形式,是所有制的核心。只有强化和保护这些产权,我国的经济体制改革才能取得实质性突破。

但是,当前我国的产权保护机制尚需完善,与建立统一开放、竞争有序的现代市场经济体系存在差距。特别是在我国从传统经济向数字经济转变的过程中,由于数字化的数据容易被篡改、删除,造成了现实世界与数字世界的鸿沟,这使得数字经济中的产权保护,特别是知识产权、数据产权的保护面临极大的挑战。

在通证经济中,基于区块链的通证将产权的登记、发行、流通以及交易等信息,按照时序关系翔实地记录在区块链上,并能够确保信息的多方共识、不可篡改以及可追溯,从而实现了现实经济活动中的产权在数字社会中的真实映射。一方面,使得产权归属和责权的公认性获得了基于算法的强信任背书,化解了确权烦琐、验证复杂的问题;另一方面,基于智能合约的通证交易和流通能够在约定条件下触发执行,可大大降低产权交易的执行成本,并避免了人为干预所造成的失误和破坏。

以土地产权举例,在通证经济环境中,土地产权的确权信息,如相关的法律许可、资产登记与产权证明都可以采用通证的形式记录到区块链上,从而简化和提高资质尽调审核的效率。进而,可将土地的规划约束、用途管制等条件以智能合约(通证)的形式固化,在土地产权进行挂牌交易的过程中进行合规性约束。在满足交易条件的情况下,土地产权交易的整个过程可以采用通证的形式实现低成本的交易和流转,并确保了整个交易过程的公开透明,以及产权的可追溯、可防伪、可审计,如图1-8所示。

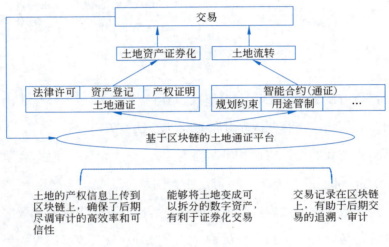

图1-8 基于通证平台的土地交易

4. 有助于提升市场在资源配置中的作用

党的十八届三中全会指出,"使市场在资源配置中起决定性作用和更好发挥政府作用",其内涵在于要素的市场化,以及简政放权、释放经济活力,而通证经济则能够很好地诠释这一改革内涵,如图1-9所示。

传统经济中的土地与自然资源、资本、科技成果,以及数字经济中的数据等要素是经济增长的核心,然而,我国经济改革中的很多问题都指向要素市场化配置扭曲这一深层次矛盾。因此,深化要素市场化改革是我国供给侧改革的主方向。而通证经济则有助于要素的市场化改革:一方面,组织与个人

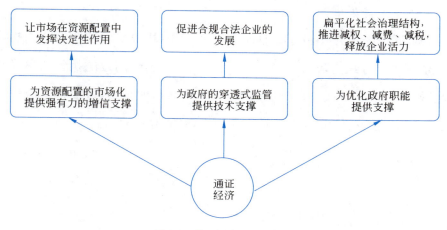

图 1-9 通证经济与简政放权

都可以将自身拥有的资源数字化后,转化为具有共识性质的通证,并可在区块链上实现低成本的可验证、可追溯、可交换,这将大大提高要素供给的市场化,基于供需优化资源配置,进而触发劳动生产率的提升;另一方面,通证与智能合约的结合,使得政府能够智能化控制各要素入市的规则、范围和途径,规范和简化入市流程,强化入市监管,这对于规范要素市场化具有重要意义。

简政放权是使市场在资源配置的过程中发挥决定性作用的重要举措,是我国经济改革、释放经济活力的重要抓手。通证经济对于简政放权具有积极的促进作用。

(1)简政放权意味着政府对资源配置主导权的让渡,而这种让渡必然会导致政府信用背书的缺位。而在通证经济中,基于密码算法背书的通证则恰恰能够弥补政府背书缺位所造成的负面影响,为市场在资源配置中发挥主导作用提供强有力的增信支撑。

(2)通证是经过多方共识的数字权益证明,当政府机构参与到通证的共识中时,则能够监管通证的产生、发行、交易与流通,这可大幅提升政府实施穿透式监管的能力,压缩善于灵活变通的企业的寻租空间,有利于合法合规经营企业的健康发展。

（3）通证经济具有独特的通证共识、价值转移机制以及智能合约机制，可以快速地传导信息，并具有严格的执行规则和强制高效的执行效率，能够优化政府职能，减少政府审批层级，扁平化社会治理结构，进而推进减权、减费、减税的深层次改革，大大减轻企业压力，释放企业活力。

1.4 区块链在金融业的应用

信息化是现代金融业创新的主要驱动力。信息技术与金融业务的结合，能够大幅提升金融资源的配置效率，降低金融成本与金融风险，对于实现普惠金融具有巨大的促进作用。

然而，金融业务在信息化演进的过程中却存在两个难以克服的困难。

（1）信息化，特别是互联网化是为了加速信息的共享与流动，解决金融业务中的信息不对称问题。然而，目前金融信息化的现状却是加速了信息的不对称性，放大了金融业务中的信任危机，如投资标的虚假问题、票据造假问题、单证伪造问题等，极易产生系统性金融风险。

（2）为了解决金融信息化过程中的信息不对称，金融机构花费了巨大代价构建出了中心化的金融信息基础设施，目的是通过中心化机构为金融业务的开展进行信用背书，然而这不仅仅容易导致单点故障，并引发黑客的攻击行为，增加系统的脆弱性，而且极易产生道德风险。

而区块链技术能够在满足去中介化的同时，完成交易双方的信任问题，并能够有力地解决信息不对称问题。另外，区块链能够实现信用的拆分与传递，以及点对点的价值转移，不仅给予金融服务巨大的创新空间，并可大幅提高清算和结算效率、降低金融成本。因此,区块链在重构金融服务体系上具有颠覆作用。

1.4.1 比特币

比特币(Bitcoin,记为 BTC)是区块链的第一种应用,也是迄今为止在公有链领域最为成功的应用。中本聪在设计 BTC 之初,在其产生机制上,规定 BTC 网络每 10 分钟产生一个区块,并在最初的 4 年里,对挖出每个区块的矿工奖励 50 个 BTC。随后,每隔 4 年奖励减半。因此根据公式

$$\frac{\lim_{n \to \infty} 50 \times 6 \times 24 \times 365 \times 4 \times \left(1+\left(\frac{1}{2}\right)^n\right)}{\frac{1}{2}} = 21\,024\,000$$

可知,最终 BTC 的发行量约为 2100 万个。

虽然 BTC 的产生机制是由程序员控制的,能够通过更改奖励机制实现 BTC 的增发,但是由于 BTC 目前已经成为世界级的区块链应用,有无数的节点参与,其规则的更改需要由绝大多数的节点同意后才能实施,因此 BTC 的增发在现实中几乎不能实现。

BTC 的最小记账单位为聪(satoshi),且 1 个 BTC 为 1 亿 satoshi。因此,可以认为 BTC 能够在交易的过程中无限拆分。

由于 BTC 基于网络传播,流通性好,难以增发,可任意拆分,且不受中心化机构控制,因此成为全球第一种分布式的虚拟货币。其优点如下。

(1) 总量控制。BTC 基于开源算法实现,且由 BTC 社区成员共同参与,形成了一种协同共治的生态环境,没有中心化的机构可以控制其发行量。

(2) 去中心化的价值传递。BTC 利用共识机制解决了去中心化环境下虚拟货币的双花问题,第一次真正实现了没有中心机构参与的虚拟货币价值

传递。

（3）支付简单。作为一种点对点的支付手段，在 BTC 系统中，只要知道对方的 BTC 地址，就可以像发送电子邮件一样将 BTC 发送到对方的 BTC 地址，支付非常方便。

（4）健壮性。攻击者只有掌握了 BTC 网络 51% 的算力，才能够对 BTC 的共识机制造成破坏。由于当前 BTC 的全网算力已达到 92.76 EH/s（来源：btc.com 2019 年 12 月 14 日数据），因此攻击者控制 51% 的算力几乎是不可能的，这也保证了 BTC 网络的健壮性。

然而，BTC 系统也存在如下的缺点。

（1）交易平台的脆弱。虽然 BTC 网络系统非常健壮，然而各类 BTC 的交易平台却非常脆弱，经常会出现由于攻击导致大量 BTC 被窃事件的发生。

（2）交易确认时间长。每笔 BTC 交易需要经过 BTC 网络的确认才能记录在 BTC 系统中。考虑到 BTC 的网络安全、交易安全（避免 BTC 双花）等因素，目前 BTC 系统每秒处理约 7 笔交易，而确认该交易约需 1 小时，交易的效率非常低下，不能满足大多数的实际交易需求。

（3）价格波动大。由于投资者投资的盲目性，以及金融市场、政策等因素的影响，BTC 的价格波动巨大，导致其在现实社会中并不适合作为支付的工具，而更适合作为投机的手段。

案例1：交易平台的脆弱性——Mt.Gox（门头沟）事件

BTC 系统在历史上曾遭遇了多次 BTC 被盗事件。其中，最有名的则是 Mt.Gox 事件，俗称"门头沟"事件。

Mt.Gox 是一个 BTC 交易所，由美国程序员 Jed McCaleb（后来创建了 Ripple）于 2010 年创建。在 2011 年 3 月，一位来自法国的开发者及 BTC 爱好者 Mark Karpelè 从 Jed McCaleb 手上买下了这个交易所。Mt.Gox 由几个单词的首字母构成 Magic the Gathering Online eXchange，意思是神奇的在线交易平台。

2011年，MT.Gox曾遭遇一次黑客攻击，黑客很可能是首先攻击该公司一个审计师的计算机，从而获得了交易所的访问权限，进而将每个BTC的票面价值篡改为1美分，之后又从该交易所的用户账户中转移了约2000个BTC。

尽管Mt.Gox在2011年受到了黑客攻击，但是该交易所后来迅速扩张，到2013年，已成为世界上最大的BTC交易所，交易量占BTC交易总量的80%。2014年2月，Mt.Gox宣称85万个BTC被盗，其中75万个BTC是用户的，10万个BTC是公司账户的，按当时的币价，直接损失4.5亿美元。该事件直接导致BTC的价格在当时暴跌了36%，Mt.Gox由此破产。

2015年，东京负责调查的警方称，最多只有1%的比特币是被黑客盗取的，其余的比特币是"未经授权操作"所造成的。

除"门头沟"事件外，世界上的各类BTC交易平台还多次发生BTC被盗事件。

2015年1月，世界第三大BTC交易所Bitstamp被黑客攻击，丢失19 000个BTC，估价540万美元。

2016年8月，最大的美元BTC交易平台Bitfinex由于网站出现漏洞，导致用户被盗119 756个BTC，估价6500万美元。

2017年12月，挖矿服务器Nicehash被黑客攻击，导致4000个BTC被盗，估价6300万美元。

2019年5月，币安遭受黑客攻击，丢失7000个BTC，估价4100万美元。

案例2：交易确认时间长

目前的BTC系统，每个区块的大小是1MB，每10分钟产生一个区块，平均每个最基本的BTC交易的大小约为250B，因此每秒可以处理的交易数量如下。

每个区块的交易数量：$1×1024×1024/250＝4194$（笔/块）。

每秒处理的交易数量：$4194/(10×60)＝6.99$（笔/秒），即每秒约 7 笔交易。

同时，为了避免双花问题，BTC 系统要求每个区块中的所有交易需要在该区块的后继 6 个区块链均被 BTC 网络确认后才能被认可上链。因此，在 BTC 系统中，一笔交易在上链后，需经过约 1 小时的时间，才能被认为是有效的交易。

案例 3：价格波动大

2010 年 5 月 22 日，美国程序员 Laszlo Hanyecz 用 1 万个 BTC 换了总价值 25 美元的两个比萨，其中 1 个 BTC 的价值为 0.003 美元，折合人民币 1.88 分。

2010 年 11 月，Mt.Gox 上单个 BTC 价格已突破 0.5 美元，比初始价格上涨约 167 倍。

2011 年 6 月 8 日，单个 BTC 成交价达到 31.9 美元，创造历史新高，比初始价格上涨约 10 600 倍。随后不久，交易平台 Mt.Gox 爆发"黑客事件"，虚拟货币的安全性受到了投资者们的质疑，BTC 价格持续走低，急剧回落。

2012 年 2 月，单个 BTC 价格跌破 2 美元，比起 2011 年 6 月创下的新高成绩 31.9 美元，跌幅达到 1395％。

2013 年 1 月，因塞浦路斯债务危机，不少民众开始摒弃由银行监管的传统金融业，虚拟货币受到青睐，单个 BTC 价格暴涨至 265 美元。随后不久，投资者们渐渐趋于理性，BTC 价格开始下跌。2013 年下半年，欧洲多数国家竞相出台 BTC 发行政策，受到各国民众的高度重视，BTC 价格开启飞涨模式，截至 2013 年 12 月单个 BTC 价格突破 1147 美元，超越黄金国际价格。

2014—2016 年，BTC 市场持续低迷，原因是虚拟货币市场受外界干扰频率较小，新投资者数量不断减少，没有成长空间。2015 年 8 月，单个 BTC 价格跌至 200 美元,随后的 2016 年,BTC 市场迎来巨大变化,内部变化是年产量开始收缩,外部变化是受英国脱欧、美国大选、亚洲投资者激增等事件影响,价格持续上涨,截至 2016 年 12 月单个 BTC 价格突破 1000 美元。

2017 年是 BTC 发展史中十分重要的一年,全年涨幅高达 1700%,整个价格走势图犹如过山车,暴增暴跌让投资者为之疯狂。2017 年 1 月 11 日,BTC 迎来全年最低价位 789 美元;2017 年 12 月 18 日,BTC 迎来全年最高价位 18 674 美元(目前也是历史记录最高价位)。

1.4.2 瑞波系统

瑞安·富格(Ryan Fugger)于 2004 年创建了一家名为瑞波支付(RipplePay)的公司,该公司成立的目的是建立一个能够取代银行支付体系的点对点支付网络,即瑞波系统。然而最初的瑞波系统并不成功,主要原因是,该系统只能在相互信任的人之间进行转账,没有信任链就无法拓展。从 2012 年开始,OpenCoin 公司开始接手瑞波项目,并于 2013 年推出新版本,该新版本增加了以下 3 个新元素。

(1)引入网关机制。瑞波系统中的网关是一个可信中介,只要进行转账的双方都信任一个网关,即使双方之间没有建立信任关系,他们也可以通过网关实现各类货币(包括法币之间、各种虚拟货币之间、法币与虚拟货币之间)的转账。这就解决了早期瑞波系统只能在互信的人群之间转账的弊端。

(2)推出了瑞波币(XRP)。XRP 是瑞波网络中的一种桥梁货币,它能够在任意的瑞波网关之间自由流通,充当各类货币之间兑换的媒介。在瑞波系统内,其他的货币如果不兑换成 XRP,就很难跨网关转账或提现。另外,人们在转账的过程中,每笔需要消耗十万分之一个 XRP,这将能够有效阻止黑客在极短时间内对瑞波系统发起百亿级的垃圾请求,从而阻断分布式拒绝服务(distributed denial of service，DDoS)攻击，保障系统运行安全。

(3) 最优路径查找。最优路径查找是瑞波系统的一种支付特色手段，即瑞波系统可以在转账双方的多条支付路径之间寻找一条最便宜的支付路径，实现兑换支付。

瑞波系统的工作原理如图 1-10 所示。

图 1-10　瑞波系统的工作原理

用户 A 可以通过网关 A 将任意的法币或者虚拟货币 X 兑换成 XRP，然后通过网关 B 将 XRP 兑换成用户 B 所需的 Y 币。

图 1-10 所展现的货币兑换路径为 X/XRP→XRP/Y。由于瑞波系统具备最优路径查找功能，如果用户 A、B 在转账的过程中，瑞波系统发现了更加便宜的兑换路径，如 X/USD→USD/XRP→XRP/Y，则瑞波系统将会按照该优化路径进行货币的兑换，进而降低转账费用。

瑞波系统的核心是一个支持全网络公共分布式总账的支付协议。该协议设有共识与验证两种机制，能够在不需要中心处理机构的情况下，快速地核实全网发生的交易，并将每隔几秒内产生的交易记录打包成分账实例。各个分账实例按照时间序列排列在一起，就构成了瑞波系统的总账本。

1. 瑞波系统与 BTC 系统的区别

(1) 功能不同。BTC 系统本质上是一种货币体系，主要解决货币自身的问题，如央行超发导致货币贬值的问题，跨国手续费高昂的问题；而瑞波系统本质上是一种支付系统，用于解决法币之间、法币与虚拟货币之间、虚拟货币之间的低成本兑换问题。

（2）信任机制不同。BTC 系统的共识机制使得 BTC 成为历史上第一个不基于信任而使用的货币，而瑞波系统中的用户必须信任网关，两者的信任机制不同。

（3）效率不同。BTC 系统的共识机制中，每秒记账约 7 笔交易，每 10 分钟产生 1 个区块，每笔交易约经过后续 6 个区块产生（约 1 小时）后，才能确认该交易。因此，比特币系统的效率较为低下。而瑞波系统独创的共识机制，通过特殊节点的投票，能够在约 5 秒钟的时间内即可对交易进行确认和记账，效率大大高于 BTC 系统。

（4）发行机制不同。比特币系统中的 BTC 是作为给记账节点的记账奖励"挖"出来的，即对获得记账权的节点将给予一定的 BTC 奖励。由于奖励 BTC 的数量最初是 50 个 BTC，后续每 4 年减半，因此在 2140 年挖出的 BTC 数量将达到约 2100 万个的极限。而瑞波系统中的 XRP 数量预设为 1000 亿个，且每笔交易均要消耗十万分之一个 XRP，因此 XRP 将随着瑞波系统中交易量的增加而逐渐减少。

2. 瑞波系统与 SWIFT 系统的区别

SWIFT 即 Society for Worldwide Interbank Financial Telecommunications（环球同业银行金融电讯协会），是国际银行间非营利性的国际合作组织，成立于 1973 年，依据全世界各成员银行金融机构相互之间的共同利益，按照工作关系将其所有成员组织起来，按比利时的法律制度登记注册，总部设在比利时的布鲁塞尔。目前全球大多数国家大多数银行已使用 SWIFT 系统来实现跨境的转账。SWIFT 的使用，为银行的结算提供了安全、可靠、快捷、标准化、自动化的通信业务，从而大大提高了银行的结算速度。

瑞波系统与 SWIFT 系统的主要区别如下。

(1)瑞波系统是去中心化的支付系统,而 SWIFT 系统是中心化架构的支付系统。

(2)瑞波系统的交易成本要远低于 SWIFT 系统,更加满足跨境小额支付的需求。

(3)瑞波系统支持匿名交易,而 SWIFT 系统需要确认转账双方的真实身份。

(4)瑞波系统支持任意币种之间的兑换,而 SWFIT 只支持各国法定货币之间的兑换。

瑞波系统作为一种支付创新的手段,已经逐渐成为国际金融机构解决流动性的一种工具。目前,全球已经有超过 60 个国家,100 家金融机构,包括银行、支付供应商、汇款运营商和其他金融机构,都加入了瑞波系统进行实时清算和国际结算。

2013 年 5 月,德国的 FIDOR 银行成为首家接入瑞波系统的银行,成为瑞波系统的一个网关。

2014 年 6 月,南美 7 个国家(巴西、智利、哥伦比亚、墨西哥、秘鲁、阿根廷、乌拉圭)开始使用瑞波网络进行汇款服务,并将 XRP 作为结算货币。

2016 年 5 月,中国上海民营银行华瑞银行加入瑞波系统,成为瑞波系统的一个网关。

注:关于瑞波系统的介绍,详见 6.1.3 节。

1.4.3 金通计划

黄金是重要的战略资源,兼具商品和货币属性,在满足人民生活需要、保障国家金融和经济安全等方面具有重要作用。"十二五"期间,我国黄金行业形成了完整的产业体系,产业发展迅速,已连续多年位居全球第一。然而,当前我国黄金行业的快速发展已遇到了瓶颈，主要表现在资产配置效果不明显、流动不畅、市场保障体系不完善等方面。这些问题若得不到及时解决，将严重阻碍黄金行业的持续快速发展。因此，黄金行业的转型升级迫在眉睫。

在此背景之下，山东望天信息科技有限公司基于墨客链打造了"金通计划"，利用区块链技术实现黄金的数字化改造，并据此构建出一种协同共治的黄金生产流通社区生态，从而促进黄金行业的供给侧改革，最终实现黄金行业的转型升级。

1. 黄金行业面临的问题

1) 黄金回购

黄金投资是一种重要的资产优化配置手段，实物黄金回购则是实现黄金变现和获得投资价值的最后一环。然而，在我国目前的黄金市场上，却存在着回购渠道少、回购价格混乱的局面。例如，很多银行只提供金条的销售，却不提供金条的回购，或者仅回购本银行发行（或者代销）的金条，但手续费高昂。

2) 黄金租赁

黄金租赁业务是指客户从银行或企业租赁黄金或银行从客户租入黄金，到期归还并以人民币交付黄金租赁费，承租方拥有黄金在租赁期间的处置权并按照合同约定支付租赁费用，是一种传统的黄金业务，有着巨大的市场需求和利润空间。

目前黄金租赁业务主要由银行承担，但银行的借金业务仅针对行业内的大型涉金企业，中小企业只能采用民间借金的方式，年化资金成本高达20%～25%，普遍存在"借金难、借金贵"的问题。

3) 黄金文创

黄金文创产品既包含了黄金的基础价值，又具有艺术品的附加价值，是人们投资、收藏的热点之一。然而，这类产品的真假与质量难以通过肉眼识别，这导致黄金文创产品造假成为一个普遍现象，尤其是在黄金价格上涨时，社会上的"金包银""金包铜"等欺诈事件会频频发生，严重干扰了黄金文创的市场秩序。

2. 金通计划的核心

实物黄金由于其物理特性，难以发挥点对点交易、流通和支付的功能。而黄金经过数字化后，则可以摆脱其物理形态，更便捷地实现点对点交易以及移动支付，同时数字黄金还便于精准量化和分割，有助于黄金资产的流通。

因此，金通计划的目的是依托实体黄金和区块链技术的双重信用，打通黄金交易的线上与线下环节，实现两者的同构，最终构建出一个高流通性、低成本、可信的黄金交易体系。金通计划的核心包括金通钱包、金通通证、金权、金通银关、AUPoS 共识激励机制以及金通社区 6 个要素。

1) 金通钱包

金通钱包是一款实物黄金数字化的资产钱包，旨在为用户提供购金、存金、提金、存金生息、回收变现，以及其他衍生品交易的一整套实物黄金数字化解决方案。该钱包采用区块链技术，具备黄金资产安全存储、去中心化交易、可追溯等特点，能够解决实物黄金流通不畅、辨金难、存金无息等痛点问题，大大降低实物黄金交易的门槛和成本，提高实物黄金资产的流动性。

另外，金通钱包能够让用户便捷地对自己的黄金资产进行统一存储和管理，为黄金资产的交易提供智能合约加密、多重数字签名和多重授权验证机制，全方位保证黄金交易的安全。

2) 金通通证

金通通证代号为 AUT，是数字黄金的通货单位，与实体黄金对应，1 个 AUT 为 0.01 克黄金，纯度为 99.95% 以上，是构建整个黄金本位通证体系下的基本单位。

AUT 总量发行无限,其即时发行量取决于可供应黄金总量和用户对 AUT 的需求量。其特性是价值由于锚定黄金而相对稳定,可以全球化流通和使用。用户通过持有 AUT 享受黄金带来的财富效应,具有金融避险和抗通胀的功能。

3）金权

金权代号为 AUP,是金通生态的激励单位,以及用户获得收益的重要载体。AUP 总储量为 10 亿个,永不增发。其产生依赖于 AUPoS 共识激励机制,其价值依赖于整个金通生态,未来具有较高的升值空间。

AUP 能够充分调动金通生态参与者的积极性,是金通生态建设的内在动力。

4）金通银关

金通银关是金通网络的中枢节点,分为实体银关和数字银关。实体银关由有资质开展黄金业务的实体节点承担,负责实物黄金的上链、现货存储与赎回;数字银关负责 AUT 在不同平台和用户之间的流通与兑换。

5）AUPoS 共识激励机制

AUPoS 是金通生态中的共识激励机制,其运行原理结合了 PoS 与 DPoS 机制(见 1.5.5 节),采用了"效率优先、兼顾公平"的理念,使得拥有一定 AUT 的用户能够拥有金通生态中交易的记账权,并获得一定数量的 AUT 作为记账奖励。

6）金通社区

金通社区作为开放性的组织,秉承开放、共建、共享、共治原则,在 AUPoS 共识激励机制下不断吸引参与者加入金通社区建设上,随着社区参与者队伍的不断壮大,金通社区将逐步和国内外各类资金资源对接,将金通社区打造成全球化的资金生态。金通社区和生态管理机构由基金会统筹,金通社区由各个节点 AUPoS 投票和逐步升级产生,社区是金通生态建设的主力军,金通区块链网络的运营和维护,将逐步移交给分布式社区,在全球范围内建立起上百家超级社区,各超级社区相互依存、共治、共赢、共同负责的生态建设。

3. 金通生态应用

1) 黄金回收

金通生态能够通过分布式协作机制开展黄金回收业务,旨在解决市场中陈旧黄金的回收问题,充分撬动民间沉淀的黄金资产,有效解决用户手中闲置黄金的问题。用户可通过金通钱包 App 预约全国范围内的金通网络节点的线下银关机构,可上门送金和快递寄金,经专业回收人员检测后,可即时在金通钱包里获得 AUT 或回款。同时,用户可以选择存金生息 AUP,也可以随时变现,可以比传统渠道节省 5%~15% 的成本,很方便地解决了传统用户卖金价格低、不透明、手续烦琐等问题。

2) 黄金租赁

金通黄金租赁的模式首先会吸引普通黄金投资者存金和回收普通消费者闲置的黄金,再将黄金以年化利率出租给用金企业。企业归还租金后,金通再将收益以 AUP 的形式兑付给持有人。通过这种方式,传统渠道以 20% 成本借金的中小黄金企业,在金通平台上可以将融资成本降到 10% 以下,甚至能以金权的方式来完全抵消,同时在这一过程中,个人投资者通过出借手上的闲置黄金,赚取收益。

金通通过分布式社区化的平台节点的运作,将闲置端存量黄金,出借给需求端的商户,实现整个黄金资源优化配置,同时所有的租赁流程都通过区块链记录,信息不可篡改,来增强黄金的信用流通性。作为创新的数字化黄金平台,金通钱包为投资者和借金者提供"数字化存金""存金变现与生息"等一站式服务,是切实利用区块链技术应用服务于中小微企业的创新性平台组织。

3）黄金文创

在金通生态中，黄金文创产品的全生命周期档案均可数字化后上链存证，利用区块链技术实现黄金文创产品从设计、原料加工、产品特性、交易流通等信息的不可篡改性，以及全流程可追溯性，从而有效防止黄金文创产品的掺假、造假、仿冒等欺诈行为的发生。因此，金融生态中可以形成一种去中心化的黄金文创产品交易网络，让每件黄金文创产品因为区块链技术而变得更有价值，更易流通，更易传承。

4）跨境兑付

金通用户可以利用数字黄金的天然强信用背书，在全球范围内方便地进行跨境汇兑业务。出于监管和合规方面的考虑，早期数字黄金分为境内和境外两个部分，分别同境内机构和境外机构合作。境外部分主要服务海外用户，由对应的银关发行实体黄金背书的 AUT，借助数字黄金的优势开展跨境汇兑等业务。

数字黄金是黄金资产在区块链上的数字权益证书，用户可以选择通过金通钱包 App 购买由实体黄金背书的数字黄金，然后在金通钱包上与其他用户进行数字黄金的交易。需要提取黄金的用户可以链接当地的黄金市场和现货商，进行实物黄金的提取。

1.5　区块链的技术基础

1.5.1　公钥密码体制

公钥密码体制的出现是密码学发展史上的一个里程碑。在此之前，无论是古老的手工密码还是依靠精密仪器的机电式密码,乃至以计算机为载体的对称密码,均是建立在信息代换运算和信息置换运算的基础上。而公钥密码体制是建立在数学中的单向陷门函数的基础上,通过数学运算来实现信息的加密与解密,其特点是算法同时包含公钥和私钥两种密钥。公私密钥对的出现在理论上彻底解决了在公开网络中实现信息安全面临的一系列难题:如密钥在网络上的分发问题、数字签名、认证及抗否认性问题等。因此,公钥密码体制对保障公开网络中的信息安全具有深远的影响作用。而公钥密码体制也是区块链技术的数学基础之一。

1. 公钥密码体制的基本原理

1976 年,Diffie 与 Hellman 在他们的论文《密码学的新方向》中首次提出公钥密码体制的概念。他们提出密码学可以利用 NP 复杂性理论,基于一些经过验证的 NP 完全问题来实现信息的机密性。其基本思路:将信息编码到一个 NP 完全问题中以实现加密,使用普通方法破译该密文的难度等价于解该 NP 完全问题,而当使用解密密钥时,该问题转化为 P 问题。为了构造这样的密码系统,需要把秘密的"陷门"信息(解密密钥)嵌入单向函数求逆的问题里。这样算法的强度就取决于它所依据问题的复杂性。作为公钥密码体制选用的计算复杂问题必须具有以下 3 个特点。

(1) 它要处理大量的统计相关问题的求解,而不是一个问题的单个孤立情况。

(2) 问题的计算复杂性必须对几乎所有情况下是难解的,而不是只用最坏或平均情况的特性来度量。

(3) 必须能把陷门信息嵌入该问题中,使得只有使用这个信息才可能有捷径求解。

目前,与密码学有关的一些复杂问题如下。

(1) 整数因子分解问题。给定一个正整数 n，找出它的素因子分解，即写出 $n=p_1^{e_1}p_2^{e_2}\cdots p_k^{e_k}$，其中 $p_1,p_2,\cdots,p_k$ 两两互素并且 $e_1,e_2,\cdots,e_k \geqslant 1$。

(2) RSA 问题。给定正整数 $n=p \cdot q$，p 和 q 是素数，又给定正整数 e，满足 $\gcd(e,(p-1)(q-1))=1$，给定整数 c，求整数 m，使 $m^e \equiv c \pmod{n}$。

(3) 二次剩余问题。给定一个奇合数 n 和整数 a，满足 $\left(\dfrac{a}{n}\right)=1$，确定 a 是否是模 n 的二次剩余。

(4) 模 n 二次方根。给定一个合数 n 并且整数 a 是模 n 的二次剩余，求 a 模 n 的二次方根，即找整数 x，使 $x^2 \equiv a \pmod{n}$。

(5) 离散对数问题。给定一个素数 p，$\mathbf{Z}_p^*$ 的生成元 α 和数 $\beta \in \mathbf{Z}_p^*$，求整数 x，$0 \leqslant x \leqslant p-2$，使 $\alpha^x \equiv \beta \pmod{p}$。

(6) Diffie-Hellman 问题。给定一个素数 p，$\mathbf{Z}_p^*$ 的生成元 α。已知 $\alpha^a \bmod p$，$\alpha^b \bmod p$，求 $\alpha^{ab} \bmod p$。

(7) 子集和问题。给定正整数集合 $\{a_1,a_2,\cdots,a_n\}$ 和一个正整数 S，确定是否有一个子集，它的元素之和为 S。

可以看出，公钥密码体制在实现上依赖于单向陷门函数。单向函数（one way function）是指对于一个函数，从其定义域中的任何元素计算其函数值是容易的，而通过其值域中的任何函数值计算其定义域中的元素是困难的。如果在掌握了某些辅助信息的情况下，从值域计算其定义域是容易的，这种单向函数就称为单向陷门函数（trapdoor one-way function）。这里的辅助信息就是陷门。例如：p 和 q 是两个大素数，$n=p \cdot q$，e 是正整数，则 $f: \mathbf{Z}_n \to \mathbf{Z}_n$，$f(x) \equiv x^e \bmod n$ 就是单向陷门函数，其陷门是 $d \equiv e^{-1} \bmod \phi(n)$。

在公钥密码体制中，每个实体都有自己的公钥和相应的私钥，其中公钥公开，私钥保密，并且从公钥计算私钥是困难的。设公钥密码系统的加密变换和解密变换分别用 E 和 D 表示，则任何实体 B 要向实体 A 发送加密信息

m 时，可通过以下 3 步实现。

(1) 实体 B 首先获得实体 A 的真实公钥 (n_A, e_A) 的复制。

(2) 实体 B 计算密文 $C = E_{e_A}(m)$ 并发送给实体 A。

(3) 实体 A 使用自己的私钥 d_A，计算 $m = D_{d_A}(C)$ 解密密文恢复明文。

这里公钥不需要保密，但要保证它的真实性，即 (n_A, e_A) 确实是实体 A 掌握的私钥 d_A 所对应的公钥。提供真实的公钥比安全地分配密钥实现起来要容易得多。这是公钥密码系统的主要优点。

除了加密之外，公钥密码体制还可以同其他的密码算法或安全机制相结合，来实现其他的安全服务。例如，当使用公钥密钥体制中的私钥加密信息时，可提供消息源的认证；将私钥加密与散列函数相结合，可实现数字签名和消息完整性。

公钥密码体制与对称密码体制的特点各不相同，且互为补充。

(1) 公钥密码体制易于实现密钥的分发，对称密码体制难以实现密钥的公开分发。

(2) 公钥密码体制计算速度慢，对称密码体制计算速度较快。

(3) 公钥密码体制适用于信息的认证性，对称密码体制适用于信息的机密性。

因此，在信息安全应用中，可以将公钥密码体制与对称密码体制相结合，来获取最大的使用效果。例如，在网络上可以使用公钥密码体制来协商对称密钥，然后利用对称密码体制来实现大量传输信息的加解密操作。

2. RSA 算法

1977 年，即在 Diffie 与 Hellman 提出公钥密码体制的思想一年后，Rivest、Shamir、Adleman 基于大合数的素因子分解问题，首次提出了著名的 RSA 密码系统。RSA 算法是目前使用最为广泛的公钥密钥算法，在加密与数字签名中得到了广泛的应用。

1) RSA 算法描述

每个实体有自己的公钥 (n,e) 及私钥 (p,q,d)，其中 $n=p\cdot q$ 是两个大素数之积，$e\cdot d\equiv 1\bmod \phi(n)$。当实体 B 需要给实体 A 发送加密消息 $m(m<n)$ 时，首先通过公开的方式获得 A 的公钥 (n,e)，利用该公钥将 m 加密，并将密文在公开信道上传送给实体 A。当实体 A 接到密文后，使用私钥 d 将密文解密。其具体过程如下。

(1) B 的加密过程。

① 得到实体 A 的真实公钥 (n,e)。

② 把消息表示成整数 m，$0\leqslant m\leqslant n-1$。

③ 使用平方-乘积算法，计算 $C=E_k(m)=m^e\bmod n$。

④ 将密文 C 发送给实体 A。

(2) A 的解密过程。

实体 A 接收到密文 C，使用私钥 d 计算 $m=D_k(C)=C^d\bmod n, m\in \mathbf{Z}_n$。

证明：对任何 $m\in \mathbf{Z}_n$ 有 $D_k(E_k(m))=m$。

这里要证明 $D_k(E_k(m))=m^{ed}\bmod n\equiv m$。由于 $e\cdot d\equiv 1\bmod \phi(n)$，可设 $ed=k\phi(n)+1$，k 为正整数。当 m 与 n 互素时，由 Euler 定理可得 $m^{k\phi(n)+1}=m\bmod n$。当 m 与 n 不互素时，由于 $n=p\cdot q$，则 m 或者为 p 的整倍数或者为 q 的整倍数。设 m 为 p 的整倍数 ($m=r\cdot p$，r 为正整数)，m 与 q 互素。否则设 $m=w\cdot q$（w 为正整数），则 $m=r\cdot p\cdot w\cdot q=r\cdot w\cdot n>n$，这与 RSA 的假设不相符。则 $\gcd(m,q)=1$，即 $m^{\phi(q)}=1\bmod q$。从而推出 $m^{k\phi(q)\cdot \phi(p)}=1\bmod q$，即 $m^{k\phi(n)}=1\bmod q\Rightarrow m^{k\phi(n)}=1+c\cdot q$。两边同乘以 m 得 $m^{k\phi(n)}=m+r\cdot p\cdot c\cdot q=m+r\cdot c\cdot n$。则最后得到 $m^{k\phi(n)+1}=m\bmod n$。

2) RSA 算法的实现

(1) 密钥生成。

安全地生成密钥是确保算法安全的基础。每个实体可通过以下方法生成自己的密钥对。

① 生成两个大的随机素数 p 和 q,$p \neq q$ 并且长度相同。

② 计算 $n = p \cdot q$,$\phi(n) = (p-1)(q-1)$。

③ 选择随机数 e,$0 < e < \phi(n)$,$\gcd(e, \phi(n)) = 1$(推出 e 是奇数)。

④ 求 $d = e^{-1} \mod \phi(n)$,即用扩展的 Euclidean 算法求 $e \cdot d + \phi(n) \cdot x = 1$ 的解 d(推出 d 也是奇数)。

⑤ 公布实体 A 的公钥 (n, e),由实体 A 秘密保存私钥 (p, q, d)。

例如,在某个 RSA 算法中,有两个素数 $p = 53$、$q = 61$,则模 $n = 53 \times 61 = 3233$,$\phi(n) = 52 \times 60 = 3120$,令 $e = 71$,则 $d = 791$,则该 RSA 算法的公钥为 $(71, 3233)$,对应的私钥为 $(791, 3233)$。

设有一个明文消息 $m = \text{cake}$,可对该消息进行如下加密。

首先将明文以序号表示:$m = 02000410$,然后对每个分组分别进行如下加密:

$0200^{71} \mod 3233 = 2312$

$0410^{71} \mod 3233 = 2955$

因此,加密后的密文 $C = 23122955$。

当需要解密时,首先将密文 C 进行分组 $C = 23122955$,然后分别进行如下解密:

$2312^{791} \mod 3233 = 200$

$2955^{791} \mod 3233 = 410$

因此,解密后的明文 $m = 02000410$。

注意:对明文信息进行数字编码的方法可由用户自己定义。

(2)加密和解密的有效性。

RSA 算法安全性基于大合数的素因子分解的困难性,即给定 $n = p \cdot q$,无法分解出 p 和 q 来。如果 n 太小,则会容易推出 p 和 q,从而导致 $\phi(n) =$

$(p-1)(q-1)$ 泄露,此时就可以通过公钥 e 和扩展的 Euclidean 算法计算出私钥 $d=e^{-1} \bmod \phi(n)$。因此,在实用的 RSA 算法中,$n=p \cdot q$ 的比特位数应足够大。当前合数素因子分解算法能分解十进制数长度是 130,故选取的素数 p 和 q 应该是 100 的十进制数。目前 RSA 的一些硬件实现使用 512b 的 n(相当 154 位(b)十进制数,所以不能提供长期的安全性),速度达 600Kb/s。由于二次筛法、数域筛法等因子分解算法的出现,推荐 768b,长期安全应该使用 2048b。

粗略地说,RSA 硬件实现效率为 DES 硬件实现效率的 1/1500。RSA 软件实现效率为 DES 软件实现效率的 1/100。为了加速解密,实体 A 不是简单平方-乘积算法计算 $C^d \bmod n$,而是利用 p 和 q 计算,即

$$\begin{cases} C_1 \equiv C \bmod p \\ C_2 \equiv C \bmod q \end{cases} \quad \begin{cases} d_1 \equiv d \bmod (p-1) \\ d_2 \equiv d \bmod (q-1) \end{cases}$$

令 $m_1 \equiv C_1^{d_1} \bmod p, m_2 \equiv C_2^{d_2} \bmod q$,用中国剩余定理解

$$\begin{cases} m \equiv m_1 \bmod p \\ m \equiv m_2 \bmod q \end{cases}$$

求出明文 m。这样速度可以提高 4~8 倍。

3) RSA 算法在实现时要注意的问题

(1) 在构造 n 时应适当选择 p 和 q,使得 $p-1$ 和 $q-1$ 有大的素因子。一般选择 p 和 $(p-1)/2$ 均是素数的 p。

(2) 每个用户必须有自己的模数 n,用户之间不要共享 n。有以下两个原因。

① 某中心选择公用的 RSA 模数 n,然后把 (e_i, d_i) 分发给众多用户。由任何一对 (e_i, d_i) 都能分解模数 $n=p \cdot q$。从而本质上任何用户都可以求出共享该模数的每个用户的解密密钥 d_i。

② 如果用户 1 公钥为 (n,e_1)，用户 2 公钥为 (n,e_2)，其中 $\gcd(e_1,e_2)=1$。用户 3 要把同一个消息 x 发送给用户 1 和用户 2，它们分别为 $y_1=x^{e_1} \mod n$，$y_2=x^{e_2} \mod n$。窃听者截获 y_1,y_2 就可以计算出 x。其步骤如下。首先计算 $h_1=e_1^{-1} \mod e_2$，$h_2=(h_1e_1-1)/e_2$；然后计算 $x=y_1^{h_1}(y_2^{h_2})^{-1} \mod n$。

(3) RSA 的同态性质。

RSA 的同态性质是指乘积的密文是密文的乘积，即 $m=m_1m_2$ 的密文 $C=C_1C_2 \mod n$，其中 $C_1=m_1^e \mod n$，$C_2=m_2^e \mod n$。对手想解开密文 $C=m^e \mod n$，但是不让实体 A 知道 m。于是对手随机选择整数 $x\in\mathbf{Z}_n^*$ 并用 $\tilde{C}=C\cdot x^e \mod n$ 代替 C 来掩盖明文 m。让实体 A 对 $\tilde{C}$ 解密得到 $\tilde{m}=\tilde{C}^d \mod n$。对手再计算出明文 $m=\tilde{m}\cdot x^{-1} \mod n$。对待这种选择密文攻击，实践中可以通过在明文消息中强行加入某个结构来解决。如果密文 C 解密后不具有这种结构，则实体 A 发现是欺骗行为而拒绝 C。这种做法以很高的概率使 $\tilde{C}$ 不具有这种精心选择的结构，从而对手取不到 $\tilde{m}$。

(4) 小的加密指数 e。

为了增强加密的有效性，希望选择较小的加密指数 e（如 $e=3$）。一组实体可以有相同的加密指数 e，前面说过每个实体必须有自己各不相同的模数。如果相同的消息要送给多个实体，就不应该使用小的加密指数。例如：实体 A 要送 m 给 3 个不同实体，它们的公钥分别是 $(n_1,3),(n_2,3),(n_3,3)$，其中 n_1,n_2,n_3 互素，$m\leqslant n_1,n_2,n_3$，$m^3\leqslant n_1n_2n_3$。对手窃取到密文 $C_i=m^3 \mod n_i$，$1\leqslant i\leqslant 3$，使用中国剩余定理计算下面同余方程组

$$\begin{cases} x\equiv C_1 \mod n_1 \\ x\equiv C_2 \mod n_2 \\ x\equiv C_3 \mod n_3 \end{cases}$$

得到 x，并求它的三次方根就能恢复出明文 m。为了防止这类攻击，在加密

前把随机生成的字符串附在明文的后面。这个过程叫消息加盐(salting the message)。对于小的消息 m 和 e，$m^e<n$ 也可以采用加盐的办法。

小的加密指数对于小的明文($m<n^{-e}$)也存在问题。对手只需计算密文的 e 次方根就能恢复明文。选择小的 e 或选择 e 的二进制表示中 1 的位数少。好处是可以加速加密算法。在实际使用中一般取 $e=3$ 或者 $e=2^{16}+1$。

(5) 消息隐藏问题。

如果 $m^e \equiv m \bmod n$，则明文 m 加密后没有被隐藏。不难看出，共有 $[1+\gcd(e-1,p-1)]\cdot[1+\gcd(e-1,q-1)]$ 个消息未被隐藏($\geqslant 9$)。为此最好选取安全素数，即对于素数 p，$(p-1)/2$ 也是素数。如果 p 和 q 是随机素数，e 也是随机选的(选择 e 比较小，如 $e=3$ 或 $e=2^{16}+1$)，则一般 RSA 加密未隐藏的消息所占比例小的可以忽略不计。

1.5.2 散列算法

散列函数又称哈希函数，是现代密码学中的一种重要数学算法。该算法的基本思想是把散列值 $h(m)$ 作为 m 的数字摘要(message digest)。该数字摘要的特点是：当 m 中有一位发生变化时，会引起 $h(m)$ 值的巨大变化，这种巨大变化被称为雪崩效应。这样，散列函数就能将信息 m 和散列值 $h(m)$ 从计算意义上唯一地联系在一起，而找到碰撞(collision)在计算上是困难的。碰撞是指定义域的两个不同元素 m_1 和 m_2 映射到同一个像 $h(m_1)=h(m_2)$ 上。由于 $h(m)$ 可以作为 m 计算意义上的代表，因此还可以把 $h(m)$ 称为 m 的数字指纹。

利用散列函数产生的数字指纹，可以提高数字签名的效率和安全性。在不使用散列函数时，需要把信息切分成若干块，对每块逐一签名，最后把所有签名拼接起来组成一个完整签名，这样存在以下问题。

(1) 最后合成的签名文件太长。

(2) 签名时间长,效率低。

(3) 将所有签名段重新排序或删除其中一些段,最后仍然能够通过验证,这就破坏了信息的完整性。

在使用散列函数后,可将对 $h(m)$ 的签名等同于对 m 的签名(因为 $h(m)$ 是 m 的数字指纹)。由于 $h(m)$ 的长度比 m 小得多,这样不仅能提高签名的效率,而且可避免攻击者对信息的完整性进行破坏。

1. 散列函数的性质

散列函数应满足以下要求。

(1) 对任意长的信息 m,$h(m)$ 是固定长的。

(2) 容易从 m 计算出 $h(m)$。

(3) 单向性(one-way)。基本上对所有事先指定的值域 y,找到 m 使 $h(m)=y$ 在计算上是困难的。

(4) 弱抗碰撞(weak collision resistance)。已知 m,找 $m'\neq m$ 使 $h(m)=h(m')$ 在计算上是困难的。

(5) 强抗碰撞(strong collision resistance)。找任何两个不同的输入 m 和 m',使 $h(m)=h(m')$ 在计算上是困难的。

其中,性质(1)与性质(2)是对散列函数的基本要求。

例如:$x=x_1 x_2 \cdots x_k$,$f(x)=\sum_{i=1}^{k} x_i$ 满足基本要求但不满足性质(3)的单向性,可称为散列函数。

$g(x)=x^2 \bmod n$,p 和 q 是大素数,$n=p \cdot q$,不满足性质(1)、(4)和(5),则不能称为散列函数。

为什么要提出性质(3)、(4)和(5)呢?

(1) 如果散列函数不满足性质(3), 则对手有可能用特定签名方案伪造随机数字摘要 z 上的签名。例如, 对手掌握随机数字摘要 z 上的签名 y, 他可以找到消息 m 使 $z=h(m)$, 则 (x,y) 就是合格的伪造品。为此希望散列函数满足单向性质。

(2) 如果不是对消息本身签名而是对数字摘要签名, 就希望散列函数满足性质(4)。否则对手看到 A 在 $h(m)$ 上的签名后去找 $m'\neq m$ 使 $h(m)=h(m')$, 而且声称 A 是对 x' 签名。

(3) 如果让对手能自己选送消息请 A 签名, 则要求散列函数满足性质(5)。否则对手找一对 m 和 m' 使得 $h(m)=h(m')$, 对手先让 A 对 m 签名, 而后声称 A 是对 m' 签名。

不难看出由性质(5)可以推出性质(4)。但是由性质(5)不能推出性质(3)。例如, g 是满足性质(5)的散列函数, 定义

$$h(m) = \begin{cases} 1 \parallel m & m \text{ 的长度为 } n \\ 0 \parallel g(m) & \text{否则} \end{cases}$$

那么取以 1 打头长度为 $n+1$ 的 y, 它的原像就是 y 的后面 n 位。

2. 散列函数的用法

散列函数的性质使其能够用于信息的认证。认证是指可以确信信息的来源以及信息的完整性。目前有多种散列函数的使用方法可以来提供信息的认证性。已知 A 和 B 共享密钥 K, 如果 A 发送给 B：

(1) $E_K(x \parallel h(x))$, 提供保密(仅双方共享 K)和认证(加密保护哈希值);

(2) $x \parallel E_K(h(x))$, 提供认证(加密保护哈希值);

(3) $x \parallel E_K(\text{Sig}_A(h(x)))$, 提供认证和数字签名(加密保护哈希值, 仅发送方能生成签名);

(4) $E_K(x \parallel \text{Sig}_A(h(x)))$, 提供保密(仅双方共享 K)、认证和数字签名;

(5) $x \| h(x \| S)$，提供认证(仅双方共享 S)；

(6) $E_K(x \| h(x \| S))$，提供保密、认证和数字签名(仅双方共享 K 和 S)。

对于不需要消息保密的应用中使用(2)、(3)可以降低计算量。由于加密软件慢、硬件费用高、加密算法专利保护、出口限制等因素，人们倾向不使用带有加密的方法，而采用方法(5)。

1.5.3 数字签名

当使用对称钥体制实现消息的认证时，可以保证通信的双方不受第三方的攻击，但是却无法防止通信的一方对另一方发起的攻击。主要原因：在对称钥体制下，通信的双方有共同的秘密，当用该秘密产生消息认证码时，任何人无法通过该认证码识别消息的真正来源。因此，在网络信息安全应用中，需要一种机制来防止通信双方间的抵赖行为，这一般是通过数字签名来解决。

1. 数字签名介绍

在信息时代，人们希望能对以电子信息形式存在的文件、契约、合同、信件、账单等信息进行数字签名，以代替手写签名。实际上，数字签名是一种证明签名者身份和所签署内容真实性的一段信息。

由于手写签名与数字签名的载体不同，两者存在以下区别。

(1) 手写签名是所签文件的物理组成部分，而数字签名不是被签文件的物理组成部分，因此必须与所签文件捆绑在一起。

(2) 验证手写签名通过与标准签名比较或检查笔迹来实现，容易被伪造；数字签名通过公开的验证(verification)算法实施鉴别，而好的数字签名(signing)算法会使伪造(forgery)签名十分困难。

(3) 手写签名不易复制；数字签名是一个二进制信息，复制十分容易，所以必须防止数字签名重复使用。

在实际应用中，数字签名算法必须满足以下条件。

(1) 签名者事后不能否认自己的签名。

(2) 任何人不能伪造签名。

(3) 当双方为签名真伪发生争执时，可以由可信的仲裁方解决争端。

签名算法的分类如下。

(1) 按目的可以把数字签名分成普通数字签名和特殊目的的数字签名（如不可否认签名、盲签、群签等）。前者由签名算法和验证算法组成，而后者还需要有附加的信息。

(2) 按验证方法可分成在验证时需要输入被签信息和在验证中自动恢复被签信息两类。

(3) 按是否使用随机数可分成确定的和随机的两种签名算法。

在把被签的数据格式化（formatting data）成可签的消息后，签名者使用签名算法生成数字签名。接收者得到签名数据后，使用验证算法验证签名的真实性。最后从消息恢复成为数据（recovering data）。

在信息安全中，数字签名算法和散列函数相结合，可提供具有消息完整性的消息源认证性和信息的不可否认性等安全服务。

2. RSA 签名算法

RSA 签名算法类似于 RSA 加密算法。不同的是，RSA 签名算法使用私钥加密信息，而 RSA 加密算法使用公钥加密信息。

密钥生成：p 和 q 是两个不同的大素数，$n=p \cdot q$，任取 b 满足 $\gcd(b, \phi(n))=1$。求 b 模 $\phi(n)$ 的逆 a，即 $a \cdot b \equiv 1 \mod \phi(n)$，$(n, b)$ 是签名者的 RSA 公钥，(p, q, a) 是签名者的 RSA 私钥。

数字签名算法为

$$\text{Sig}_k(x) = x^a \bmod n$$

验证签名算法为

$$\text{Ver}_k(x, y) = \text{true} \Leftrightarrow x = y^b \bmod n$$

信息发送者除了签名表示对此信息负责外还要求保密传送该信息,可以将消息 x 和签名用对方公钥加密后传送。具体过程如下。

发送者　　　　　　　　　　　　　接收者

公钥(n_A, b_A),私钥(p_A, q_A, a_A)　　　公钥(n_B, b_B),私钥(p_B, q_B, a_B)

计算 $z = (x^{a_A} \bmod n_A)^{b_B} \bmod n_B$ $\xrightarrow{(\tilde{x}, z)}$ 用私钥解密 $\tilde{x}$ 和 z,求出 A 的签名

$\tilde{x} = x^{b_B} \bmod n_B$　　　　　　$\tilde{z} = x^{a_A} \bmod n_A$ 和 x,并验证 $x = \tilde{z}^b \bmod n_A$

注意:

(1) 由于 RSA 签名能自动恢复被加密的消息,上面不必计算和传送 $\tilde{x}$。

(2) 这里的顺序是十分重要的。如果先加密再签名,则可能受到伪装攻击。假设发送者发送 $z = (x^{b_B} \bmod n_B)^{a_A} \bmod n_A$。攻击者 C 截获 z,利用 A 的公钥和自己的私钥在不知道明文的情况下计算自己对密文的签名 $z' = (x^{b_B} \bmod n_B)^{a_C} \bmod n_C$,发给接收者 B。B 将会认为消息 x 是 C 发送过来的。

RSA 签名算法的弱点如下。

(1) 任何人都可以伪造某签名者对于随机信息 x 的签名 y。其方法是先选 y,用某签名者的公钥 (n, b) 计算 $x = y^b \bmod n$,y 就是某签名者对信息 x 的签名。

(2) 若攻击者掌握某签名者对信息 x_1, x_2 的签名分别是 y_1, y_2,则可以伪造 $x_1 \cdot x_2$ 的签名 $y_1 \cdot y_2$。

(3) 对长的信息签名要分成若干长为 $\lfloor \log_2 n \rfloor$ 的组分别进行签名,运算量极大(可通过使用散列函数解决)。

在通常的应用中,常会把 RSA 签名经加密后传给对方。对方使用自己的私钥和发送方的公钥可以直接恢复信息。但这里需要认真对待模数大小的问题。令 A 的公钥(n_A,b_A),B 的公钥(n_B,b_B),且 $n_A > n_B$。A 加密一个信息传送给 B,有可能 B 不能恢复出原来的消息。例如:

$n_A = 8387 \times 7499 = 62\ 894\ 113, b_A = 5, a_A = 37\ 726\ 937$

$n_B = 55\ 465\ 219, b_B = 5, a_B = 44\ 360\ 237, x = 1\ 368\ 797$

A 计算 $s = x^{a_A} \bmod n_A = 59\ 847\ 900 (> 55\ 465\ 219), y = s^{b_B} \bmod n_B = 38\ 842\ 235$ 发送给 B。

B 计算 $\hat{s} = y^{a_B} \bmod n_B = 4\ 382\ 681, \hat{x} = \hat{s}^{b_A} \bmod n_A = 54\ 383\ 568, \hat{x} \neq x$。

出现不能恢复明文的概率为$(n_A - n_B)/n_A \approx 12\%$。

解决这个问题的方法有两个:①为每个实体生成两组公私钥对,分别用于加密和签名。公钥中的两个模数,加密模数有 $t+1$ 位,签名模数为 t 位。显然这个方法要付出空间代价。②规定模数的形式 $2^{t-1} \leq n < 2^{t-1} + 2^{t-k-1}$,使出现上述问题的概率减小。具体做法如下。

(1) 选一个$\lceil \frac{t}{2} \rceil$位的随机素数 p。

(2) 选另一个素数 q 满足$\lceil \frac{2^{t-1}}{p} \rceil < q < \lfloor \frac{2^{t-1} + 2^{t-k-1}}{p} \rfloor$,使得 $n = p \cdot q < (\overbrace{10\cdots01}^{k}\overbrace{\cdots}^{t-k-1})_2$;例如,$k=3, n$ 是 12 位二进制数 $n = p \cdot q = 1000\overbrace{\cdots}^{8}$。取 $p = (100101)_2 = 37$ 是 6 位二进制数;$56 = \lvert 2^{11}/37 \rvert < q < \lfloor (2^{11}+2^8)/37 \rfloor = 62$,取 $q = 59$。

$n = 37 \times 59 = 2183 = (100010000111)_2$。

假设 n_A 具有上述形式,$y \equiv x^{a_A} \bmod n_A$ 是 A 对 x 的签名,$y < n_A$。这时并不能保证 B 正确解密,只是把不能正确解密的概率降到足够小。这里有以

下两种可能。

(1) y 的最左一位为 0,则 y 的形式必为 $0\overset{k}{\cdots}$。显然 y 小于具有这种形式的其他模数。

(2) y 的最左一位为 1,因 $y<n_A$,所以 1 后面的 k 位全为 0。这样的 y 有可能大于对方的模数。但这样的 y 在整体中只占 2^{-k}。当 k 比较大时(如 $k=100$),这个概率可以忽略不计。

1.5.4　分布式账本

分布式账本技术(distributed ledger technology,DLT)本质上是一种能够在网络中的多个节点中进行数据分享、复制和同步的去中心化、新型的分布式数据存储技术。相比于传统的分布式存储系统,DLT 的主要特征如下。

(1) 效率高。

传统的分布式存储系统采用的是一种受控于某一中心节点或者权威机构的数据管理机制。这种机制在面对数字社会爆炸性增长的数据量时,面临着巨大的挑战,即提供服务的中心节点或权威机构不得不持续性地追加投资构建大型的数据中心,造成了系统规模和复杂度不断推升。这不仅带来了计算、网络、存储等各种庞大资源池的建设问题,也带来了严峻的系统可靠性问题。

而 DLT 往往基于一定的共识规则,采用多方决策、共同维护的方式进行数据的存储、复制等操作。其所具有的去中心化数据维护策略恰恰可以有效减少系统臃肿的负担,同时在某些应用场景中,甚至可以有效地利用互联网中大量零散节点所沉淀的庞大资源池。

(2) 安全性高。

传统分布式存储系统将系统内的数据分解成若干片段,然后在分布式系统中进行存储。然而，经过几十年的发展，传统业务体系中的高度中心化数据管理系统在数据可信、网络安全方面的短板已经日益受到人们的关注。普通用户无法确定自己的数据是否被服务商窃取、篡改或者非法使用，在受到黑客攻击或产生安全泄露时无能为力。为了应对这些问题，人们不断增加额外的管理机制或技术，但是这种方法却进一步推高了传统业务系统的维护成本，降低了商业行为的运行效率。

而在 DLT 中，各个节点都各自拥有独立的、完整的数据备份，各节点之间彼此互不干涉、权限等同，通过相互之间的周期性或事件驱动的共识达成数据存储的最终一致性。由于各节点均各自维护了一套完整的数据副本，任意单一节点或少数集群对数据的修改，均无法对全局大多数副本造成影响。换句话说，无论是服务提供商在无授权情况下的蓄意修改，还是网络黑客的恶意攻击，均需要同时影响到分布式账本集群中的大部分节点，才能实现对已有数据的篡改，否则系统中的剩余节点将很快发现并追溯到系统中的恶意行为，这显然大大提升了业务系统中数据的可信度和安全保证。

1.5.5 共识机制

共识机制是区块链的核心技术，用于解决区块链中数据的一致性问题。经过多年的发展，目前区块链已拥有多个共识机制体系，如何选择合适的算法使得区块链系统达到最优的效果，是设计区块链系统的重要环节。

一般而言，区块链共识机制可分为证明类、随机类、联盟类。其中，证明类算法中常见的有工作量证明（proof of work，PoW）以及权益证明（proof of stake，PoS）。前者证明的是记账节点的算力，后者证明的是记账节点占有系统虚拟资源的权益。随机类算法中常见的是通过依赖随机数字选取打包节点的 Algorand 和 PoET3。联盟类算法中的代表委托权益证明（delegated proof of stake，DPoS)是以民主集中式轮流获得记账权。

1. PoW 算法

PoW 是 BTC 系统所采用的共识机制，其核心思想是当一个新的区块将要加入 BTC 系统中时，区块链系统中的各个节点将去争相解决一个数学难题来获得该区块的记账权，同时获得 BTC 给予的奖励。由于高算力节点在解决该难题上会以大概率胜出，因此高算力节点将比低算力节点更有机会获得记账权并获得 BTC 奖励。

在 PoW 算法中，破坏者如果想要否认掉一笔交易(或者说实现 BTC 的双花)，就需要拥有极高的算力(据测算需要整个区块链系统 51% 以上的算力)去竞争记账权，才能让整个区块链系统将已经记账的区块作废。由于当前 BTC 的全网算力已经达到 52.76 EH/s(来源：btc.com 2019 年 12 月 14 日数据)，因此任何组织获取 51% 以上的算力几乎是不可能的，这也是 BTC 系统的安全性所在。

然而，由于 BTC 系统的运行依靠的是节点间算力的比拼，想要获得记账权以及比特币奖励，将需要消耗更多的计算资源，因此 PoW 在保障系统安全性的同时，消耗了巨大的算力。

2. PoS 算法

为了解决 PoW 浪费计算资源的问题，一种新的基于权益证明的 PoS 算法被设计出来。PoS 是一种依赖于记账节点在网络中的经济利益的共识机制。在 PoS 中，记账节点依据所拥有的代币的多少和有用代币的时间来获得币权。币权越高，节点解决难题的难度越低，就越容易获得记账权。

PoS 算法的主要优点：缩短了达成共识的时间，记账的效率远高于 PoW 算法。而且挖矿简单，无须消耗巨大算力。主要缺点：节点基于虚拟货币的币权获得记账权,在系统运行之初,可能会有垄断虚拟货币的现象出现,进而导致记账权的垄断。

3. DPoS 算法

DPoS 是一种基于投票选举的共识机制,即在 PoS 的基础上加上一个限定条件——选举:每个持币者都可以进行投票,由此产生 101 个代表,按照既定时间表,轮流产生区块。如果代表没能很好地行使权力(如产生区块),他们将会被除名,网络会选出新的记账节点来取代他们。

该算法的优点:大幅缩减了参与验证和记账节点的数量,提高了效率,可以达到秒级的共识验证。其缺点:记账权更加集中在少数节点手里。

1.5.6 智能合约

智能合约是运行在区块链上的一段经过共识的、代表合约的程序代码,在预定条件满足的情况下,能够实现合约中条款的自动强制执行,由以太坊平台首次引入。

智能合约包含数据层、传输层、智能合约主体、验证层、执行层以及合约之上的应用层 6 个要素。数据层包括链上数据和链下数据,它们是智能合约运行的必要数据源;传输层则封装了用于支持"链上-链上"和"链上-链下"进行通信、数据传输的协议;智能合约主体包括协议和参数;验证层主要包括一些验证算法,用于保证合约代码和合约文本的一致性;执行层主要封装了智能合约运行环境的相关软件;应用层则是基于前 5 个要素的基础产生的相对高级的各种应用,它主要为智能合约与其他计算机、应用程序通信服务。

目前以太坊与 Hyperledger Fabric 是较为成熟,且具有代表性的智能合约平台。

以太坊智能合约运行在以太坊虚拟机(EVM)中,该虚拟机为智能合约提供了一种图灵完备的脚本语言：Ethereum Virtual Machine Code,这使得任何人都能够创建智能合约及其去中心化应用,并在其中自由定义所有权规则、交易方式和状态转换函数。以太坊智能合约主要包括账户、交易、Gas、日志、指令集、消息调用、存储和代码库8个部分。该智能合约主要应用于公链。

Hyperledger Fabric智能合约实质上是在验证节点上运行的分布式交易程序,用于自动执行特定的业务规则,并最终更新账本的状态。该智能合约部署后将被打包成docker镜像,每个节点基于该镜像启动一个新的docker容器并执行合约中的初始化方法,然后等待被外部调用。Hyperledger Fabric智能合约具有图灵完备性,分为公开、保密和访问控制3种类型,分别由拥有不同权限的成员发起。该智能合约主要应用于联盟链,以及企业级的数字支付、金融资产管理、供应链金融等。

1.6 本章小结

区块链是利用密码算法,以去中心化的方式,集体维护一个可靠分布式数据库的一项新技术,使人类首次拥有了能够以一种脱离中心的方式建立信任共识的能力。区块链本身具有的分布式、不可篡改、透明性等特征,可以弥补传统信用体系的不足,防止信息的篡改和伪造,节省全社会的信用成本,将会在银行业、保险业、证券业等传统金融领域,以及P2P、众筹等新兴金融领域产生颠覆性的变革。

为了更好地理解区块链对金融业的影响,本章首先给出了区块链概念、技术架构、功能特点以及产业发展趋势;进而梳理了区块链与通证经济的关系,以及区块链对金融业的影响;最后,介绍了区块链的技术基础,为进一步学习本书做好了铺垫。

练习与思考

1. 区块链的狭义与广义概念各是什么?
2. 区块链技术最重要的设计思想是什么?该设计思想的关键是什么?
3. 区块链的功能特点是什么?
4. 简述区块链的3种类型。
5. 为什么说区块链在重构金融服务体系上具有颠覆作用?

参考文献

[1] 中国区块链技术和应用发展白皮书[Z].2016.

[2] 腾讯 FiT(支付基础平台与金融应用线)、腾讯研究院.腾讯区块链方案白皮书[Z].2017.

[3] 中国信息通信研究院.区块链白皮书[Z].2018.

[4] Zhao Huawei, Cui Wei, Li Shouwei, et al. Token economy: a new form economy with decentralized mutual trust and collective governance[C].ISADS2019, 2019:113-119.

[5] 吴汉东.知识产权法[M].5版.北京:法律出版社,2014.

[6] 区块链3.0共识蓝皮书——迈向数字经济与数权世界 v1.0[Z].2017.

[7] 冯俏彬.要素市场化 未来供给侧改革主方向[R/OL].新供给经济学论坛,2018. http://www.360doc.com/content/18/0213/07/16534268_729697730.shtml.

第 2 章 区块链＋征信

征信是现代金融业繁荣的基石,事关民众切身利益,因此征信行业一直受到我国政府的高度重视。随着金融科技的发展,区块链去中心化、不可篡改的密码算法保障数据共享和访问安全等技术特点,屏蔽了底层复杂的连接建立机制,通过上层的对等直联、安全通信和匿名保护,加快各行业信用数据的汇聚沉淀,加强用户数据的隐私保护,以低成本建立共识信任,因此,区块链以全新模式激发行业新业态、新动力,在征信领域有着广阔的发展前景。本章从实际出发深入揭示我国征信行业的发展现状以及发展前景,从本质上挖掘区块链与征信的契合优势,进而创新区块链＋征信模式,并以 LinkEye 为例,进一步诠释这种新模式的运营特征及机制。

2.1 我国征信行业发展现状

征信作为信用生态体系中的关键环节,在数据与应用之间发挥着桥梁纽带作用。虽然我国征信行业发展较早,但是随着中国经济快速增长,市场对征信业提出了迫切需求。与此同时,我国征信业发展在数据孤岛、数据采集渠道、数据隐私保护、数据完整性以及移植性等方面面临一些问题与挑战。

在数据孤岛方面,国内征信体系主要以央行征信为主,各征信机构之间缺乏有效的共享合作,无法实现征信业内高质量的数据流通及交易,造成征信机构与用户信息不对称、数据孤岛问题。首先,基于传统互联网技术的征信体系,所有的用户征信数据都统一存储在企业管理的服务器中,不可避免地产生数据丢失、人为篡改等种种风险;其次,大型互联网公司掌握了海量的非结构化数据,蕴含着人们重要的信用资源,通过实时分析可以挖掘客户的交易和消费信息,但是这些数据是相互隔离的,数据共享较难实现;再次,没有发挥金融业内信贷机构、消费金融公司、电商金融公司等机构的海量信用数据中应有的价值;最后,由于我国数据归属权尚未确立,各种机构出于隐私保护的顾虑无法积极进行数据交换与共享。例如,金融业外信用信息割裂在法院、政府部门、电信运营商等机构中,传统征信业也由于技术架构的问题无法在各机构、各行业之间安全地共享数据。由此,传统征信工作中存在数据孤岛问题,如图 2-1 所示。

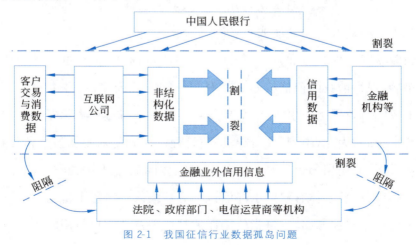

图 2-1 我国征信行业数据孤岛问题

在数据采集渠道方面，信用数据不同于其他的行业数据，涉及企业和个人的关键信息，无法通过传统数据交易平台进行共享与交换，限制市场化正规数据采集渠道的发展，引发较为激烈的数据源的竞争。同时，这也直接使得传统征信机构在采集数据上耗费了大量成本，致使用于数据分析及征信产品研发的资金比例缩水，征信机构无法过多关注征信产品的质量，继而影响了征信机构的水平与信誉。

信用数据是多维数据的集合，少量的数据或者单一种类的数据很难保证评价的客观与准确。以中国人民银行征信中心数据为例，目前主要数据有各信息主体在各金融机构发生的负债类信息、法院系统信息、公积金类信息等。银行等金融机构的数据来自负债记录、法院系统等，芝麻信用则由蚂蚁金服用户在淘宝天猫等平台的消费与支付数据进行衡量。腾讯征信则依托海量的用户社交数据、消费数据、安全数据、履约数据、财富数据来对个人信用进行评定。事实上，每家机构所持有的数据十分有限，标准不同，彼此不共享，在此基础上的数据分析难以准确和全面地评判用户信用情况。数据全部由各机构上报到中心库中，征信机构对数据进行二次加工展现，信用信息使用方不能直接读取原生数据，难以知晓用户业务的详细情况。同样地，受限于大型公司的隐私政策等原因使得用户本人对数据采集、加工了解有限，若在数据加工之前篡改数据会造成不良后果。

在数据隐私保护方面，征信行业需要高质量、高标准的隐私保护和数据安全措施，但目前我国征信技术架构对用户的关注度较低，并未实现对用户数据主权的有效保障。事实上，征信行业因其业务特点对隐私保护和数据安全的要求极高，为此，中国人民银行征信管理局明确要求要加强隐私保护，征信机构采集、使用用户信息时应当经信息主体同意，并明确告知可能产生的影响等事项，信息主体有权要求征信机构将其纳入拒绝用于营销的范围内。

在数据完整性方面，它是指信用评估时用于评估用户信用的多维度数据的完整性。由于数据壁垒、数据安全性的原因,在理想状态下的信用模型是凭借获得的用户全息画像数据来对其信用做全面剖析,以便消除信息不对称性。例如,一些大数据征信机构在评估信用时需要用户提供涉及个人隐私的数据信息,包括微信、京东、支付宝、淘宝、身份证、手机通讯录等内容。然而,获取这些数据的时间成本以及人力成本较高,仅以手工的方式收集,不仅效率低,而且用户体验差。由此可见,信用主体的各类数据均呈现碎片化、分散化特点,所以全面、准确地获取用户信用评估数据是减少信息不对称的必要条件。但如何从多种渠道中获取有效、准确、完整的用户信用评估数据,对现有的征信服务机构确是一个较大的挑战。

在数据移植性方面,它是指信用评估结果的可移植性。例如,当某一用户由于某种原因向一家贷款机构借款时,贷款机构获得了其相关信用评估数据,并通过模型算法与专家经验分析,最后决定是否向该用户放贷。如果该用户拿到贷款并在规定的期限内偿还了贷款本金和利息之后,再次向另一家贷款机构申请借贷时,其上一次贷款的信用评估结果并不能成为此次申请的佐证材料,造成用户信用数据的不可移植性。造成可移植性不高的原因在于,各贷款机构的信用评估标准不统一,彼此之间存在的各类信任问题。此外,对于跨国际的借贷场景,此问题更为突出。例如,国内的芝麻信用分在美国并不能得到认可。当用户在美国申请贷款时,仍需按照美国贷款机构的标准提供一套完整的信用评估材料。由此可见,数据的可移植性问题需要通过整个行业公认的方式来解决。

2.2 区块链+征信的发展前景

在我国,征信行业的未来市场空间巨大,市场规模将达至千亿级。然而,在目前的征信机构中,无论资本市场、商业市场信用评估机构,还是个人消费市场评估机构都需要安全地共享数据,降低金融风险和数据获取成本,以期促进整个行业健康安全发展。我国正积极将区块链技术探索应用于征信领域,包括新兴金融科技、新兴民营征信及保险在内的金融企业与机构,探索并测试基于区块链的征信系统,旨在解决传统征信行业的痛点,属于征信行业的革命性创新。只有当未来的信用数据在区块链上加密,实现信用资源共享、共治、共建,才能构建覆盖所有个体的社会信用体系。

在不同场景数据资源不泄露的前提下,区块链可以帮助多家征信机构实现数据多源交叉验证与共享,根本地解决信贷客户多头负债的问题,大大降低数据交易和组织协作成本,进而有利于打破征信行业坚冰。不仅如此,场景中区块链基于数据确权,重构了现有的征信系统架构,将信用数据作为区块链中的数字资产,有效遏制数据共享交易中的造假问题,保障了信用数据的真实性。面向与征信相关的各行业数据的共享交易,基于区块链构建联盟链,搭建征信数据共享交易平台,促进参与交易方最小化风险和成本,加速信用数据的存储、转让和交易。

值得关注的是,传统征信模式在基础设施方面耗费了大量的资源,出于成本、稳健等因素考虑,距离大规模实际应用需要一定时间。然而,区块链具有去中心化、去信任化、时间戳、非对称加密和智能合约等特征,区块链下的信用数据呈现分布式存储,具有不可篡改、不可随意删除、可验证等优点。因此,基于区块链的征信体系具有高扩展性容量,通过最高等级的加密算法可实现隐私保护,交易各方信任关系的建立不需要借助中介机构或权威中心,信任关系建立成本几乎为零。

2.2.1 保障信息主体隐私和权益

传统征信模型依靠大数据挖掘，在相关法律法规完善的前提下，包括财务数据、行为数据、社会关系等，可有效保障消费者的隐私和合法权益。在技术层面，区块链技术使各匿名节点之间的数据交换遵循固定、预知的算法，从底层技术架构保证了信息主体的隐私权，解决了节点间的信任问题，实现有限度、可管控的信用数据共享和验证。在数据交易过程中，区块链各节点中保留着信息主体的摘要，具体的交易信息加密存储，这样在保护信息不被泄露的基础上，可追溯交易数据的所属权，进一步加强了信息主体的数据安全性。

2.2.2 提升征信数据维度和共享性

区块链技术消除了信息主体对数据所有权和安全性等多方面的顾虑，促进了各行业的数据共享，多方提供数据交易信息，令征信数据更加可信，而数据需求方也可以快捷高效地获取多维度的征信数据。区块链技术去掉了中心节点，各节点之间可以直接进行点对点传输交易数据，大幅简化数据交易流程。相比传统的征信体系，可以大幅提升基于区块链的征信交易模式的运行效率。由于公私钥技术的应用，信息可以公平、实时地进行数据交换，及时、完整、真实地记录信用信息存储，从本质上避免了数据泄露。此外，在各区块中存储的是带有时间戳的信息，降低了数据造假的风险。去中心化的征信模型有助于数据共享，有效地解决了数据孤岛问题。

区块链通过技术解决道德风险和信用风险，将数字资产信息和用户的个人身份认证信息转换成一个个区块数据，并将这些区块数据链接成区块链，通过区块链的数据进行交叉计算验证，精心设计的加密认证算法，在全球范围内形成一个不受时间、空间约束的高可信金融网络,区块链上的所有资产和用户的个人身份信息可以实现高度可信。另外,由于区块链代码开放,全天候无地域、时间限制及分布式互联网络架构,促进了基于区块链的征信体系实现普惠征信和共享征信。鉴于区块链的独特性和技术优势,它在征信业的应用前景极为广阔。

2.3 区块链与征信的契合优势

区块链具有去中心化、去信任化、时间戳、多方共识和智能合约等特征,区块链在保障交易者身份信息安全的基础上,将所有交易信息盖上时间戳后,在网络内实时广播并发送到网络内的每个节点,由所有节点共同验证形成"共识",从而实现"无须信任"的创新型信用系统。区块链具有分布式存储、数据加密与共享、数据不可篡改等技术特点,其应用于征信行业具有先天优势,二者的契合优势主要体现在以下4方面,如图2-2所示。

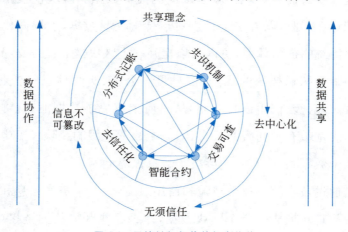

图 2-2 区块链与征信的契合优势

1. 去中心化

去中心化是区块链技术的本质特征，去中心化的分布式结构能够使两个节点之间自主智能地完成交互行为，即去中介的交互行为。分布式记账的区块链可以被认为是一种基于共享理念的技术，每个节点都是对等的，所有的交易都是在既定交易规则约束下进行的，无须第三方进行管理、仲裁或提供信任，且任何节点的增加或减少都不会影响区块链的正常运行。交易信息不是存储在某些特定的服务器或中心节点上，而是存储于每个节点之间进行共享。当交易发生时，每个节点都可能成为区块链上临时的中心。区块链作为一种由不同节点共同参与的开放式账簿系统，具有"弱中心化、不可篡改、匿名保护和智能合约"等特点。它可以在技术层面实现"有效保护数据隐私，共享与验证有限度、可管控的数据"，打破数据孤岛，拓展数据维度，实现数据共享。

基本上，区块链征信建立在永恒的点对点模型之上，使整个过程更加无缝化，减少流程所需的时间。区块链没有中心节点和后台数据库，它的数据传输、存储等过程都基于分布式系统结构，每个区块都具备相同的权利和义务，各自拥有一套完整的数据库副本，无须第三方参与，更不会因为部分区块的故障导致系统的崩溃，从而保证了系统的稳定性。区块链是分布式数据库，在应用时只需通过脚本编程，就可使得信用数据自动流通，并根据数据权属、隐私安全、利益需求、数据侧重等不同因素合理解决大数据来源和分配。这是对传统征信模型中各大公司独自划分标准、独自掌握数据的彼此封闭现象的创新，会极大地拓展征信数据维度，提高数据质量，使得征信发挥更好的作用。区块链分布式、去中心化的特点使交易更加便捷、低成本，能够在一定程度上降低"中心"带来的信息不对称和信息安全风险。这种技术特征极大地节省了市场交易的中介成本和信息不对称成本。

2. 信息不可篡改性

区块链技术的特有算法使链中每个信息都可以沿着时间戳不断向前追溯到信息发布者,同时,即使出现某个节点数据丢失或摧毁,也不会影响整体风险。传统中心化征信模型中由于操作不当、易遭遇技术冲击,以及人为破坏导致数据泄露和错误等弊端,区块链技术可为其提供良好的解决方式,确保信用数据的安全可靠,加强对数据的监管能力。区块链上每个节点都保存着所有交易信息的副本。当区块链上的数据和参与者数量庞大时,修改数据的成本也会提高,黑客要篡改数据必须掌控 51% 的节点,其运算投入远高于成功后所获得的收益,因此修改成本可能远超预期收益,造成攻击无意义。在某些极端情况下,即使部分节点的信息被恶意篡改了,区块链上其他节点会在短时间内发现这些未形成"共识"的信息并进行维护和更新,因此,理论上区块链上的交易信息是不可篡改的。

3. 无须信任

区块链以点对点传输,采用加密算法和共识机制等技术实现交易处理,不需要中介或是中心系统的验证和控制,只有满足区块链系统算法和共识机制并获得大部分区块同意,才可以修改区块链数据。区块链技术运用数学原理和算法,使得系统运行公开、透明,加入系统中的用户,可以看见区块链这个公共账本的所有交易记录。因此,交易双方无须知晓对方真实身份及信用情况,或无须借助第三方权威机构信用背书,只需要查看公共账本凭借信任共同的算法就可以建立信任。区块链的去信任化特点不是意味着不要信用,而是利用技术规则加持信用。

4. 共享理念

传统征信业务受限于依靠高度相关的少量结构化数据,更多强调经济层面上的因素,而相对忽略了其他层面因素的重要性。但是,人们的信用显然不完全取决于经济因素。若要做出准确的评估,全方位多维度的数据收集无疑是十分必要的。区块链可以有助于征信机构自动记录海量信息,作为一个网络的节点,用加密的形式存储,可以共享客户在本机构信用的状况,从而实现信用资源的共享共通,达到共建共用的目的,从而聚合成自信任和去中心化的分布式系统。区块链数据库还可以帮助人们剔除大量的重复工作,完成对大数据的重构,大幅度降低数据清洗成本。

区块链作为一种纯数学加密技术,可以实现在不暴露现实身份的前提下实现信息共享。非对称密码体制的技术设定,可让查询者既能查询所需数据又能不访问原始数据,不侵犯隐私,对某些行业的敏感数据查询更是便捷安全。这种通过加密技术保护用户身份信息,并且赋予用户自主选择公布信息的权利,让可控的数据共享成为现实。与此同时,区块链也能保障参与者信息不被他人窃取,信息可查询也仅限于交易数据,而参与者个人信息则是隐匿的,也保障了参与者在完成交易的同时,不会受到其他信息的干扰。

区块链是一种底层的基础架构,受益于密码学的诸多成熟技术,对征信数据进行加密处理,或者直接采用双区块链的设计,确保用户征信数据及其征信数据在区块链上的安全性。区块链技术特点既有效保护数据隐私,又可实现有限度、可管控的信用数据共享。因此,将散落在各机构的数据充分地聚合起来,达到"取之于民、用之于民"的目的,促进数据的开放共享与社会的互联互通。

2.4 区块链+征信的模式创新

基于区块链的征信平台建设是新建数据平台模式——区块链+征信去中心化多通道共享平台，即构建全新的区块链征信生态平台，如图2-3所示。所有的信息主体、信息需求方、信息提供方、征信业监管方等都成为区块链平台上的节点，但各自在平台上所起的作用是不同的，具有不同的业务规则。该平台节点成员包括征信机构、用户、其他机构（互联网金融企业、保险、政府部门、银行），征信机构之间共享部分用户信用数据。

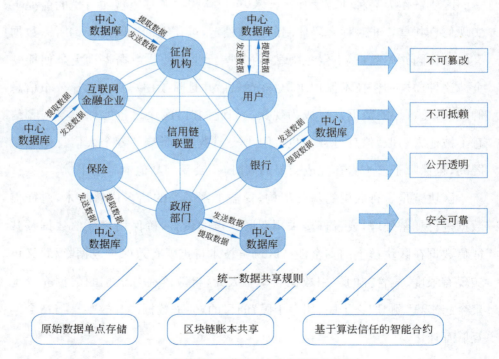

图2-3 区块链+征信去中心化多通道共享平台

首先,在此模式下,掌握征信数据的各个征信机构是主要参与节点,它们既是征信数据的查询方,又是数据的提供者。每个征信机构分别拥有自己独立的中心数据库,交换和共享彼此的数据。在充分授权的情况下,各征信机构既可以实现信用数据的交易与共享,又可以保证自身核心数据的安全。针对以上区块链与征信系统的应用模型,可以由央行牵头,与各大征信机构以及银行、保险等各大金融机构展开合作,基于区块链技术共同构建一个信用联盟链,以此链为核心连接各个主流征信机构的数据库,完成第一轮的信息共享,并建立中心数据云,第一批加入联盟的机构视为联盟链会员共享中心的数据云资源。然后,其他征信机构再不断加入其中,最终形成完善的、覆盖全国的征信体系。

其次,区块链技术以分布式记账、分布式传播、分布式存储的特征运行,具有去中心化、开放自治、匿名、不可篡改的优势,其核心是基于数学算法解决信任问题,利用智能合约承载数据价值交换。生成信用记录主要依靠智能合约技术。例如,网贷平台与贷款者签署了智能合约,如果贷款者按时履约,就会在区块链中自动产生一条履约信息;如果未按合约约定履行义务,则会在相关主体的区块链上自动产生一条违约信息记录。而信息主体、网贷平台、得到授权的征信机构等均可掌握这一账本。如果有其他的征信机构或信息需求方需要得到相关信息,则需要得到信息主体的授权。

智能合约不同于传统意义上的手写合同,它利用软件技术自动完成一项交易,作为一种嵌入式程序化合约,计算机专家将各方事先协商确定的权利和义务事项,通过计算机的程序语言转换为代码并设计算法,记入区块链中。一旦条件成熟便自动执行,无须第三方进行督促,也不会发生合同对方拒不履行合同内容的现象。整个过程的权利和义务从设定、签署到执行实现了一体化,具有数据透明、不可篡改、永久运行等特性。区块链创建出一个开放式、防篡改的交易总账,可能取代并简化证券交易中许多的复杂系统。在这种模式下,交易双方能够通过智能合约直接实现自动配对,通过分布式数字化登记系统,自动实现清算和结算,几乎在交易结束的瞬间就可完成结算工作。

区块链征信系统的功能在于原始数据单点存储,摘要信息区块链账本共享,制定统一的数据共享登记规则。以区块链公钥加密保证数据的可靠性,有偿地提供各种共享数据列表。其中,共享数据以分布式账本形式存储,确保数据不被篡改,通过白名单系统甄别共享数据的真实性。监管部门的主要作用是了解和审核平台规则,统计和分析平台运行情况,监督各方遵守规则,受理对信息主体的投诉,以确保整个区块链征信系统在得到有效监管的前提下稳健运行。而且,可编程特性使参与方可以增加任意的复杂条款,技术因素的介入减少了人为参与,减低履约成本,全程的可视化、自动化也能够保证合约内容的准确性。监管者只需对交易者商定的权利和义务内容进行合法性审查,即可完成对整个交易过程的监督,继而可以降低监管成本。

相对而言,这种"区块链＋征信"去中心化多通道共享平台与传统征信在数据库方面存在一定关联性,但是在数据存储和数据处理功能方面,又存在较显著的差异性,主要表现在以下3方面。

(1) 数据存储方式不同。传统数据库提供的是中心化服务模式,通过中心服务器存储数据提供服务;而区块链并不需要中心服务器存储数据,它是通过分散在网络中的所有节点实现分布式存储,达到去中心化的目的。

(2) 数据可靠性不同。传统数据库由于数据存储在中央服务器上,数据被恶意篡改或遭受各种意外的可能性较高,数据的可靠性和准确性很难得到保证;而在区块链中存储的数据,由于分散化存储和透明化管理,使得数据被篡改以及灭失等可能性几乎不存在。

(3) 数据时效性不同。当传统数据库的服务器处于离线状态时,所有用户都无法访问,数据的时效性无法体现;而区块链要求所有节点必须接入网络，通过在线方式确保数据的实时更新，使得数据的时效性得到更好保障。

区块链作为一种与传统数据库类型有着显著差异的新型数据库系统，为涉及数据库应用的各行业的发展提供了新的技术选择。

基于以上分析，构建区块链＋征信去中心化多通道共享平台，重构了现有的征信系统架构，将信用数据作为区块链中的数字资产，有效遏制数据共享交易中的造假问题，保障了信用数据的真实性。区块链技术、分布式账本及智能合约的三位一体可以有效解决数据采集、交易达成及在区块链数据库中进行记录的问题。每个信用行为都会变成产权明晰的个人资产，个人信用信息保护问题也将以新的形式得到完美解决。同时，由于区块链具有时间戳、不可篡改等特点，不仅保证了信用记录的真实有效性，还可从根本上杜绝虚假、伪造信息。在此基础上，作为一种新型的信息数据共享平台，可以实现全新的信用生产及记录评估，各主体可使用并分享不可篡改的、不可抵赖的、公开透明的用户信用数据，从而基于区块链建立全新的征信生态，甚至可以重构征信业信用评估模式。

2.5　区块链＋征信的应用案例分析

目前区块链在征信业的实际应用还较少，但在巨大的市场前景下，区块链的去中心化、去信任化、时间戳、非对称加密和智能合约等特征，在技术层面有效保护数据隐私，在此基础上共享有限度、可管控的信用数据，从而缓解征信行业面临的核心难题。

LinkEye 针对互联网金融信贷领域的行业痛点，在实践应用方面取得了不俗的成绩。LinkEye 团队精准地找到征信联盟的切入点，设计并开发了高效的区块链征信联盟共享平台,构建了一套征信共享联盟链解决方案。

LinkEye 打造的区块链征信联盟深度整合区块链技术和信贷经济模型,创造性地将各个孤立的征信数据串联起来,并在联盟成员之间共享失信人名单,形成真实可靠、覆盖面广的全社会征信数据库,有效促进和完善社会信用体系。Linkeye 设计了黑名单(掩码+签名)运行机制、联盟成员入驻、成员信用、仲裁、信息共享、智能定价、数据安全防火墙、开放全网查询接口八大机制,充分发挥区块链的去中心化等技术优势,保障了该联盟平台的高效、有序发展。

各成员仅需将黑名单脱敏信息上链,而将原详细信息仍然保存在原平台。链上只记录个体信息摘要,如果某一成员有查询需求时,需要发起查询请求,点对点进行数据查询。这样的做法既保证了各联盟成员数据管理权,打破了数据孤岛,又保证了平台的信息安全和高效运转,最大化地解决了中心化机构所不能解决的问题。简言之,LinkEye 链上征信数据源来自其审核通过的联盟成员以脱敏数据的方式共享黑名单,由此任何机构都可通过 LinkEye 进行模糊查询,并在支付 LinkEye 代币 LET 后,查询具体征信情况并得出相应结果。

LinkEye 基于区块链创建征信新模式如图 2-4 所示。相对于传统征信市场而言,LinkEye 利用区块链技术降低了金融机构征信成本,提高了征信准确度,打破了金融机构之间的信任壁垒;利用联盟链技术搭建了一个信用共享平台。通过共享黑名单,LinkEye 互享多家金融机构失信人数据,让每个参与主体都成为联盟成员或者联盟节点。由此,各家金融机构本地的数据库和链上指针互联在一起,形成了一个互享体系。

在技术层面,LinkEye 采用对称加密和非对称加密相结合的方式保证数据安全,还使用金融加密机管理根证书和密钥,进一步加强数据和资产的安全性。基于 Hyperledger Fabric 1.0 基础上,LinkEye 还实现了 PBFT 算法,

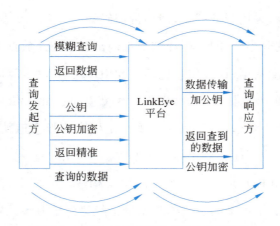

图 2-4　LinkEye 基于区块链创建征信新模式

综合考虑性能、去中心化程度、安全性等多个方面，采纳相应的共识机制。不同于比特币的非对称加密，LinkEye 采用对称加密和非对称加密相结合的算法保障数据安全。LinkEye 为每名联盟成员分配了一对公私钥和一个对称密钥，并把这个对称密钥存放在金融加密机中，所以密钥无法被提取或者破解。联盟成员则在发布数据时采用对称密钥对数据进行加密，还利用私钥对数据进行数字签名，以保证数据传输中的安全性和可靠性。当查询数据时，在金融加密机中利用数据源成员的对称密钥对数据进行解密，用查询数据成员的公钥对数据进行加密，所以不会造成明文泄露。查询成员收到数据后，再使用自己拥有的私钥对数据进行解密，验证数据签名，确保数据安全、可靠，从而提高交易性能。

LinkEye 建立的黑名单机制，在全链公开失信人信息。为了实现最核心的黑名单查询功能，LinkEye 自主研发了一套基于超级账本的 Fabric 框架，并针对特有应用场景对联盟链解决方案进行了一系列的优化和改造。其架构采用分层设计理念，涉及基础层、服务层。其中，基础层由公有链、联盟链、数据库、智能合约、跨链网关组成；服务层采用 SOA 设计，封装各个服务。鉴于个人隐私问题,采用脱敏数据,使用带掩码的形式来全链发布。具体而言,黑名单失信数据分为公开数据、详细信息两部分:公开数据为展示出来的数据,也称模糊匹配数据;详细信息包括用户 ID、姓名、借款时间、借款金额、借款平台、逾期时间及联盟等内容,则需要付费查询。此失信人黑名单类似法院系统发布失信人名单,让失信人接受一定程度的社会道德惩罚与约束,是一种有效监督并规范社会信用体系的方式。

可以说,LinkEye 是第一家基于区块链构建的征信平台,吸引了众多一线金融公司入驻,平台上的黑名单数据量已经达到千万级。它提供应用程序接口(API),也是第一家对 C 端开放的平台,可以接入任何一个有需求的用户,这一开放式 C 端用户征信查询促进了全民征信化。为了避免法律和道德风险,LinkEye 采用掩码机制和授信模式相结合的方式对 C 端用户进行授信,着力在区块链技术创新以及征信体系建设方面建立一个完善的征信体系,能够涵盖个人、企业、金融机构等各方面信用数据,实现征信信息的互联共享,共同降低社会经济运行风险,提高社会经济效率,不断探索区块链技术,从而促进信用社会发展。

LinkEye 的区块链+征信的解决方案主要体现在以下 3 方面。

(1) 有效打破信用数据孤岛。让征信机构与用户、征信机构之间实现数据共享,平台帮助用户的数据确权,在数据确权的基础上,连接各个企业和公共部门,进而开展用户数据授权,解决数据孤岛的问题。

(2) 保障系统安全,实现数据隐私保护。LinkEye 平台上的所有节点都参与隐私和安全系统的维护,除了数据共享交易参与的各方,不会有任何第三方获得数据,极大降低征信运营成本。LinkEye"棱镜"黑名单数据平台有助于征信机构以低成本方式拓宽数据采集渠道,并消除冗余数据,规模化地解决数据有效性问题,还可去除不必要的中介环节,提升整个行业的运行效率。

(3) 区块链可自动化运行和管理信用评估、定价、交易与合约执行的全过程，进而降低人工与柜台等实体运营成本，并能大幅提高银行信用业务处理规模。

2.6 本章小结

区块链以分布式存储、点对点传输、共识机制与加密算法等技术，在征信领域有着广阔的发展前景。本章首先总结了我国征信行业的发展现状，并分析了区块链＋征信的发展前景；其次，总结了随着区块链技术的发展，其与征信存在契合优势，主要体现在去中心化、信息不可篡改、无须信任和共享理念4方面；然后，总结了基于区块链构建新型数据平台模式，即"区块链＋征信"去中心化多通道共享平台，以此营造新的区块链征信生态平台；最后，以LinkEye为例进一步揭示二者的征信新模式。

练习与思考

1. 目前我国征信行业发展现状如何？
2. 区块链＋征信的发展前景如何？
3. 区块链技术在征信行业中的应用有哪些优势？二者之间有哪些差别？
4. 区块链＋征信的模式创新是什么？举例说明。

参 考 文 献

[1] 聂二保,陈绍真,苗新科.基于"区块链+"的互联网金融大数据双通道征信技术研究[J].征信,2017(6):32-36.

[2] 解黎,姚世坤.区块链技术在征信领域应用探究[J].征信,2018(8):43-48.

[3] 张国柱.征信系统信用信息安全模式探析[J].征信,2010(2):27-28.

[4] 何广峰,黄未晞.区块链技术本质以及对金融业的影响[J].清华金融评论,2016(4):102-106.

第 3 章　区块链+数字货币

3.1　数字货币概述

3.1.1　数字货币的起源与定义

1. 数字货币的起源

1982 年，戴维·乔姆（David Chaum）在顶级密码学术会议——美密会议上发表了一篇论文《用于不可追踪的支付系统的盲签名》。论文提出了一种基于 RSA 算法的新密码协议——盲签名，利用盲签名构建一个具备匿名性和不可追踪性的电子现金系统，这是最早的数字货币理论，也是最早能够落地的实验系统，得到了学术界的高度认可。1994 年布鲁斯·施奈尔（Bruce Schneier）的经典教材，就专设一节，探讨戴维·乔姆的电子现金协议。

戴维·乔姆提出的电子现金系统有两项关键技术：随机配序和盲签名。

随机配序产生的唯一序列号保证数字现金的唯一性；盲签名确保银行对该匿名数字现金的信用背书。戴维·乔姆的理论及其研发的 E-Cash 激发了研究者对数字货币的兴趣。经过近 40 年的发展，数字货币已经在戴维·乔姆理论的基础上融合了包括群盲签名、公平交易、离线交易、货币的可分割性等在内的新概念。

但戴维·乔姆当时建立的模型还是传统的银行、个人、商家三方模式。每个使用过的 E-Cash 序列号都会被存储在银行数据库中，且每次交易系统都要验证 E-Cash 序列号的唯一性，因此系统会维持一个已交易序列号的数据库，随着交易量的上升，该数据库就会变得越来越庞大，验证过程也会越来越困难。

2008 年，一位化名中本聪（Satoshi Nakamoto）的神秘人提出了一种全新的电子化支付思路——建立完全通过点对点技术实现的电子现金系统，将戴维·乔姆的三方交易模式转变为去中心化的点对点交易模式。其技术思路：把通常意义上的集中簿记分拆为约每十分钟一次的分布式簿记，簿记的权利由全网竞争选取，簿记数据按时间顺序链接起来并广播全网。任何节点均可同步网络上的全部簿记记录，均可投入计算资源参与簿记权的争夺。攻击者如果不掌握全网 51％以上的计算资源，就无法攻击这套簿记（链接）系统。通过这样的设计，以前人们隔着万水千山做不到的点对点交易，现在不依赖银行等中介机构而仅靠分布式账本就可以实现。

比特币是一个互相验证的公开记账系统，具有总量固定、交易流水全部公开、去中心化、交易者身份信息匿名等特点。其未花费过的交易输出（unspent transaction output，UTXO）的绝佳设计，解决了 E-Cash 数据库无限膨胀的问题，使数字货币技术出现新的飞跃，人们将这一前沿技术称为区块链技术。

比特币出现之后，数字货币的发烧友狂喜地发现，去中心化的数字货币梦想竟也可以大规模实验了。于是，基于不同区块链技术创新的各种数字货币不断出现。截至2018年7月，共有近2000多种数字货币出现。其中，一些加密货币利用各种加密技术，对比特币进行了扩展与变形，如以太坊扩展了比特币的可编程脚本技术，致力于发展一个无法停止、抗屏蔽和自我维持的去中心化智能合约平台；达世币设置了双层奖励制网络，提供即时支付以及以混币协议Coin Shuffle为基础的匿名支付等增强服务；门罗币采用环签名技术隐藏交易双方地址，并吸收比特币社区发展出的机密交易技术隐藏交易金额，提供了更完善的匿名性；瑞波币允许不同的网关发行各自的借据（相当于在线债券的借据），并实现不同借据之间的自动转换；零币首次将零知识证明算法zk-SNARK用于保证交易发送者、接收者和交易数额的隐私性，具有较强的学术创新。

显然，数字货币以数学理论为基础，运用密码学原理来实现货币的特性。其用到的主要加密算法有对称性密码算法、非对称性密码算法及单向散列函数（哈希函数）等，常用的技术有数字签名、零知识证明和盲签名技术等。对比E-Cash和比特币，可以发现近40年来数字货币理论在支付模式和技术发展上均出现了很大的变化。

（1）支付模式从三方变为两方。这一变化是革命性的，数字货币通过先进的技术手段使得不必依赖中介就可实现点对点交易，将原有的三方支付模式变成了两方支付模式，支付行为的自主性大大加强，对整个社会具有极大的影响。

（2）技术应用出现新的飞跃。E-Cash的两项关键技术是随机配序（随机配序产生的唯一序列号保证数字现金的唯一性）和盲签名（盲签名确保银行对该数字现金的匿名背书）。比特币则是一个互相验证的公开记账系统，其特色是把通常意义上的集中簿记分拆为约每十分钟一次的分布式簿记，簿记数据按时间顺序链接起来并广播全网，簿记的权利由全网竞争选取，以达到去中心化的目的,标志着数字货币技术应用的新飞跃。

(3)已有的数字货币模型可为未来更为完善的数字货币系统设计提供参考。E-Cash 和比特币就像是一枚硬币的正反两面,有些关键特性可以参照研究。例如,E-Cash 每次交易都要对数字现金序列号的唯一性进行认证,而每个使用过的序列号都会被存储在数据库中,这样数据库就会变得越来越庞大,认证过程也会越来越困难。而比特币采用的 UTXO 库则可以解决 E-Cash 数据库无限膨胀问题。将来更为完善的数字货币系统设计,应该是升级版 E-Cash 和比特币的混合体。

2. 数字货币的定义

1) 货币的种类

目前关于货币的衍生概念有多种,可以归为以下 4 类。

(1)法定纸币(legal currency)。日常生活中使用的为法定纸币,是央行通过国家信用背书发行的法定货币,具有法律效力。

(2)电子货币(electronic money)。经历支付方式的不断演变,人们从纸币支付到通过银行卡、储值卡、支付宝、微信以及各类电子钱包等方式支付,此类支付方式均基于电子货币账户进行资金流转,由此引出电子货币的概念。电子货币是指用一定金额的现金或存款,从发行者处兑换并获得代表相同金额的数据,或者通过银行及第三方推出的快捷支付服务,通过使用某些电子化途径将银行中的余额转移,从而能够进行交易。严格意义是消费者向电子货币的发行者使用银行的网络银行服务进行储值和快捷支付,通过媒介(二维码或硬件设备),以电子形式使消费者进行交易的货币。其本质上是法定纸币的电子化形式,是客户的银行账户的网络映射,不具备独立的发行模式和货币量要求,支付宝或微信中的电子钱包等被称为第三方支付,与银行账户相关联。

（3）虚拟货币（virtual currency）。20世纪80年代，随着网络社区的兴起，市场上出现用于社区内各种虚拟商品交易的虚拟货币，如网络积分、游戏币、社交网站发行的各类代币（如Q币）。虚拟货币由私人部门发行，不具备法律效力，这类货币用于虚拟的网络世界，可通过法定货币在网络空间进行购买或转让，不适用于现实场景的流通。根据欧洲中央银行定义：虚拟货币是一种未加监管，由其开发者发行和控制，被某一特定虚拟社区成员使用并接受的数字货币。根据我国现行规定，公众用法币购买的网络虚拟货币只能在某些特定平台内流通，不可跨平台使用、不可用网络游戏虚拟货币兑换人民币，也就是说虚拟货币不可赎回。

自2008年比特币出现以来，一般提到虚拟货币通常特指以比特币、以太币等为首的去中心化加密货币。此类虚拟货币伴随比特币价格上涨后引发的财富效应，虽然近两年有所回落，但是仍然引发许多人对各种虚拟货币狂热追捧。截至2020年4月底，市场上共有3100多种私人部门发行的数字货币。由于私人数字货币缺乏内在价值，诸多国际组织和政府部门将其称为虚拟货币。

（4）数字货币（digital currency），即密码货币或加密货币。根据发行者的不同，数字货币可以分为私人数字货币和法定数字货币，比特币、以太币、瑞波币、莱特币等均可称为私人数字货币，它们并非通过政府担保，更多体现一种投资属性。由各国央行发行的数字货币才能称为法定数字货币，目前尚未出现实际使用的法定数字货币，由数字货币引出的另一新型货币名称为网络虚拟代币，此类代币相当于一种筹码或股权，曾经火热一时的ICO（数字货币首次公开众筹）便是通过发行私有代币募集资金，代币的价值与融资的项目发展挂钩，代币形式或称呼随项目的不同可能不同。

2) 数字货币的概念

目前，数字货币还没有一个统一的定义。在实践中，数字货币的概念非常宽泛。如英格兰银行(BoE)认为,数字货币是仅以电子形式存在的支付手段,与传统货币类似,数字货币可以用于购买实物商品和服务。反洗钱金融行动特别工作组(FATF)认为,数字货币是一种价值的数据表现形式,通过数据交易并发挥交易媒介、记账单位及价值存储的功能,但它并不是任何国家和地区的法定货币,即没有政府当局为它提供担保,它只能通过使用者间的协议来发挥上述功能。因此,数字货币不同于电子货币,电子货币是法定货币的数字化表现,被用来进行法定货币的电子化交易。

在不同语境下,数字货币有着不同的内涵和外延。目前,狭义的数字货币主要指纯数字化、不需要物理载体的货币;而广义的数字货币等同于电子货币,泛指一切以电子形式存在的货币。

数字货币的定义分歧较大,但也有统一的部分:指一种以数字形式呈现的货币,而非纸币、硬币等实体货币,承担了类似实体货币的职能,但能够支持即时交易和无地域限制的所有权转移。

数字货币包括加密(数字)货币和央行数字货币,这也是分歧所在,我国部分权威机构认为,只有央行发行的具备法定地位的数字货币,才是真正的数字货币。中国互联网金融协会区块链研究工作组组长李礼辉在2017年9月18日发布的一篇文章中称:"数字货币必须具备法定地位、国家主权背书,明确发行责任主体。以比特币和以太币等为代表的虚拟货币没有国别,没有主权背书,没有合格发行主体,没有国家信用支撑,这些都不是数字货币。"

根据当前大多关于数字货币的论述,给出数字货币的概念:数字货币即数字化的货币,是一种价值的数据表现形式,以互联网为基础,以计算机技术和通信技术为手段,以数字化的形式(二进制数据)存储在网络或有关电子设备中,并通过网络系统(包括智能卡)以数据传输方式实现流通和支付功能的网络一般等价物,具有货币最为基本的交易、流通等职能。

此外，数字货币具备发行和交易成本更低、可追踪、造假成本更高等优势。因此，数字货币是未来一种趋势。而且随着区块链技术的应用，未来可能将会建立全国甚至全世界统一账本，让每笔钱都可以追溯，逃漏税、洗钱行为会在监管范围内，甚至有可能实现在刷卡机上自动扣税。

3) 法定数字货币和私人数字货币

央行发行的数字货币为法定数字货币，私人发行的数字货币为私人数字货币。其中，央行发行的数字货币，是指中央银行发行的，以代表具体金额的加密数字串为表现形式的法定货币。它本身不是物理实体，也不以物理实体为载体，而是用于网络投资、交易和存储，代表一定量价值的数字化信息。

私人发行的数字货币，也称虚拟货币，是由开发者发行和控制，不受政府监管，在一个虚拟社区的成员间流通的数字货币，如比特币等。有时采用密码学技术的数字货币又称为加密货币(crypto currency)。数字货币更强调价值以数字形式表现，虚拟货币更强调价值以虚拟形式存在，而非以实物形式存在。当它们的发行和交易确认使用到密码学时，则被称为加密货币。

比较私人数字货币与法定数字货币可以发现以下不同。在内在价值上，法定数字货币以国家信用背书；私人数字货币则无信用背书。在使用范围上，法定数字货币天然具有法偿地位，在具备流通环境条件下任何人、任何机构不得拒收；而私人数字货币不具法偿性与普偿性。在价值尺度上，国家信用保证了法定数字货币计价的稳定；而私人数字货币价值不稳，公信力不强。在发行动机上，私人数字货币往往追求社会接受度最大化或利润最大化，形成一定垄断后可能会给社会带来负面性和潜在风险或损失；法定数字货币代表国家信用及社会整体利益，能维持本经济体范围内整体利益最大化。在功能上，法定数字货币除基础三大功能外，承载了更多的货币政策传导、测量、调节等功能；而私人数字货币专注于私人支付媒介作用，不考虑用于调节经济的国家功能。在业务架构上，法定数字货币具有中心化特征；而私人数字货币则采用以加密算法为核心的区块链技术,使用较大代价处理双花、交易确认等问题,无中心化机制保障,没有运行责任兜底机构。

3.1.2 数字货币的 3 个基本问题

纵观世界货币发展史,主要经历了实物货币、金属货币和纸币 3 个传统阶段,互联网时代数字货币更大意义上是一种信用货币。货币的实际价值和名义价值逐渐分离,出现了两种对立的观点:货币金属论和货币信用论,并在关于货币的 3 个基本问题上有着不同的观点。

1. 数字货币的本质问题

第一个问题是数字货币是否具有价值。货币的商品属性和债务属性是货币的两面,随着货币的演进,这两种属性的重要性也会不断发生变化:债务属性会变得更加明显,而商品属性会变得更加模糊乃至消失。当处在实物货币或贵金属货币阶段时,货币的商品属性表现相对强一点,而债务属性表现相对弱一点。当进入信用货币阶段,货币的商品属性表现逐渐消失,而债务属性表现增强,信用货币本身没有十足的价值。

数字货币本身不具有价值,本质上是一种财富价值的序列符号。数字货币的发展并没有脱离信用货币的范畴,作为一种信用货币,数字货币本质上仍是货币符号。信用货币阶段,金融机构发行的货币其实是提供金融信用。目前,数字货币主要有两种设计思路:基于"中央银行-商业银行"的数字货币本质上是组织机构信用,而基于 P2P 的数字货币本质上是个人信用。

2. 数字货币属性理论

第二个问题是谁来发行数字货币。根据货币发行主体的属性,可分为公有属性和私有属性,即货币国家化和货币非国家化理论。从历史上看,政府很早就掌握了货币发行的权力,铸币发行国家化逐渐成为共识,形成了货币国家化理论。在铸币流通时代,因金属的稀缺性使得政府垄断货币发行权没有造成明显的影响。然而,在纸币流通阶段,纸币的发行不受贵金属储备的限制,政府为了自身财政的需要很容易超发纸币,引发货币贬值,造成通货膨胀和财富分配不公,引发经济危机和社会不满。基于经济自由主义视角,Hayek 提出了货币非国家化的设想,即废除中央银行制度,允许私人发行货币,自由竞争的过程将会发现最好的货币。

货币发行主体的争议深层次是信用保证问题。信用货币时代,货币本身不具有价值,其背后是发行者的信用问题。不同货币发行体系下,其信用保证存在着较大的差异。纯粹的政府发行法定信用货币体系,本质上是政府信用保证,由政府保证货币流通价值。以黄金等实物挂钩的信用货币体系,本质上是商品价值和政府信用的双重保证。以美元等强势货币挂钩的信用货币体系,本质上是不同主体信用的多重保证。从发行人的属性来看,主要分为公有和私有发行,本质上是法定数字货币(国家信用)与私人数字货币(私人信用)的区别。因此,数字货币的发行主体不同,其背后的信用保证不同,这也是众多虚拟货币存在较大信用风险的关键。

因信息不对称,货币发行过程中存在委托代理问题。数字货币体系将由双重委托代理逐步发展为一重委托代理问题。传统货币体系是两重信用的双重委托代理问题。传统货币流通体系是以银行为主导间接融资过程,货币发行是国家信用在金融机构之间一次配置,即一级市场中存在着一次委托代理的问题。在个体融资中,单位个体凭借自身信用到金融机构进行二次融资获得资金,即二级市场上也存在着一次委托代理问题。在 P2P 数字货币体系下是一重信用的委托代理问题。个体融资相当于以个体信用为保证,简化为私人信用之间的问题,即一次委托代理问题。

3. 数字货币发行的锚定原理和信用创造机制

第三个问题是数字货币的数量如何调节。根据货币供给的影响因素分为基础货币和派生货币能力，这一大问题可以分为两个小问题，即数字货币的基础货币发行量和数字货币的流通量。

（1）数字货币的基础货币发行量。在实物货币或金属货币阶段，货币的发行量是以实物或金属存量为依据。基于存量限制和技术水平因素，货币发行量比较稳定，实物货币或金属货币发行有了比较好的锚定物。进入信用货币高级阶段，缺乏实际价值的纸币很容易超发，货币发行过程一直存在锚定与脱锚的争议。为了维持币值稳定，人们希望纸币发行能与贵金属（或商品）挂钩而形成货币发行锚定，但政府为了自身财政需要希望纸币发行自由调控实现货币发行脱锚。历史上，政府选择过以商品存量为锚定，逐步过渡到以贵金属存量为锚定，到以强势货币为锚定。

数字货币发行的锚定物问题变得相对重要。纸币流通时代，为了刺激经济发展和减轻政府债务，一些国家政府有超发货币的动机，特别是缺乏货币发行锚定物时这种机会更大。数字货币发行更因其无形性、无价值、低成本等特性，使得锚定问题变得更重要也更困难。信息技术容量成为新时代数字货币的较好的锚定物。基于区块链技术的数字货币设计以信息技术容量为限，采用技术锚定解决数字货币发行量问题。根据数字货币的设计规则，数字货币的获得需要通过网络"挖矿"实现，"挖矿"消耗的计算处理能量将转化为数字货币的价值，即数字货币的发行量与网络技术处理能力挂钩。科学技术是衡量一个社会生产力的重要标准，信息技术水平又是互联网时代发展的重要指标，数字货币的发行能与信息技术容量挂钩，说明数字货币发行找到了较优的锚定机制。

（2）数字货币的流通量。除了货币的基础发行量外，数字货币的流通量主要由信用创造能力决定。货币信用创造能力是影响货币数量调节的重要因素。基础货币的发行量是显而易见的，为了应对舆论压力各国中央银行对基础货币发行比较慎重，但间接货币信用创造的影响却是较为隐蔽的。货币信用创造内生于金融交易过程，一般由中央银行发行货币，创造信用基础载体；商业银行吸收存款，同时对贷款进行定价和配置，释放出新的信用，形成货币信用循环体系。以银行主导的传统信用创造机制中，银行不仅是借款人和贷款人的媒介者，更是信用创造者，影响着货币流通量，银行过度放贷扩大信用易造成金融危机。随着金融业的不断发展，信用创造的主体不再局限于银行，包括证券公司等，形成以金融市场为核心的现代信用创造机制。

现代金融理论体系中，影子银行等非正规金融机构对货币信用创造具有重要的影响，通过金融衍生产品的创新，发挥了更强的信用创造功能，影响了货币乘数模型，最终影响宏观货币政策调控。互联网金融等新兴金融机构也可能成为信用创造或者放大的力量之一。作为金融工具的创新，数字货币一定程度上改变了传统货币的信用创造机制，其信用创造能力的衡量是后续研究的重点。

3.1.3 数字货币的主要特征

1. 数字货币的价值由供给和需求决定

与商品相比，数字货币的内在价值为零。区别于传统的电子货币，数字货币的价值只依赖于这样一种信念，即数字货币可以在未来某个时间兑换成任何商品和服务，或者是一定量的主权货币。新的数字货币的产生完全是由计算机协议决定的，不同的数字货币计划有不同的长期供给和货币创造预设规则。此外，数字货币计划倾向不以美元、欧元等主权货币计价或与其产生关系。以比特币为例，它的价值就是按照1个比特币为单位进行转移的。

2. 数字货币是去中心化的货币

数字货币的基础——区块链的特点就是去中心化。区块链通过一系列数学算法建立一整套自治机制，使得人们可以不需要中介机构的帮助，就可以自由而安全地做到点对点的货币转移，并由参与者自发而公平地完成货币的发行。外部任何机构都无权利，也无法关闭它，不受任何国家、政府机构以及央行的管控。

数字货币使用了分布式总账技术，从而允许在交易对手之间缺乏信任也不需要依赖中介的情况下，实现价值的点对点交易。实际上，分布式总账就是对价值的点对点交易信息进行复制，通过去中心化的网络分散入账后的总账更新，完成价值转移。

但实际上这只是一种理想状态，目前的不少数字货币做不到完全的去中心化，并且在该不该完全去中心化这一点上还存在着不小的争执，主要有以下两种观点。

一是有人认为，去中心化的效率实在是太低，完全去中心化是混乱的开始，还是需要中心化机构来提高效率；二是有人认为，不去中心化的数字货币是没有意义的，创造的初衷就是为了防止中心掠夺财富，数字货币最重要的就是安全性和去中心化，效率是次要。

3. 数字货币是加密的、匿名的货币

数字货币是建立在基于密码学的安全通信上的（即非对称加密、数字签名等技术），使用密码学的设计（散列函数、共识算法）来确保货币流通各个环节的安全性，确保无法进行双花。基于密码学的设计可以使数字货币只能被真实的拥有者转移或支付。

可以说，数字货币相比于其他电子支付方式的优势之一就在于支持远程的点对点支付，它不需要任何可信的第三方作为中介，交易双方可以在完全陌生的情况下完成交易而无须彼此信任。在数字货币中，拥有这些货币的唯一凭证就是所掌握的密钥，系统只会对密钥进行验证而不会获取其他任何信息，任何操作都是匿名的，能够保护交易者的隐私，这是非常安全的，但同时也给网络犯罪创造了便利，容易被洗钱和其他犯罪活动所利用。

4. 数字货币是不可篡改的、公开透明的货币

数字货币的本质是一个互相验证的公开记账系统，这个系统所做的事情，就是记录所有账户发生的所有交易，每个账号的交易都会记录在全网总账本(区块链)中，而且每个人手上都有一份完整的账本，每个人都可以独立统计出比特币有史以来每个账号的所有账目，也能计算出任意账号的当前余额，因此系统里任何人都没有唯一控制权，系统稳定而公平。

数字货币的交易一经确认，将被记录在区块链中，便无法撤销及改变。这意味着任何人，不管是不法分子、商家、银行，都不可以通过删除或修改交易记录的方法进行诈骗。但如果把数字货币汇给了骗徒当然也无法取回，所以在交易时要小心谨慎。

5. 数字货币可以传递价值

互联网的电子货币只能做信息的传递而无法做价值的传递，支付宝上银行在进行账户数字的加减之后，实际货币的结算可能在 24 小时，甚至一个月之后进行，价值的传递是脱离信息的，传递是滞后的，严重依赖于整个中心的运作。

数字货币网络中每笔转账，本身都是价值的转移，数字货币本身是完全虚拟的，它代表的是价值的使用权，而转账就是对价值的使用权进行再授权。

基于区块链的可溯源结构，可以找到每个"币"被发行出来的时间，价值的流转非常清晰。

6. 拥有独特的制度安排

相较传统电子货币，许多数字货币计划没有发行者、网络运作方、专业的软硬件供应商、电子货币的收单机构以及电子货币交易的清算方等第三方负责运作。但是许多数字货币计划中会有大量的中间机构提供各类技术服务。这些中间机构可以提供"钱包"服务，允许数字货币使用者转移价值，或者提供数字货币分别与主权货币、其他数字货币或资产兑换的服务。在某些情况下，这些中间机构会为其顾客存储密钥。

7. 交易费用低

现在互联网时代，在国内进行交易转账，需要给第三方平台一定的手续费用，如果是跨境转账，费用则会更多，并且还不能实时转账，需要一个等待的过程。而数字货币采用去中心化的点对点交易，不需要任何类似清算中心的中心化机构处理数据，交易处理速度更快，且不需要向第三方支付费用，其交易成本更低，交易速度更快。

3.1.4 数字货币的需求

随着金融科技水平的突飞猛进、数字货币的迅猛发展，社会对央行数字货币的呼声越来越高，其需求越来越迫切。

1. 形势发展需求

私人机构发行数字货币存在一些问题，央行发行法定数字货币具有开源节流、提高流动性、保护用户隐私以及维护社会秩序稳定等优势。然而，如今的现实却是私人数字货币泛滥，而央行法定数字货币缺乏，不能满足经济社会发展需要。腾讯发布的《2017年度互联网安全报告》指出，目前各种加密货币已达 1500 多种，而且不法分子利用数字货币的匿名性，使用勒索、盗窃、非法挖矿等手段获取大量不义之财。良莠不齐、虚假繁荣、乱象丛生的数字货币生态环境，给各国央行施加了压力，因此，呼唤法定数字货币出现，才可正本清源，引领金融科技的发展方向。

2. 国家的现实需求

数字货币公平、公正、公开的数学算法容易取得全球共识，建立全球信用，并且依托互联网技术，实现全球点对点的即时支付，无疑是一些国家应对国内通货膨胀，对外突破 SWIFT 全球结算网络支付系统限制和封锁的选择。例如，2018 年 2 月委内瑞拉发行了全球第一个由政府主导的数字货币——石油币，发行总量 1 亿个，60 美元/个，只能以美元和欧元支付，主要目的是获得外汇，抵制国内严重通货膨胀。俄罗斯表示正在研究"加密卢布"，伊朗也证实将继续创建自己国家发行的法定数字货币，土耳其同样也正考虑抓紧推出其法定数字货币"土耳其币"。可以预见，随着各国法定数字货币的相继出台，势必对现有的世界货币体系格局产生影响，并逐渐推进新的货币体系形成。

3. 提升金融服务水平的需求

数字货币采用数学算法发行、分布式记账、共识机制、非对称加密算法、智能合约等技术，由此形成了总量控制、去中心化、点对点、不可篡改、匿名、加密、可编程等特性，与传统货币和支付手段相比有很多自己的优势。例如，与支付宝等电子支付货币相比，因为其不需要第三方参与，交易更加便捷、成本更加低廉，而且更能保证数据安全和个人隐私，保证交易信息安全。另外，其低成本、高效率、智能化的特性，可以切实降低企业支付结算成本，提升偏远山区金融服务水平，打开普惠金融、金融精准扶贫新局面。

4. 中国人民银行数字货币 DC/EP 试点

DC/EP 中的 DC 是 Digital Currency，译为数字货币，而 EP 是 Electronic Payment，译为电子支付。DC/EP 这一概念最早在 2014 年提出，于"2019 外滩金融峰会"上首次亮相。

我国 DC/EP 有以下 4 个特性。

（1）法定货币，不可拒收。法定货币是指，它由中国人民银行发行，身份地位与传统货币一样，具有法定效力，是一种数字化形态的人民币。不可拒收是指，在我国法制管理范围内，DC/EP 拥有绝对可以承担"一般等价物"的流通功能，任何人和机构不可拒收，即在我国法制管理范围内可以收人民币的地方就必须可以收 DC/EP。

（2）安全性。DC/EP 基于国家强大的技术与信用保障，让所有的消费支付流向都有更加精确与全面的跟踪记录，公民身份信息与钱包牢牢绑定，被盗刷的风险将不复存在。相对纸币而言，也解决了携带纸币意外遗失、被偷盗抢劫，以及收到假币等问题。

（3）便捷性。无需网络的支付手段能让全体人民生产、生活更加方便快捷。此外，无需纸币的货币发行方式能有效减少国家人力、物力成本。

（4）可跟踪回溯性。DC/EP 基于我国强大的技术与信用保障，让所有的消费支付流向都有更加精确与全面的跟踪记录。所有的数据直接保存在央行的服务器上，央行可以随时看到每个人或机构的每笔费用的详细记录。

2020 年 4 月 16 日，我国央行数字货币在雄安、深圳、成都、苏州 4 座城市正式开展试点工作。如果试点实验顺利进行,我国央行将会加快全国推广步伐,让更高效的数字时代提前来临。

3.1.5 中央银行发行数字货币面临的挑战

目前,虽然说区块链技术在不断地发展且日趋完善,但是真正要把区块链技术应用于商业特别是金融业,这其中还存在着许多的问题。其中,最大的3个问题:安全性、应用范围和隐私保护。

1. 安全性

区块链目前面临最严峻的问题仍然是安全性。自比特币问世以来,其遭受黑客攻击导致的被盗事件时有发生,因此基于区块链技术的数字货币在技术面上尚未成熟。虽然实际系统中攻击一次需要的成本投入远远超过成功攻击后的收益,但受到攻击的威胁始终存在。

2. 应用范围

央行发行数字货币,第二个核心问题是应用范围。目前讨论的数字货币,主要用于替代现金支持自然人之间的小额交易。但以现有的技术手段而论,要做到这一点完全不需要数字货币,支付宝或者微信就足够了。关键的问题是,一旦央行对外发行数字货币,企业法人和金融市场这两个更大的应用层面是否也需要引入?这些机构与自然人账户发生往来时,应该接受还是拒绝数字货币呢?

答案很显然是否定的。因为现有的支付清算系统中,企业法人和金融市场参与者都是受到严格管制的,其账户实行严格的实名制管理。支付系统中的管理员(例如,开户银行和中央银行)在后台可以看到数据全貌。这种架构,目标是服务于整个社会的数字化管理,包括但不限于应对税收征管、反洗钱、应急处理等各种挑战。显然,不记名且点对点的数字货币是一个异端,会让整个系统乱套。

3. 隐私保护

在区块链中,参与者都拥有一份完整的数据备份,所有交易的信息都会在全网公开,这是区块链在解决信息不对称领域所具有的优势。这一点对于区块链使用方是不利的。用户不愿意公开自己的账户隐私,商业机构也不会将商业机密公开共享给同行。如何实现隐私保护是一个难题。

3.2 基于区块链的数字货币

3.2.1 区块链与数字货币

1. 区块链在数字货币发行上的优势

区块链+数字货币,将开启全球数字货币时代。区块链技术最早应用于比特币,尽管比特币天然不是法定货币,但却为法定货币由纸币进入电子货币后的数字货币时代奠定了技术基础和应用示范,目前各国央行都在加紧研究法定数字货币。

区块链技术的应用,带给数字货币诸多优势。

(1)极大降低了交易成本。第三方支付机构在支付过程中承担着一定的背后通道成本、系统管理与优化成本、电费、广告费等多种成本费用。数字货币的交易无须经过第三方金融中心，可以有效避免背后通道支付成本，降低系统管理与优化、电费、广告费等成本。

（2）极大提高了安全性。数字货币采用分布式账本技术，黑客无法通过对单一中心节点进行攻击而达到造成系统崩溃的目的，能够实现替代第三方支付虚拟账户充当电子支付媒介。区块链技术是制造信任的机器，区块链上的每笔交易都可以被追溯，这样既可以实现全流程的安全管理，又为监管部门完成实时、高效的监管工作提供了技术支撑，能够有效防范洗钱等违法行为。

（3）提高了服务品质。分布式系统比单机系统更可靠。主要表现为以下3方面：①可用性，即系统在一些异常发生时仍可维持正常服务的能力；②安全性，即必须保证文件和其他资源不被非法使用的能力；③容错性。

2. 数字货币系统应兼收并蓄包括区块链在内的各种成熟技术

数字货币系统以及前端应用的建设必须基于难以篡改和不可伪造的铸币（登记）中心，需要有高效率、高弹性、高安全性、层级化的铸币（登记）分中心，需要有货币流通全生命周期的全息记录，并在此基础上支撑全新的智能化商业应用。

如何实现各铸币（登记）分中心所服务的商业网络之间的数据一致性需求，区块链可以提供全新思路的借鉴，例如共识算法和智能合约。但是，不宜对这种借鉴的"拿来主义"生搬硬套，必须根据实际业务需求进行应用层面的改造。同时，系统建设者不宜拘泥于任何技术，要有长期演进的技术理念。

因此除了区块链技术，还需要关注其他正在竞争和发展中的安全技术、可信技术，例如，可信可控云计算，特别是芯片技术。在数字世界里对用户而言最重要的就是密钥，其安全管理存储对于终端交易安全至关重要。为实现数字货币交易过程中的端到端的安全，数字货币在后台云端可利用可信技术，前台可利用芯片技术，传输过程可利用信道安全技术。

3. 区块链使价值的点对点传播成为可能

货币在发行流通中只是在账户上进行数字的加减，数字货币可以发挥数字的本质特性，对人类货币史的发展具有重要意义。当前，如需发行数字货币，点对点的发行系统是非常值得研究和探索的。区块链这种天然的分布式技术，必定会成为未来数字货币发行的主流方向，甚至是唯一方向。区块链是一种让人们在无须信任的情况下，通过共享的事件记录或日志达成共识的技术。这个共享的事件记录或日志分布式存储于整个网络中，并由所有参与方进行验证，由此避免了对第三方信用的需求。

现在的信息互联网需要向价值互联网转变。货币的本质是交易便利性，只包含信息而没有价值的点对点传播无法满足交易便利性的要求。只有实现价值点对点传递，经济交易和整个社会、企业组织才能形成一种新形态。

整个社会经济系统是商品与服务的设计、生产、交易与物流的整合运行。所有经济活动都可以理解为一个契约过程，即合同交换过程。实质上，合同交换是产权交换，整个经济过程就是一个所有权或产权证明的转移过程。在数字经济中，这些所有权证明将被数字化，以数字形态转移。这与信息社会的信息转移没有本质区别。然而，目前在产权转移时需要复杂的签约过程，产权转移和资金转移过程相互割裂，无法实现价值的点对点转移。此时，区块链第一次使价值的点对点转移成为可能。

虽然像支付宝、微信的红包系统，看起来像是价值的点对点传播，但是它们并没有改变整个价值形态的转移系统。它们其实是构建于现有银行账户基础上的，在各个银行之间开一个大账户，然后把各个消费者的银行账号挂在它的大账户上。大账户又跟各个银行来对应，以便在内部做到点对点转移。实质上，它们并没有真正改变整个银行系统，更谈不上货币发行系统。

它们只是一个内部技术,充当了银行与银行的中介。

只有区块链能将这种中间交易过程消除,才能提升整个社会和经济系统的效率。

4. 没有数字货币,区块链新经济将大打折扣

在使用区块链转移所有权或产权证书时,并不一定需要有数字货币。央行和政府可以建立数字资产系统,权证可以通过这个系统传递。在这种情况下,各种价值形态,包括股票,甚至一个车间生产的物理产品,都有一个代码,代表它的数字产权证。产权证可以通过数字资产系统,直接传递给对方,做到点对点转移。但是,在没有数字货币的情况下,资金的转移依旧必须通过银行系统。资产转移系统和资金转移系统没有合二为一,并没有真正实现价值的点对点转移。这样,只是资产交换端的效率提高了,货币交换端的效率仍然没有变化,整个经济系统的运行效率并没有得到有效改善。因此,如果没有数字货币,区块链时代的新经济效率将会大打折扣。

比特币自 2008 年出现以后,因其币值波动性和匿名性,饱受各国央行诟病。在我国,比特币也始终没有成为一种货币,而是被当作一种数字资产。但是在全世界,比特币在某种程度上已被当作货币。只要有一定规模的群体认可比特币,将其作为交换媒介,比特币实际上就具有了货币的职能。当这种交换行为在一定的范围内普遍存在时,就与现行的货币形态并行,形成一种平行系统。人们仍旧生活在原来的各个国家,但是在虚拟世界里,却利用比特币或者其他货币系统来交易。这个虚拟系统就形成了一个经济交往层面的平行世界,这样的平行世界对法定数字货币将形成倒逼机制。

现在全世界的政府,能够保持币值一直稳定的不超过 20%。也就是说,80% 以上的中央银行是不合格的。很多国家存在较高的通货膨胀,甚至高达 70%;在个别国家,甚至出现人们用来买菜的货币重量和体积还大于所购

蔬菜本身的现象。在这种情况下，完全可能出现平行世界。央行研究数字货币的发行，具有时代的紧迫性和必要性。

3.2.2　区块链技术与央行数字货币需求的分歧

结合央行数字货币需求与区块链技术的基本情况，可大致将二者之间的分歧分为以下3点。

1. 区块链去中心化与央行数字货币顶层结构的分歧

交易信息应尽可能地在平行节点网络中达成共识并广播扩散，以期推进部分或网络成员共同承担中心责任，逐渐模糊交易中心的作用，实现同质节点和均衡重心的目的，进而达到降低信任成本的目的，并且使得数据的健壮性与透明化程度得到提升，这种理念即为区块链的去中心化。

而央行数字货币则要求在新技术的支持下，实现对交易的优化，并且保障法币本质不发生变化。央行作为国家法币的存续基础，且要求国家的货币政策、传导、流量管理等的核心地位必须得到保障。同时，还要求其所处的节点应具有最高权限与相关的调控能力。

这样可以发现区块链技术与央行数字货币需求存在明显的分歧，为保障该项技术的合理运用，需要对区块链去中心化的设计理念与央行数字货币需求的中心地位进行调整与控制。

2. 区块链私钥依赖性与央行数字货币受众群体的普适性

区块链技术在实际的应用中，主要是将非对称加密体系作为密码学的关键，运用散列函数的自变量与因变量的非线性关系，以 RSA、D-H 等的公钥与私钥不相互理解为基础，提高系统的整体安全系数，进而保障交易的顺利完成，降低交易风险的发生。

在实际的区块链网络中，公钥及散列明文等数据均为公共的，为保障用户的个人数据信息安全，主要是借助私钥实现全网共识。这种情况下，也造成私钥的唯一性，造成人与私钥之间不存在约束。另外，分布式记账也存在回滚和修正难度较高的问题，如果私钥出现丢失或泄露等情况，则会造成严重的损失。

结合上述分析，可以发现区块链技术在运用中，对私钥的依赖十分严重。而央行数字货币的主要用户为广大群众，为满足广大受众的需求，则要求央行数字货币的门槛极低，且能够应对因受众疏忽所致的损失，实现对损失的追回。将区块链与央行数字货币需求比较，则发现二者之间在方便安全使用方面存在明显的分歧，需要进行改善与处置，从而保障央行数字货币的顺利发行。

3．区块链交易信息的透明化与央行数字货币保密需求存在分歧

结合区块链技术的去信任化特性，可以发现该项技术在具体的实施中，信息为透明公开的，各项数据均可被查询。而且，可以查询每个节点的余额记录，并且交易过程中，共识圈内的所有成员，均可以对分布式数据库中的内容进行查询，这样也就使得代币产品的各项信息透明且公开。而这种情况，则与央行数字货币需求存在明显的差异性。

央行数字货币在实际的发行中，需要具备良好的保密特性，避免数字货币受众交易信息或数字货币信息泄露，故此，必须慎重对待。

对央行数字货币的发行，央行需要对数字货币交易信息进行掌握，并且能够在了解的基础上，结合大数据分析，进一步对用户的相关信息进行挖掘，从而了解到经济个体行为，并以此为前提，实施相关管理、监管和调控，从而有效地对金融风险进行控制，降低金融风险带来的损失，确保持币者的基本利益，控制隐患。对于持币者的个人交易信息等内容，央行数字货币的持币者需要进行相关登记，包括具体的姓名信息、地址信息等内容，同时央行还能获取持币者的交易明细。

而区块链技术的去信任化特性，则使得这些信息全部透明，一旦这种情况发生，可造成国民经济运行动态关键数据的暴露，还会造成持币者各项信息的暴露，会明显造成持币者的担忧和恐慌。故此，央行数字货币需求与区块链技术的去信任化特性之间存在明显的分歧，为实现央行数字货币需求，必须保障对包含央行自身在内的共识圈信息安全，避免信息泄露。

3.2.3 基于区块链的数字货币的影响

目前，已知的数字货币的技术支撑为区块链。区块链技术特点表现为分布式、去中心化、基于共识信任、难以篡改、具备可追溯性、安全性高等，对跨境支付、数字货币应用带来的经济运行和金融稳定等方面均产生重大影响。

1. 对支付体系的影响

现有支付体系是以央行支付系统为中心的网络架构和集中式账户管理机制，利用区块链技术实现的支付架构与此不同，采取点对点模式进行点对点传输，采用分布式的共享账本方式进行交易，利用共识机制和加密算法保证安全与账簿统一。

一方面，对于跨境支付领域，相比目前通过 SWIFT 网络和代理行方式进行支付信息的传输，采用区块链点对点架构可以免去中间多级代理行的介入，降低期间的代理费用，提高支付效率。区块链支付架构同样需要依赖一个受国内外各方认可的区块链支付网络与标准，2018 年 3 月，SWIFT 组织宣布完成了分布式账本技术（distributed ledger technology，DLT）应用的

PoC 概念验证,结果显示,利用 DLT 可以传递更多的数据信息,自动实时地完成流动性监控和 Nostro 账户对账管理;2019 年 4 月 3 日,SWIFT 加入了致力于 DLT 的国际可信区块链应用协会(International Association of Trusted Blockchain Applications,INATBA)成为创始会员,其标准部门主管 Stephen Lindsay 表示 SWIFT 组织的标准专业知识将会是弥合该项新技术和目前应用与金融基础设施架构之间差距的关键因素。尽管如此,目前统一网络的建立尚无国际标准可循,难以达成国际上的统一,距离国际网络与标准的建立还有很长的路要走,这将阻碍该技术在跨境支付领域的应用。

另一方面,法定数字货币的发行将影响境内支付体系,按照目前中国人民银行欲采取金融脱媒初级阶段的"中央银行-商业银行"二元体系,商业银行依然承担央行和公众的中介,该模式应不会对现有境内支付体系有太多变革性影响,但在该架构下有基于账户和不基于账户两种路线,若采用不基于账户形式,依然会对境内支付体系有一定影响。

2. 对商业银行的影响

由于法定数字货币的发行采用电子化方式,货币传输、转移等过程都通过电子层面进行,提高了货币流通效率,对银行物理网点的需求将大大降低。对于一元发行体系,央行开放公众开立账户的权限,货币发行直接通过央行到达公众私人账户,交易通过公众之间进行,无须商业银行作为中介搭桥,对商业银行存款业务造成影响,由此迫使商业银行更加专注于提高自身服务能力,专注于产品或服务的差异化创新来吸引客户,弱化商业银行在支付清算方面的功能。虽然目前我国央行不会直接进入一元货币发行体系,但商业银行依然面临转型与变革,产品和服务差异化创新都势在必行。

3. 对第三方支付的影响

第三方支付是介于商业银行和商品交易平台之间的中介机构。第三方支付对大众的支付习惯产生了深远的影响，使得人们对移动支付的依赖程度越来越高。

以支付宝为例，支付宝可看作在淘宝商家和客户之间的桥梁，是一个中心化的节点，所有交易都需经由支付宝对资金进行托管，这种以支付宝为中心的信任体系是否可以被区块链分布式信任体系架构所替代成为业界热衷研究的课题。

4. 对央行货币政策调控的影响

法定数字货币的发行对央行货币政策的制定与传导将产生较大影响：①提高政策传导效率和央行调控能力。有研究认为法定数字货币的利率为非线性利率，且为浮动利率，将加大央行的调控压力。央行可通过对法定数字货币的数量进行集中控制以达到调控的目的，全面电子化方式便于央行获取所有线上交易日志，便于其掌握货币流向，实现精准投放，整个金融市场将更加敏感，传导效率提高，但同时要求央行对货币利率的控制应更加严格和精确。②影响货币的信用创造能力。基于区块链技术的数字货币发行量以信息技术容量为限，使得央行在评估基础货币和通胀率时需额外考虑技术因素，而后续扁平化的金融架构会扩大信用创造的主体，影响货币乘数模型，改变传统的货币信用创造机制，影响信用创造能力。

5. 对金融稳定的影响

（1）对金融市场基础设施的影响。分布式总账的使用会促使不同市场和基础设施中的传统服务提供商脱媒，进而引起交易、清算和结算的变化。

除零售支付系统,这些变化会对金融市场基础设施产生潜在影响,如大额支付系统、中央证券存管和证券结算系统或交易数据库。

(2) 对金融中介机构和市场的影响。如果数字货币和分布式总账广泛应用,任何随之而来的脱媒现象都会对储蓄与授信机制产生影响,对当前金融体系中尤其是银行的中介作用发起挑战。

(3) 对中央银行铸币税收益的影响。用数字货币替代银行纸币,可能导致中央银行非利息支付债务的下降。反过来,这又会导致中央银行替代利息支付负债,缩减资产负债表规模,或者两者兼而有之,其结果就是减少中央银行铸币税收益。

3.2.4 基于区块链的数字货币发展潜在的问题与阻碍

基于区块链的数字货币发展潜在的问题与阻碍主要分为两大部分:一是由于区块链技术本身架构引发的问题;二是数字货币作为货币本身发展遇到的阻碍。

1. 区块链技术本身架构引发的问题

(1) 分布式账本和共识机制是区块链技术架构的特点与创新之处,但由此带来了账本数据量庞大、区块同步耗时长、系统吞吐率低等缺点,导致无法满足实际业务场景需求,无法适应法定数字货币的日常交易场景。

(2) 虽然区块链网络中每个节点都有挖矿的同等权利,但硬件优势的差异化使得最终算力会集中在更有能力的机构,破坏原本的分布式设计,只要掌握了51%的算力,就能赢得共识,而这些集中化的算力节点一旦遭受攻击,将影响整个区块链网络。

(3) 虽然通过密码算法的设计能保证一定的交易安全性,但交易记录的公开和私钥的存储都关系到用户的隐私和安全问题,人们对特定访问权限、责任确认、个人权益保护等方面的需求和区块链本身的特性存在一定冲突。

2. 数字货币作为货币本身发展遇到的阻碍

(1) 监管缺失导致数字货币无法持续健康发展。初期监管机制的缺失,使得数字货币市值波动剧烈,而且数字货币一度成为偷税漏税、洗钱的手段,迫使各国开始关注数字货币监管机制,部分国家甚至明令禁止比特币交易。

(2) 政策调控风险是法定数字货币的关键研究重点之一,法定数字货币的发行依然需背靠国家信用,传统的货币政策调控手段是否依然适用需要进一步论证,是否会由此新增新的市场调控手段、货币的产出效应和价格效应都需要重新评估,目前相关研究尚寥寥无几。

(3) 法定数字货币发行的市场风险暂无法较准确地实施评估,与传统的信用创造机制不同,其信用创造能力的评估和运用模式尚未完成,需要基于数字货币框架进行分析。

(4) 数字货币法律地位的确认和执行是一个长期的过程,需要经过国内和国际上的认可,数字货币交易过程中的权利和义务的界定、各方权益保护等需要一一明确。

(5) 法定数字货币采用全面电子化方式发行和流通,需要耗费较大人力、物力。因此需要进行系统建设与改革,协调相关利益方的利益,思考渐进改革的模式。

从目前发展看,数字货币只有通过法定发行方式得到国家信用背书,才能有持续有效发展的可能,已有的数字货币均以区块链技术为基础,而法定数字货币却不一定采取区块链技术架构,需要去其糟粕,取其精华。考虑到变革的重要性与复杂性,要解决遇到的一系列挑战与困难,数字货币的发展注定不是一蹴而就的,需要耗费大量人力、物力,任重道远。

3.2.5 未来数字货币发行的模式

关于未来数字货币发行有 3 种可能的模式。

(1) 央行大账户模式,即个人、企业和金融机构同时在央行账户开户,减少传统银行系统的清算、结算步骤。这样做的好处是可以做到直接的点对点的资金划转,降低了整个社会的交易成本,有利于央行增强它的地位。但这种做法可能对传统银行体系产生巨大冲击,弊大于利。

而且在这种模式下,基于传统银行体系的货币创造机制也会被破坏。现代货币创造主要不是由中央银行印刷纸币,而是通过商业银行系统创造货币供应,银行通过贷款派生存款创造货币,央行对货币供应量的调控也是通过银行系统进行的。央行大账户模式对货币供应量和货币调节机制都会产生很大影响。另外,中心化大账本抬高了系统的 IT 风险,对系统安全提出了新挑战。此方案是否可行,需要进一步深入讨论和研究。

(2) 在保留现有货币发行机制的基础上,通过央行与各商业银行合作来发行数字货币,通过将商业银行,甚至各省财政机构,设置为发行和验证节点进行扩展。这种方式对现有的银行系统的冲击不大。

通过区块链发行数字货币的系统与原来的纸币系统可以兼容,本质是产生了增量的数字货币。这个增量会随着经济社会的运行,份额越来越大,但并不需要全部取代纸币。在一些需要用纸币的地方,如偏远地区、没有数字终端的地区,继续使用纸币,形成两个平行的系统。这种发行方式可以自动确定初始货币的供应量;运用区块链技术进行多中心节点记账和验证,可以保障系统的安全性。然而,通过这种方式发行数字货币会使央行对货币的控制力下降,或会降低央行的管控权。

(3) 在没有前两种模式的情况下,自然演化的形成过程。这种过程类似于中央银行出现前的货币体系状态。那时,由于没有央行,各个商业银行发行自己的银行票据,并在演化的过程中,一度发生过货币混乱,最后通过创立中央银行垄断货币发行,恢复了整个货币经济系统的秩序。

按照这一演化过程,在发展初期,各个商业银行可以先于央行发行自己的数字货币(目前,日本、美国的某些银行已尝试发行数字货币),然后随着时间的推移和货币种类的演化和增多,央行再制定标准将各银行不同的发行机制和记账方式统一起来,并进行管控。

可以说,3种发行模式各有优劣,整个发行过程将会是各方利益的博弈过程。特别是在跨越国界时,数字货币的发行可能会遭遇国际政治问题。一旦某个国家率先发行数字货币,这个国家就率先具有了经济渗透性。因此,在数字货币时代,飞地经济将会出现,当货币飞地达到一定规模时会引起国际政治争端。此时,数字货币的推进会出现延缓,甚至遭遇一些困难。或许,第三种发行方式有可能成为比较现实的实现路径。

总而言之,法定数字货币发行在技术上是可行的,但在国家战略、法律和社会制约等问题上需要进行深入的研究,短时间诞生有难度。建议先进行概念证明,进行数字化模拟实验,以充分研究和评估其运行过程中的问题和冲击效果。

3.2.6 影响数字货币发展的因素

1. 供应方面的影响因素

(1)产生的碎片多样性会阻碍支付网络的临界质量。目前,流通的数字货币超过600种,有不同的处理确认协议和供应方式,可能影响支付网络的质量。

(2)数字货币的扩展程度和使用效率依然不高。受规模和接受度的限制,目前以数字货币结算交易的数量级相对较低。

(3) 非实名制交易影响交易范围。电子货币的非实名制可能会影响许多交易方的使用意愿,因为非实名交易会被不法分子利用进行洗钱或恐怖融资活动。

(4) 技术和安全问题会影响接受度。采用分布式总账的数字货币必须在网络参与者中达成共识,以确保总账的唯一性;否则可能会被恶意行为者通过欺诈交易或诱导其他参与者共同伪造总账来获利。

(5) 数字货币商业模式的可持续性受到质疑。许多交易方对数字货币的考量与货币发行成本有关。所以,若新的数字货币单位减少或者消失,就需要提高交易费用补偿新货币单位收入的损失,但这可能会影响数字货币的需求以及发行的可持续性。

2. 需求方面的影响因素

(1) 安全隐患。安全漏洞可能会影响中间机构在终端用户协议中对数字货币单位的处理。一些数字货币的使用者必须依赖中介持有,并存储与自身对数字货币所有权相关的信息。

(2) 支付成本。基于分布式总账技术的数字货币,交易费相比其他方式更为低廉,因为其通常不需要中介机构;但数字货币交易并不总是透明的,还包括其他一些成本。

(3) 实用性。实用性通常是选择支付方法和机制的关键。目前,许多供应商正努力改善和促进用户在数字货币方案上的体验,增强实用性。

(4) 资产波动性的损失风险。数字货币资产作为支付货币,会面临价格和流动性风险相关的成本损失压力。

(5) 支付的不可撤销性。基于分布式总账的数字货币方案通常缺乏争端解决方式,支付的不可撤销性降低了收款人由于欺诈和退款被撤销付款的风险。这可能对收款人有吸引力,但会影响付款人的接受和使用。

(6) 处理速度。虽然数字货币拥有比传统支付体系更快、更高效地处理支付的潜力,但实际处理速度将受很多技术因素的影响。

(7) 跨境交易范围。虽然数字货币允许用户跨国使用,并且交易速度不受限于交易位置,但国家当局可能设置限制,进而影响交易范围。

(8) 非实名制。虽然数字货币方案允许交易不披露个人信息或敏感的付款凭证,但可能会出现违规现象。

(9) 营销和声誉效应。数字货币是一种更具创新性的支付解决方案,有可能会刺激交易方的服务和技术需求,进而带动商业繁荣。

3. 监管安排的影响

数字货币的最新发展和设计上的创新,意味着监管层难以对其实施具有针对性的监管。数字货币的无国界性、线上性,以及缺乏可识别的发行者等,都给各国实施监管带来挑战。

一方面,监管会增加支付系统中供应商和中间商的成本,这些成本最终可能由有签发义务的发行人或金融机构方承担。一些国家已经开始通过调整现有的监管法规,或者确立新的法律制度解决执法部门的担忧。另一方面,有人将监管缺失视为公众对数字货币信心增长的阻碍,许多参与者可能由于其法律的不确定性或者缺乏对用户的保护而不愿投资于这项新技术。

3.2.7 数字货币发展的政策建议

1. 明确法律约束

(1) 明确数字货币的发行权、使用范围等关键要素。主权数字货币的发行权属于央行，其适用范围及规则等基本与人民币现钞一致，现有的相关货币政策的制定，可以将主权数字货币纳入其中。对于非主权数字货币，它没有特定的发行机构，任何人都可能参与发行，且可以在全球流通。以比特币为代表的非主权数字货币均由计算机算法发行，没有统一的发行主体，基本上不能得到主权国家政府的信用保护，并且不能作为货币自由流通。对于其适用范围和条件出台相关的法律条文明确限定，既要促进新技术、新模式的创新，又要保护好消费者的利益。

（2）明确数字货币的法律监管，保护金融消费者合法权益。主权数字货币具有市场流通职能，因此在交易买卖的过程中会出现经济纠纷现状，而现有的《消费者权益保护法》没有将主权数字货币的流通纳入消费者保护范围，从而对于金融消费者缺乏相关的法律制度保护；针对非主权数字货币，以比特币为例，我国将其定义为商品，这一特性更加符合《消费者权益保护法》的保护范畴，因此政府部门需要完善消费者权益保护相关规定，出台适用于数字货币的消费者保护法律法规，从而加强法律监管，维护金融消费者的合法权益。

2. 实行适度监管

1）加强金融创新

创新和监管是一个矛盾。数字货币监管应着眼于风险，不应该影响创新。监管要点应该放在紧迫的问题上，包括金融机制健全、消费者和投资者保护以及反洗钱、反偷税漏税等。可以将 Bitcoin 中介机构视为监管的对象，像 Internet 的作用一样，Bitcoin 可视为一个基本的逻辑平台，如图 3-1 所示，在其之上，可以创新更多的金融应用。

积极对数字货币进行探索与改进。监管机构应加强对 Bitcoin 等典型非主权数字货币的研究，借鉴其设计思想构建点对点的交易模式，完善发行技

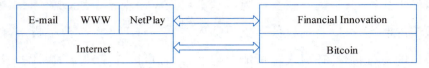

图 3-1 Internet 与 Bitcoin 层次比较

术,改进发行机制,强化监督和管理,探索出符合实际需求的数字货币模型。非主权数字货币组织也需要借鉴主权数字货币好的设计理念,持续创新,切实不断推进基于区块链技术的应用场景落地。

2) 完善监管制度

政府在鼓励新技术发展的同时,也要制定适度的监管制度推进其健康发展。非主权数字货币由于其价值的波动性,会破坏市场的稳定性;并且一些不法分子通过利用技术漏洞进行洗钱、非法集资等违法犯罪行为,给社会发展造成极大的负面影响。针对主权数字货币,其背后的经济含义代表一个国家的信息安全,但由于区块链透明性的特征,必须有适当的政府监管,以确保其安全性,这就需要明确数字货币的法律地位、监管对象、监管范围和监管方式,并建立配套的数字货币监管机制。

强化数字货币的反洗钱、非法集资等违法犯罪行为监管。由于数字货币的匿名性及跨区域性特征,应将数字货币交易纳入反洗钱与非法集资监管框架,充实完善相关法律法规,通过消费者尽职调查、交易监测、记录保存及报告可疑交易等手段,落实反洗钱义务,以防止数字货币被滥用。

Bitcoin 的监管可以从手机支付平台 M-PESA 吸取经验。传统金融机构缺乏在边远地区提供金融服务的动机,这为手机支付平台提供相应服务创造了机遇。最初,非洲商业银行申请将 M-PESA 作为一种新的金融产品尝试推广,得到了中央银行的许可。在试运行期间,M-PESA 就取得了很大的成功。M-PESA 开始受到了中央银行的严格审查,可以预期 Bitcoin 也会受到同样的审查。M-PESA 采取了几个重要步骤：①客户身份核实；②消费者保护，通过资金银行托管，保证客户资金的安全；③通过保证 M-PESA 的电子资金和现实货币的一一对应关系，避免信用扩张；④比较完善的监管报告制度。根据世界银行的统计，在非洲跨境支付的费用非常高昂。Bitcoin 可以从已有的监管法规中规范自己，以便于更好的普及。因此，建议 Bitcoin 应该考虑把自己纳入适当的监管，最低条件下符合反洗钱条例，这也意味着 Bitcoin 需要放弃部分优点，如匿名性。但 Bitcoin 如果想获取更多的成功，则需要面临更严格的监管，如 2011 年肯尼亚为规范 M-PESA 制定了 NPSA 法规。

3）强化风险管理

加强对数字货币的监测与监管。针对主权数字货币，打造主权数字货币相关的专业研究团队，加强对主权数字货币的风险监测，增强货币体系的稳定性。针对非主权数字货币，可借鉴纽约金融服务局的做法，对从事数字货币交易的金融机构进行反洗钱调查、财务核查、消费者保护能力审查、网络安全标准审查等，严格审核交易平台资质，对通过审核的机构颁发合法牌照，不合格的机构不得授予经营权。并通过监测数字货币发行及交易平台，以此持续评估数字货币风险，相关机构要向消费者及时披露准确、全面信息，发布风险预警，提示风险。

4）实施适合的监管政策

监管沙盒（regulatory sandbox）是一种既鼓励创新又平衡监管的良好机制。广义上说，监管沙盒是政府给予某些金融创新机构特许权，使其在监管机构可以控制的小范围内进行测试新产品、新服务的一种机制。通过该测试，一方面可以在监管机构控制下实现小范围的真实环境测试，推进创新切实落地；另一方面，沙盒测试可以为监管机构提供清晰的视角来看待监管规定与金融创新的辩证关系，及时发现因限制创新而有损消费者长远利益的监管规定，并第一时间调整，最终达到保护消费者，实现真正支持金融创新的目的。

对于主权数字货币的落地，因其牵涉的范围和领域都非常广泛，必须先在一个相对可控的范围内开展测试，进一步发现问题和成熟方案，再进一步地推广、应用。对于非主权数字货币，若其真正是基于区块链上的某个具有前景的应用，如跨境支付、贸易金融，沙盒测试可以制定适当的监管条件，激发其创造力，同时也要注意防范其问题，实现项目在沙盒范围内不断试错、改错的螺旋式上升，不断完善产品、服务和监管规则。同时根据不同行业、不同产品的特点，制定相应的门槛、测试时间与测试方案，最大化保护消费者利益，促进非主权数字货币市场规范化、健康化发展。

英国金融行为监管局（FCA）提出监管沙盒项目。监管沙盒项目为金融科技、新金融等新兴业态提供监管实验区，适当放松参与实验的创新产品和服务的监管约束，支持初创企业发展。具体来看，首先，FCA 对拟参与监管沙盒的企业进行筛选，筛选的条件包括企业的规模、产品是否具有创新性、创新的产品或服务能否促进消费者福利的提升等。其次，FCA 根据拟参与企业测试的创新产品和服务选取合适的消费者，并要求拟参与企业设定消费者保护计划，包括适当的赔偿等。最后，在筛选条件合格的前提下，FCA 允许参与实验的企业向客户推出创新产品和服务，测试期一般为 3～6 个月。FCA 将根据测试的结果进行监管政策的制定或完善，在促进 Fintech 等新兴业态发展的同时，防范金融风险。澳大利亚证券和投资委员会（ASIC）、新加坡金融管理局计划设立监管沙盒，使处于实验阶段的金融科技公司也能够应对监管风险，从而降低上市的成本和时间。

3. 开展市场引导及教育

1）主权数字货币的市场引导及教育

主权数字货币是以国家信用为保证，可以最大范围实现应用，有利于市场交易，提升交易便利性和安全性。由于主权数字货币技术的应用还处在初级阶段，广大群众还需加强对其背景、技术、应用等方面的了解，需要政府加强对主权数字货币的市场宣传。

政府机构可以出台相应宣传推文，在其各大报纸、期刊、网站、媒体进行刊登。将现阶段主权数字货币的研究进展以及应用前景进行介绍。借助现有的信息网络化，以政府作为信息内容的保证，可以让宣传更加便捷、真实。例如，《中国金融》在 2016 年第 17 期发表了 17 篇关于主权数字货币系列文章，探讨我国发行主权数字货币的原型框架，以学术期刊杂志的形式进行宣传。

各大企业研究机构可以出台各类白皮书，将主权数字货币基于区块链的底层技术进行详细介绍。并且可以借助现在的自媒体平台，使信息传递更加多样化，一方面普及主权数字货币与区块链的知识，另一方面数字货币研究所可以定期发布前沿的探讨和理论研究成果。

2）非主权数字货币的市场引导及教育

非主权数字货币在市场上衍生发展较快，在技术上、管理上发展还不成熟，因此非主权数字货币的使用者同样面临着许多市场风险。

非主权数字货币价格波动较大，会使得使用者的个人利益造成损失，由于非主权数字货币在市场上具有很强的投机性，价格波动会引起强烈的交易风险，使用者需要谨慎对待自己的投资行为。非主权数字货币在市场上交易量小，筹码少，市场价格容易受到庄家控制，容易出现剧烈的价格波动情况。同时，由于交易平台 24 小时开放，没有涨跌停限制，交易风险远高于证券。因此针对这一问题，交易所需要加强对非主权数字货币投资者的进入门槛，做好信息认证工作；监管部门要对会产生市场波动的异常交易做到实时监控，减少人为操控市场的风险，并且客观、公正地提醒非主权数字货币使用者的投资风险，引导投资者不要盲目跟风投资。

3）重视社区作用

开源社区一般采取民主形式进行重大事项决策，通常由核心开发者提出建议方案，通过线上讨论或者见面讨论会的形式进行沟通、讨论，并进行公投。对投票结果有不同意见的，建立分支、独立发展。

虽然开源社区在形式上是民主的，但在实际操作中，由于社区的利益差异性、组织分散性，核心开发者提出的建议方案是不是利益中立的，是否有足够数量的社区成员参与了讨论和投票，投票结果是否真正代表了全网多数利益相关方的意愿，这些都存在不确定性，所以也容易产生新的代理人问题。

4．加强国际合作

1）政府提供便利政策，鼓励国际合作

数字货币基于互联网，很容易进行跨国交易，因此数字货币监管需要各国监管机构合作。IMF 报告指出，国际层面需要更多努力，可考虑提出国际标准和最优方法，为不同领域最优监管对策提供指导，促进跨区域协调。也可在标准基础上，设立跨国合作和协调的框架。

基于区块链分布式的技术特点，数字货币特有的开源共享适用于跨地域合作，各个国家的研究机构可以提供技术、政策等相关支持，共同推行项目的国际合作，从而让数字货币全球化发展。例如，日本央行与欧洲央行就区块链技术的研发启动一个联合项目，研发运用科技来巩固市场基础设施的数字货币。2016 年 10 月，俄罗斯中央证券托管系统(CSDs)和中国证券登记结算有限责任公司(CSDC)已经签署了合作备忘录，展开后交易领域区块链应用的合作。2017 年 4 月，柬埔寨国家银行与日本区块链初创公司合作，研究和进一步开发一个开源式超级账本(hyperledger)项目，为其公民开发一个区块链支付系统。

2）建立联盟，共同推进互惠互利的项目合作

区块链天然具有联盟的属性，在行业发展初期，面临很多技术、法律、应

用等方面的挑战和障碍,通过联盟的形式可以整合各方资源,将会在产业研究、政策建议、网络协议标准、专利体系、创业孵化、创新应用、国际合作等方面发挥重要的作用。R3 是其中比较有代表性的联盟机构。R3 区块链联盟于 2015 年 9 月成立,初期有 42 家著名国际银行组织加入,其主要致力于为银行提供探索区块链技术的渠道以及建立区块链概念性产品,并建立了分布式账本。2016 年,中国平安、中国招商银行、中国民生银行成为中国加入 R3 区块链联盟的传统银行机构,后续中国信托商业银行、中国香港友邦保险、中国外汇交易中心(CFETS)也纷纷加入 R3。它们将与联盟成员一起开发区块链应用,搭建金融市场的基础设施和区块链应用平台。

超级账本是另外一个有影响力的区块链联盟组织,它是 Linux 基金会于 2015 年发起的推进区块链数字技术和交易验证的开源项目,加入成员包括荷兰银行(ABN·AMRO)、埃森哲(Accenture)等十几个不同利益体,目标是让成员共同合作,共建开放平台,满足来自多个不同行业各种用户案例,并简化业务流程。

3)定期举办国际论坛,加强学术、经验等方面的交流沟通

由于目前区块链技术的设计本身融合了密码学、软件工程、计算机通信技术、博弈论等多学科,不同的学科处在持续的发展和变化中,需要各领域专家共同交流推动技术进步。同时,技术底层架构设计和上层应用模式还未形成规范性的框架和标准化的范式,仍需要二者持续的互动和融合,因此通过各种形式的会议就某一问题开展深入的讨论和交流显得十分必要。

2015 年 12 月 16 日,欧洲证券及市场管理局(ESMA)在巴黎举行了一场有关金融创新的会议,会议讨论的主要话题是区块链和分散式总账技术。与会者们交流了有关区块链对主流金融服务业的潜在影响的问题。2016 年 2 月,负责资本市场规则制定的国际证监会组织(IOSCO)在马德里举行了为期两天的会议,会议指出在新兴数字技术带来的风险下未来一年的研究重

点,并宣布将探索区块链等新技术所带来的颠覆性的潜力。

3.3 案例分析:我国法定数字货币探索

3.3.1 我国法定数字货币现状

中国人民银行是最早对数字货币进行研究和实验的中央银行,早在去中心化数字货币尚未成为风潮的时候,就已探究这一领域。

事实上,促使中国央行研究法定数字货币的直接动因并非比特币,而是焦里币(Giori digital money,GDM)。这是一种由私人机构倡导的法定数字货币,其发明者是位于瑞士的 Giori 公司。作为一家传统的印钞造币公司,Giori 公司大胆创新,提出将传统实物货币以及借记卡和电子网络先进技术的功能融为一体,依托全球货币技术标准(global standard of money technology,GSMT)架构管理全球的数字金融交易,建立一个基于现有纸币系统模式的电子网络,从而推出由中央银行设立和发行的法定数字货币 GDM。

历史上看,技术创新从来就是以螺旋式上升的方式向前推进。基于区块链或不基于区块链,基于账户或不基于账户,分布式还是中心化,两边极点孰优孰劣,形式上的争论很容易面红耳赤,实际上还要根据具体约束条件选择把握,中庸之道当然是在两个极点之间寻求最优点。所以在实验阶段,在保障中央银行货币发行权的基础上,应不拘泥于某一预设路径,要尽可能尝试各种方案、模式和思路,多方比较,灵活开放,以积累经验或教训,探寻不同场景下的各种解决方案和最佳实践。

总体来说,我国法定数字货币的探索工作在扎实有序地推进。2014 年,中国人民银行正式启动法定数字货币研究,论证其可行性;2015年,持续充实力量展开九大专题的研究;2016年,组建中国人民银行数字货币研究所,专门承担法定数字货币研发工作。取得的成果主要如下。

(1) 理论研究。在论述可行性的基础上,充分探讨法定数字货币发行和业务运行框架、关键技术、发行流通环境、法律问题、经济金融影响、国际经验、与私人发行数字货币的关系,形成了系列研究报告。2016年年初召开数字货币研讨会,系统地展示了人民银行关于数字货币的研究成果,并择要发表于《中国金融》数字货币专刊。

(2) 研发实验。基于我国"中央银行-商业银行"二元体系,开发出准生产级的法定数字货币原型系统。在此基础上,设计实现了基于区块链技术的数字票据交易平台,开展法定数字货币的沙盒实验。

(3) 专利申请。在原型开发的基础上,打造具有自主知识产权的区块链底层平台,并搭建数字货币专利体系。累计完成80余件专利申请工作,初步形成一批关键性的数字货币专利集合。

2017年,研发工作进入新的阶段。经中华人民共和国国务院批准,中国人民银行组织相关市场机构开展名为 DC/EP(digital currency/electronic payment)的法定数字货币分布式研发工作。中央银行组织市场共同研发的意义在于,在保障央行货币发行权的前提下,群策群力,充分发挥市场机构的业务优势和创新能力,探索最佳实践。

3.3.2 我国法定数字货币的构建思路研究

1. 构建法定数字货币需要重点考虑的问题

法定数字货币作为中央银行发行的数字货币,本身依然是货币,其竞争力体现在两方面：一是从技术的角度，一定要吸收借鉴先进成熟的数字技术，这点非常重要，而这恰恰是私人数字货币的长处；二是从经济学的角度，要把传统货币长期演进过程中的合理内涵继承下来。

因此，法定数字货币的内在价值不应有任何变化，变化的地方在于货币形态数字化，在于发行技术数字化。同时，在央行发行法定数字货币对于货币政策和金融稳定的影响存在不确定的情况下，大部分国家的央行都倾向采取循序渐进的思路，在起步阶段将法定数字货币定位成现金的补充或替代。

在实践层面，构建法定数字货币发行流通体系必须注重技术手段、机制设计和法律法规 3 个层次的协调统一，需要重点考虑的问题主要包括 4 方面。

（1）便捷性与安全性。便捷性是获得市场认可的一个重要因素，安全性则是整个体系能够健康运行的基础。在权衡便捷性与安全性时，商业机构可能更偏向便捷性，只要求它们的利润可以覆盖安全风险方面的损失，但作为监管方的央行就需要优先强调安全性以防范系统性风险。

（2）实名与匿名。数字货币既可以实行实名制，又可以实行匿名制，还可以是两者结合。我国法定数字货币的设计考虑的是"前台自愿，后台实名"。在大数据、云计算环境下，交易安全已不完全依赖传统的身份认证体系，通过客户行为分析保障交易安全、规避风险已经成为趋势。因此，在宏观或中观上，数字货币可以做脱敏的大数据分析，但微观上不可侵犯合法用户的隐私。

（3）简化交易环节。目前运营的电子货币系统主要基于银行账户，用户发送支付指令以后，后台账户就会产生资金划拨。但是数字货币的信息流和资金流高度统一，可以不依赖银行账户，交易和结算同步完成，省去后台清算、结算等环节，可以降低整个社会的交易成本，大大提升整个社会的交易效率。

（4）技术的融合与创新。区块链技术是下一代云计算的雏形，备受各方瞩目，但成熟的企业级应用案例尚不多见。"私有云＋高性能数据库＋移动终端"与"私有云＋区块链＋移动终端"，有可能是两个既关联又有区别的思路。让中心更强大，让数据更安全，使终端更智能，让个人的支付行为更能动，是未来法定数字货币追求的目标。

还有些问题，如在线与离线，原先是很重要的课题。但由于网络的速度、可靠性、覆盖率等都在大大提升，这个问题的实际意义被弱化了。无处不在的网络使得离线的问题仅具学术研究价值，目前实际运转的较受欢迎的系统大都是在线模式。

2. 法定数字货币体系的设计原则和核心要素

设计原则包括4方面：①管控中心化，技术架构分布式。法定数字货币的币值稳定是其最基本的属性，这需要有中心机构来强制约束，这是货币发展的自然规律。但任何物理上或技术架构上的中心点都既有性能瓶颈也有安全弱点，需要利用技术上的分布式架构提供更高的安全性和整体可用性。②易于携带和快捷支付。现在人们已经习惯了使用移动终端的便捷支付，希望未来离线、在线均可完成便捷支付。③匿名性。希望尊重个人的隐私，在系统中达到可控的匿名。④安全性。安全问题应重点强调，作为中央银行必须审慎考虑技术系统和业务系统的安全性和容灾性。这是上述3方面的基础。

法定数字货币体系的核心要素主要有3点，即一币、两库、三中心。

一币即由央行负责数字货币本身的设计要素和数据结构。从表现形态上看数字货币是央行担保并签名发行的代表具体金额的加密数字串，不是电子货币表示的账户余额，而是携带全量信息的密码货币。这个币的设计必须要考虑前文所提的理想数字货币应具备的特性。新的货币必须具备全新的品质,以支撑全新的商业应用模式。

两库即数字货币发行库和数字货币商业银行库。数字货币发行库指央行在央行数字货币私有云上存储央行数字货币发行基金的数据库。数字货币商业银行库指商业银行存储央行数字货币的数据库(金库),可以在本地也可以在央行数字货币私有云上。发行库和银行库的设计让人觉得是对实物货币发行环节的模拟,但设计目标考虑更多的是给数字货币创建一个更为安全的存储与应用执行空间。这个存储空间可以分门别类保存数字货币,既能防止内部人员非法领取数字货币,也能对抗入侵者的恶意攻击,同时也可承载一些特殊的应用逻辑,这才是数字金库的概念。在极端情况下,例如,管理员的密钥被盗取,或者是服务器被攻击、中毒或者中断链接,如何启动应急程序,保护或者重新夺回资金,保障业务的连续性是设计的重点。

认证中心:央行对央行数字货币机构及用户身份信息进行集中管理,它是系统安全的基础组件,也是可控匿名设计的重要环节。认证中心可能包括两三层的认证体系,对不同的用户有所区分。例如,金融机构用户、高端用户的认证方式可能会用公钥基础设施(public key infrastructure,PKI),低端用户的认证方式可能会用基于标识的密码技术(identity-based cryptograph,IBC)。

登记中心:记录央行数字货币及对应用户身份,完成权属登记;记录流水,完成央行数字货币产生、流通、清点核对及消亡全过程登记。登记中心可能做两套,一套基于区块链,另一套基于传统集中式,优先考虑后者。因为区块链技术是否能经受得住人民币海量实时交易的冲击仍存在不确定性。登记中心是全新理念的数字化铸币中心,传统的纸币有发行机构的信息,但不会有持有人登记的概念,更不会有流转过程中全生命周期的信息。这是技术进步的结果,当然反过来也会对技术系统提出很高的要求。这种理念的落地,还需要在实践中摸索,不可能一步到位,可以分层分级,有分中心,但它们之间如何高效交互是个需要深入研究的大课题。

大数据分析中心：反洗钱、支付行为分析、监管调控指标分析等。

整体而言，法定数字货币的设计包括以下 8 个要点：①遵循传统货币的管理思路，发行和回笼基于现行"中央银行—商业银行"的二元体系来完成；②数字货币本身的设计，运用密码学理论知识，以安全技术保障数字货币的可流通性、可存储性、可控匿名性、可追踪性、不可伪造性、不可重复交易性与不可抵赖性；③货币的产生、流通、清点核对及消亡全过程登记，可参考区块链技术，建立集中/分布相对均衡的簿记登记中心；④充分运用可信云计算技术和安全芯片技术保证数字货币交易过程中的端到端的安全；⑤充分运用大数据分析技术，不仅可以进一步保障交易安全，还可以满足反洗钱等业务需求；⑥数字货币的用户身份认证采用"前台自愿、后台实名"的原则，既保证用户隐私，又规避非法交易的风险；⑦数字货币本身的设计应力求简明高效，数字货币之上的商业应用尽可能交给市场，同时做好技术标准与应用规范；⑧构建由央行、商业银行、第三方机构、消费者参与的完整均衡有序的数字货币生态体系，保证数字货币的发行、流通、回收，全生命周期闭环可控。

最后，转型是发行任何法定数字货币必须面临的问题。如何引入法定数字货币替代纸币，以怎样的速度完成转型，如何制定相关法律法规等都是必须谨慎考虑的问题。

3.3.3　未来展望之一：基于账户和基于价值

目前，人们喜欢将法定数字货币分为基于账户和不基于账户两种。这实质上是将法定数字货币的定义进行了"泛化"，将电子货币也纳入了数字货币范畴。若基于这样的界定，只要在现有的电子货币基础上加央行信用，所谓的法定数字货币就可以呼之欲出。在电子货币体系已经很成熟发达的我国，这是显而易见的前景。我国已经形成了央行准备金账户、商业银行账户、第三方支付账户的多层账户体系，覆盖了机构端、客户端、对公对私、线上线下、跨境支付等各种场景，市场成熟，产业完备。

2017年年初，以支付宝、微信支付为代表的第三方支付机构，喊出了"无现金社会"的口号。尽管它们将自己当作了实物现金的替代者，但目前第三方支付的虚拟账户中的资金，还只是支付工具，达不到现金的层次。很显然，这是第三方支付对自己提出的更高要求。假如第三方支付的虚拟账户中的资金变成了真正的数字现金，那无疑是整个支付行业的重大变革。有人因此认为，第三方支付机构100%准备金存缴后，它们虚拟账户中的资金就是法定数字货币了。这是个有趣的观点。

另一个值得关注的现象是，纵览全球，各国开展的法定数字货币实验，大多是不基于账户或者说是基于价值形式的法定数字货币实验。例如，加拿大的Jasper项目，实验基于分布式账本技术（distributed ledger technology，DLT）和数字存托凭证（digital depository receipt，DDR）的大额支付系统；新加坡的Ubin项目，评估在分布式账本技术上以数字新元的代币形式进行支付结算的效果；欧洲央行和日本央行的Stella项目，旨在研究分布式账本技术在金融市场基础设施中的应用，评估现有支付体系的特定功能是否能够在分布式账本技术环境下安全高效地运转。目前，学术界的研究热点也大多是基于价值的法定数字货币，即央行加密货币的研究。

如前述所言，数字货币的本质是电子货币与实物现金的一体化。若不吸收实物货币点对点支付、匿名性等特点，仅是"电子货币＋央行信用"，那是法定电子货币，而非法定数字货币。当然，若在定义本身就已将电子货币纳入数字货币范畴，这一矛盾就没有那么突出了。有句话叫"最好的未必就是最合适的"，因此现实的选择还是以合适为宜。

应该说，以比特币为代表的去中心化数字货币实验为研究提供了一个有益的技术参照。一方面不要硬性把央行数字货币和分布式账本技术捆绑起来，这不是一个必需的选项，央行数字货币并不是必然采用区块链技术。另一方面，也不要将金融业熟悉的账户概念与加密代币、区块链技术对立起来。从演化路径看，央行发行法定数字货币其实是从账户（account）向央行代币（token）延伸的过程；而加密代币从公有链到联盟链，再到私有链，则可看作是从代币往账户方向的推进。这里账户与（代）币其实是一个不断融合的关系。因此，在央行发行法定数字货币过程中，采用央行数字账户（central bank digital account，CBDA）、央行数字货币（central bank digital currency，CBDC）、央行加密货币（central bank crypto-currency，CBCC）混合的思路比较稳妥。

比较私人（准）数字货币和法定数字货币，前者是已经出生的孩子，能不能上户口还是个问题，人们对它的认识一直有争议；后者还没有出生，只是停留在蓝图阶段，人们却都很认可。但这两个孩子将来谁真有出息，恐怕有人（如维塔利克）会有不同的看法。所以，无论前者是好孩子，还是坏孩子，摒弃成见，拒绝炒作，多研究里面的技术、学理的内容，可能更好。

3.3.4 未来展望之二：自顶向下和自底向上

央行信用还须厘清"真正的央行信用"与"央行信用'加持'"两者的本质区别。即便是100%准备金存缴，私人部门发行的电子货币（如商业银行存款货币以及第三方支付账户资金）只能算是央行信用"加持"，而非真正的央行信用。当然若将央行数字货币的概念泛化，这一差别似可忽略。

就其本质而言，既然央行数字货币是中央银行的信用，无论在技术上央行数字货币体系设计了多少层，在逻辑上却只有一层。技术风险当然可以（也必须）分散，中央银行也可以不参与底层客户的每笔交易，但中央银行对央行数字货币的管控应有手段穿透到底，以切实保障央行数字货币的法理属性。

目前，技术上的设计思路比较习惯采用自顶向下，按照中央银行和运营机构系统进行分层设计。这种双层架构的设计本身没有大问题，但自顶向下的思路，将中央银行作为源头来设计整个业务流程，使得中央银行成为下层所依赖的中心，很容易忽略系统面对的海量服务人群，顾头难以顾尾。运营机构有可能依赖中央银行进行互联互通，技术上无法有效解决中央银行中心节点的压力。

显然，需要从终端用户角度考虑系统的重心，兼顾自底向上的设计思路。技术上依然可以采用双层架构，但优先考虑便利化的用户服务，央行数字货币是需要人们用起来的。这样自顶向下的底层就变成了前台，由多个运营机构响应用户的请求，功能侧重于交易处理；自顶向下的上层就变成了后台，由中央银行进行管控，功能偏向于穿透式监管。前后台划分的目标应是以用户为中心，既为数字货币钱包的创新提供广阔的施展空间，也与传统系统充分解耦，尽可能减轻中央银行压力。自底向上的双层架构从业务实质上讲，就是总/分双层账本结构，交易明细账本由运营机构实时记录，中央银行只定期维护运营机构总账本。

基于总/分双层账本结构，如何保证中央银行有效实现穿透式监管，并实现全局一致性，从技术角度，有不同的设计方案。比较直接的方式，可以考虑通过建立中央银行和运营机构共同参与的统一分布式系统，中央银行作为主中心，拥有全局账本，运营机构作为分中心，实现多副本明细记账，相互备份、多点多活。这样运营机构不用担心被旁路，在分担中央银行压力和风险的基础上，可以开展全新的业务。中央银行也无须担心中心枢纽的压力，在相对轻松维护全局账本的基础上，可以从容考虑包括央行数字货币在内的全新货币政策。这种设计将分层业务逻辑通过前后台系统划分来实现：央行不参与前台业务，其中心化管控通过后台统一分布式系统来实现；运营机构承担前台的处理，用户可获得便利化的服务；央行既能够管控全局，又可避免中心化依赖。

从长期技术演进的发展角度，央行数字货币本身不局限于特定技术；从竞争择优的角度，也需要在优化演进过程中充分比较多种技术路线。因而，技术上央行数字货币体系应该是一种包容性的架构，既能体现成熟技术的稳定性，又要能够保持一定的技术先进性。

因此可以在上述传统分布式数据库技术基础上，引入最新的分布式账本技术，形成央行数字货币"双分布式账本"技术路线：一是交易账本，采用传统的分布式数据库技术，利用现有金融核心系统的成熟经验，满足当前交易性能要求；二是结果账本，用于记录最终交易结果，可采用最新的分布式账本技术，中央银行和各运营机构共同参与，各节点维护相同的账本数据，通过共识机制，保证各节点账本数据的全局一致性，并且难以篡改。交易账本的处理结果，通过异步方式提交结果账本，从而不影响交易账本的处理时效。结果账本数据一经写入，便具有高可靠、高安全、高可信等特点，并可为社会提供基于可信数据的确权服务，从而充分发挥分布式账本技术的优势。这种开创性的双账本包容性设计，既延续了传统技术的成熟稳定性，又为新的分布式账本技术留有空间，使得两种分布式技术相互兼容、并行不悖、优势互补，并在演进过程中，竞争择优。

2016年，中国央行的数字货币原型系统就采用了"双分布式账本"技术路线，这是一种可进可退的方案。随着分布式账本技术的不断优化，性能不断提升，交易账本向结果账本异步写入交易结果，其延时会逐渐缩短。有理由相信：当可同步写入时，分布式账本将可取代传统分布式数据库。

3.3.5 未来展望之三：量子货币

展望未来，央行数字货币还需要研究量子货币。

量子货币本质上是一种基于密码学的数字货币，其优于经典数字货币的核心是利用了量子叠加态和量子计算实现的量子防伪技术。这项技术综合运用了物理学、计算机科学和密码学等多个学科的前沿知识，最终可以在不引入记账机制的前提下解决经典数字货币最头痛的双花问题。理想的量子货币可以同时实现易于识别、难于伪造、无法复制、方便使用等数字货币特性，相当于同时结合了传统货币（纸币）和经典数字货币的优点，并避免了它们各自在本质上难以克服的缺点。这也是探索量子货币的意义所在。

目前来看，除了双花问题，量子货币技术还需要解决一些核心问题：一是编码生成一系列的量子态代表量子货币，并且生成的量子货币必须支持验钞操作。二是应对损耗。量子世界中测量是建立量子态和经典世界联系的唯一桥梁，因此验钞过程一定会涉及测量量子态。这是否会给量子态带来损耗？如果允许有一定可控范围的损耗，是否能设计相应的验钞机制？这种机制是否能支持多次验钞？损耗是否会导致一定概率出错？如果出错如何解决问题？三是应对噪音。由于量子不可克隆定理，经典的纠错码方法在量子世界中不能适用，那么如何应对过程中自发产生的不可控因素？

量子密码是近年来国际学术界的一个前沿研究热点。面对未来具有超级计算能力的量子计算机，现行基于解自然对数及因子分解难度的加密体系、数字签名及密码协议都将变得不够安全，而量子密码则可达到经典密码学无法达到的两个最终目的：一是合法的通信双方可察觉潜在的窃听者并采取相应的措施；二是使窃听者难以破解量子密码，即便企图破解者拥有强大的计算能力。可以说，量子密码是保障未来网络通信安全的一种重要技术。

考虑到量子计算和通信技术还处于探索阶段,理想中的量子货币尚需时日。当前,可部分应用量子技术为数字货币的设计和实现提供服务。例如,基于量子随机数生成数字货币字符串,可以保证数字货币在防伪方面初步具有量子安全性。这种具有量子随机性的数字货币,一定程度上代表了不依赖于账户的新型数字货币形态,可进一步为数字货币点对点支付打开新的空间。

随着对量子密码体制研究的进一步深入,越来越多的方案将被提出。因此,我们必须持续关注这一领域。

3.4 本章小结

区块链+数字货币将开启全球数字货币时代。区块链技术最早应用于比特币,尽管比特币天然不是法定货币,但却为法定货币由纸币进入电子货币后的数字货币时代,奠定了技术基础和应用示范,目前各国央行都在加紧研究法定数字货币。

为了更好地理解区块链+数字货币,本章首先给出了数字货币的起源与定义、基本问题、主要特征和需求,并分析了中央银行发行数字货币面临的挑战;进而梳理分析了基于区块链的数字货币,分别从区块链技术与央行数字货币需求的分歧、基于区块链的数字货币的影响、基于区块链的数字货币发展潜在的问题与阻碍、未来数字货币发行的模式、影响数字货币发展的因素、数字货币发展的政策建议 6 方面展开;最后对我国法定数字货币探索情况进行了总结分析。

练习与思考

1. 简述数字货币产生的经济、技术背景。
2. 简述数字货币的本质和特征。
3. 简述我国数字货币的发展历程。
4. 简述中央银行发行数字货币面临的挑战。
5. 基于区块链的数字货币带来的挑战和机遇有哪些？
6. 设计我国法定数字货币。
7. 简述数字货币存在的潜在问题。
8. 简述影响数字货币发行的原因。

参 考 文 献

[1] 姚前,汤莹玮.关于央行法定数字货币的若干思考[J].金融研究,2017(7):78-85.

[2] 庄雷,赵成国.区块链技术创新下数字货币的演化研究:理论与框架[J].经济学家,2017(5):76-83.

[3] 张伟,陈旸.区块链技术在数字货币应用中的前景与挑战[J].清华金融评论,2017(4):34-36.

[4] 黄瑛.基于区块链技术的数字货币发展综述[J].中国金融电脑,2019(6):78-81.

[5] 中国信通院,腾讯研究院.金融区块链研究报告[R/OL].2018. http://www.cbdio.com/image/site2/20180725/f4285315404f1cc2677b2e.pdf.

[6] 谢平,石午光.数字货币的风险、监管与政策建议[J].新金融评论,2018(1):132-149.

[7] 获刚.数字货币辨析[J].中国金融,2018(17):52-54.

[8] 孟庆江.供给侧改革中证券公司的机遇、挑战及对策[J].中国证券,2016(8):44-50.

第 4 章 区块链+证券

4.1 证券业的发展趋势与面临的挑战

4.1.1 证券业的发展趋势

1. 证券公司经营模式的发展趋势

近几年来,在监管层鼓励创新等一系列政策的推动下,证券业释放出巨大的发展活力,全行业业务范围不断拓宽,产品类型日益丰富,资产规模持续提升,盈利能力和资本实力不断增强。然而,随着行业改革创新步伐的不断加快,各种新情况、新问题、新风险也不断涌现,给行业的风险管理能力带来了巨大挑战。无论是对证券公司还是对监管机构而言,全面提升行业的风险管理能力正成为迫切的现实需要。

(1) 业务范围不断拓展。随着投资、融资、交易、支付、托管清算等基础功能的逐步恢复，证券公司正在从简单的交易通道提供商向综合金融服务提供商转变。从各类主营业务来看，经纪业务已从传统的代理买卖股票扩展至代销金融产品、消费支付、资产托管等非通道服务；投资银行（简称投行）业务已从传统的股票、债券承销扩展至私募债、结构化融资、资产证券化、新三板等业务；资产管理业务的投资范围也得到极大放宽，受托资产规模快速扩张。

（2）金融产品日趋丰富。场外市场的快速发展为证券公司自主创设产品奠定了基础，结构化产品、股票收益互换、场外期权等定制化产品从无到有，业务增长迅速。继国债期货之后，监管层还将推出股票期权、股指期权等金融衍生品，黄金、石油期货等大宗商品业务也向证券公司逐步放开。

（3）重资产业务快速发展。重资产业务是指证券公司通过运用资产负债表产生收入的业务，主要包括占用大量资金的资本中介业务和资本型业务。过去，类信贷的融资融券、约定式购回、股票质押等重资产业务快速扩张，成为行业最重要的利润增长点。

（4）资产负债表杠杆化。重资产业务消耗大量资本金，提升杠杆成为必然选择，债券投资也天生具有加杠杆的本质特征。

（5）交易模式高频化。金融产品的多元化、复杂化导致了 ETF 套利、期现套利、量化投资等程序化交易开始兴起，这种通过大量交易赚取价差的盈利模式对模型构建和信息技术的要求极高，操作不当将放大市场交易量并加剧市场波动，较小的误差也可能引发很大的损失。

随着业务模式不断升级，证券公司面临的风险量级急剧增加，具体体现为风险源成倍增加，风险关联性和交叉传染性增强，风险更具隐蔽性和危害性，业务和产品复杂化也使得风险管理工具以及风险计量模型的管理难度明显增加。这就像以前证券公司是在小路上骑自行车，摔个跟头也无大碍，而现在是在高速公路上开汽车，风险管理一旦发生偏差、失误，对公司可能是致命性的打击。

2．互联网金融给证券业带来的变化

互联网金融的发展使得资源配置的效率提高，与传统金融活动相比，互联网金融一方面可以推动经济增长；另一方面，它极大地降低了交易成本。互联网金融给证券业带来了许多变化，这些变化从方方面面影响着证券业的发展和未来走向，具体来说，表现在以下两方面。

1）改变了价值实现的方式方法

互联网金融不是具象的、实在的，而是有较强的虚拟性，这一显著特点有利于提高证券业创造价值的速度，与此对应，也可能会导致价值扩张，此外，交易的主体与交易的结构也会发生改变，使得互联网金融民主化的特征更加明显。所以，互联网金融的发展改变了证券业的价值实现方式和价值创造方式，其改变是本质上的，主要体现下以下两方面。

一方面，互联网技术能够减少信息的不对称，因为互联网技术的使用降低了各种中间成本。互联网技术的运用使得过去的信息结构变得更加扁平，使得不对称的信息变得更加对称，更进一步，有利于提高金融业务的民主化程度，拓展证券业服务的边界。同时，依托互联网技术，非现场开户成为可能，移动终端产品也有了更广阔的市场，这些变化都有助于证券业更快的发展。

另一方面，由于社交网络、电子商务、第三方支付等各种服务体系的出现和使用，使得互联网拥有的数据变得更有价值，证券商运用好互联网数据，就可以获得更多、更准确的资源，这些资源的价值很大，而且，当前神经网络、云存储、云计算等各种全新的理念被越来越多的人接受，在这种背景下，分析与挖掘数据信息变得更加方便，这些被处理过的信息会成为重要的战略资产，推动互联网金融的发展。由此可见，重视收集与挖掘数据具有不可替代的意义。

2）弱化了金融中介的功能

传统金融活动中,金融中介长期存在,其有两个基本的功能：一是媒介资本；二是媒介信息。金融中介出现的原因是客户通常不具备专门的金融技术和金融经验,但是金融中介具有这些优势,因而金融中介的出现能够控制资金在融通过程产生的交易成本。金融中介可以处理专门的信息,在一定程度上能够缓解投资者和融资者两者信息不对称的状况,而且能够规避可能出现的道德风险。金融中介两项功能的发挥离不开对信息的搜集与处理,但是互联网金融搜集与处理信息的能力远远强于金融中介。

鉴于此,证券业和互联网金融两者的合作不仅能够增强信息的对称性,而且可以降低风险出现的概率,在这种情况下,传统金融机构长期发挥资本中介的功能逐渐被弱化。在很多时候,资金供需双方在能够灵活运用互联网金融的条件下,可以不用通过金融中介就能够开展交易,资源配置效率由此提高,显而易见,金融中介的功能会因此受到冲击。

4.1.2 证券业面临的挑战

当前,证券业的环境正在发生深刻变化,信用风险不断暴露、市场开放进程提速、新技术对传统模式的渗透和颠覆等因素相互叠加,将全方位、深层次地改变中国证券业的业态和格局,给证券业带来了巨大挑战。

1. 证券业对实体经济支持力度有待加强

实体经济是资本市场发展的基础,将影响资本市场的周期性和运行情况,资本市场能拓宽实体经济的融资渠道,证券公司可通过多元化的投资组合帮助企业规避投资风险,有效配置资源,提高资金使用效率。

国内股票市场的制度有待完善,与实体经济还有脱节现象,市场结构不能充分体现优质、优价，使资产配置效率受到损害，尤其是当前经济增长放缓时，没能充分利用社会资源进行合理的资本配置，对实体经济的支持有待加强。

（1）国际大宗商品的定价权是由资本市场决定的，导致企业购买大宗商品的成本偏高，出售产品时价格较低。即使在国内，由于期货市场在反映实体经济产品价格方面不能很好地发挥资本市场的作用，造成产品价格波动较大，严重时会带来局部通货膨胀。

（2）证券机构对三农、科技创新型企业及文化创意企业的金融服务需要加强，"民间资金多、投资难"和"中小企业多、融资难"并存，资金需求方和供给方还没有找到有效的对接机制和渠道。证券体系的结构失衡是潜在的风险因素，导致资源配置效率偏低，制约了金融体系功能的发挥。

因此，资本市场应充分发挥直接融资和风险定价功能，引导社会资金向优质企业聚集，对新一代信息技术、高端装备制造、新能源、生物医药等战略板块和新兴产业要予以重点支持，对广大中小微企业可采取创新的融资方式，发挥金融产品的普适性，纾解中小微企业融资难、融资贵的问题。在产融结合的过程中，各类市场机构和金融产品应积极协同，防范资金脱离主业、脱实向虚、盲目扩张等风险，发挥多层次资本市场对优质企业的筛选、培育和推动作用。

2．证券公司存在同质化现象

1）证券公司同质化表现

当前证券公司同质化现象具体表现在产品的同质化、研究模式的同质化、网点布局的同质化、营销手段的同质化和经营方式的同质化等。行业依赖牌照保护，需要加强创新。近年来，受互联网金融等带来的冲击，证券经纪业务受到影响，多数券商采取的应对策略具有可复制性，缺乏对未来市场和本公司内部资源合理使用的定位,使得自身生存空间受到挤压。证券公司同质化现象与券商业务天生同质性有关,创新产品易于被同行模仿,其创新存在的生命周期较短,造成人员流动较大。证券业的同质化容易导致低层次的恶性竞争,通过"打价格战"吸引客户,增加了证券公司的经营风险,对整个行业都可能造成较大的冲击;同质化弱化了证券公司之间的比较优势,不利于证券业创新机制的完善,也不利于金融业和经济的均衡发展,导致券商发展模式的脆弱性。

2)券商解决同质化的途径是供给侧改革

当前证券公司依赖股票市场,以产品为中心等特性已无法适应和应对监管、市场和客户的变化。解决这个问题的途径之一是证券公司供给侧改革,通过业务转型从同质化竞争转向差异化竞争。差异化竞争的关键是产品创新,监管松绑为差异化转型提供了有利的政策环境,证券公司要回归投行作为金融机构的本源属性,从被动满足客户需求到主导创造需求,最终实现从标准产品的提供者,向综合金融服务提供者转型,为市场提供更多差异化的产品,彻底改变同质化竞争的业务模式。

3)证券公司供给侧改革的根本在于"质"的提高

当前证券公司同质化的深层原因之一在于缺乏自主开发核心业务系统的能力,在量化交易等核心交易系统,涉及公司的核心竞争力时,多数公司采取外包形式。国外投行中核心业务应用系统大部分是自主开发。将个性化的客户财务咨询业务作为公司核心竞争力的美林证券,其核心的财务顾问业务功能全部由自身开发;韩国大宇证券的核心业务系统由 IT 部门自主研发。国内多数证券公司将几乎所有软件开发都外包给供应商,致使行业间竞争高度同质化,业务竞争和盈利能力下降,证券公司面临业务转型的困境。

因此,证券公司应思索如何结合自身情况将核心竞争力提高到支持企业发展的战略高度,通过打造适应新常态发展的应用系统,挖掘新的利润增长点和创新业务，将其转换为证券公司的核心竞争力，促进证券公司的供给侧改革。

3．证券公司需要提高创新和研发能力

目前，证券公司的技术研发跟不上新业务发展的需要，复杂业务没有完备的配套风险控制技术，导致不能把握和引导客户的潜在需求，在设计新的产品和使用商业模式方面需要提高，否则将阻碍证券公司业务能力的进一步提升。

从国外投行的发展来看，其业务发展模式主要是依靠提升客户整体交易量和扶持新的业务增长点来优化收入结构。而国外的交易工具，特别是交易软件和平台大多自主研发，其各具特色的交易工具及交易策略是行业差异化发展的集中体现，也是各投行的核心差异所在。

从国内投行的发展来看，我国证券公司的金融创新层次不高，产品创新主要还停留在基础产品的创新层次上，在高技术含量、高附加值业务的衍生金融工程产品、投资咨询和个性化理财的创新方面较少，产品创新主要靠外延式的数据扩展而非内涵式的质量提升，导致创新产品的生命周期过短，市场定位差异性较小。

互联网证券业务的核心是理财账户体系和相应的资金清算交收，其本质依然是传统的理财产品网上销售的业务模式。由于缺少有针对性的产品，存在业务形式单一、业务规模不大、业务进展缓慢等问题。

目前，证券行业存在支付体系成本偏高、系统运行效率较低等问题，交易成本不尽合理。在清算交割业务方面，沪、深两市的清算和交割业务属于两个市场之间相互隔离的清算体制，限制了高频交易市场发展，推高了交易成本。此外，市场上还存在不少操作层面的障碍和风险，法律法规制度还需要进一步完善，在学习国外资本市场先进经验的同时还需结合国情开展。

4. 证券公司主要还是以产品为中心

证券公司的供给侧改革既是适应外部环境变化的必然选择，也是自身发展的内在需求。证券公司应从以产品为中心向以客户为中心转型，形成股权融资、固定收益、并购、企业年金、直接投资等业务间的协同效应，通过提供全产品服务，充分挖掘客户价值。服务企业的视角应该从传统大型国有企业逐步扩展到资本属性活跃的民营企业，从大市值的金融、重化工行业，逐步延伸到高速成长的战略性新兴行业，从境内网络的覆盖走向国际化渠道的建设。

在互联网金融的发展浪潮中，精准定位目标客户是必不可少的。证券公司应充分利用本身所具有的海量客户资源和网络数据，利用自身的投研团队通过对客户需求全面收集和深度挖掘，形成精准的基于需求的客户细分，通过产品的研发与设计以及相应后台配套服务为客户提供产品与服务。

5. 资本市场的衍生品发展有待加速

近些年随着经济全球化的不断深入，大宗商品价格的波动幅度和频率不断增大，给国内企业带来了巨大的冲击。究其原因在于资本发达市场根据大宗商品的供求结构变化进行炒作带动价格大幅波动，给实体企业的生产和经营活动带来巨大压力。从宏观环境看，随着国内经济下行压力加大，实体经济面临的经营压力和市场风险不断加大，证券公司可以利用期货及衍生品工具帮助企业进行风险管理，发挥证券公司为实体企业管理价格风险的功能，逐步提高在大宗商品中的定价权。

6. 证券业风险问题

从当前行业创新发展的阶段看，操作风险、信用风险和流动性风险需要加强重视。

1）操作风险日益突出,各种操作风险事件可能发生

操作风险是最容易被忽视的风险,主要是指由于不完善或有问题的内部操作过程,以及人员、系统或外部事件而导致直接或间接损失的风险。操作风险最常见的形式是各种内外部欺诈行为,以及系统漏洞、操作失误等,多数操作风险造成的后果还会进一步引发信用、市场、流动性、监管及声誉风险等连锁反应。操作风险广泛存在于各个业务部门,既有概率高、损失小的特点,也有概率低、损失高的显著特征。后者往往是"黑天鹅"事件,通常认为是不可能发生的事情而真的发生了,这种特性给操作风险管理带来了较大的难度。

从国外情况看,证券业的操作风险事件屡见不鲜,例如,经常见诸报端的"乌龙指"和"魔鬼交易员"事件。2008年,法国兴业银行交易员违规大量买入股指期货,巨亏72亿美元;2010年,美股交易员卖出股票时,将100万的数字错敲成10亿,导致道琼斯指数下跌近千点;2011年,瑞银交易员违规操作造成约20亿美元损失;2012年,摩根大通"伦敦鲸"交易员亏损20亿美元。这一连串事件表明,员工的职业操守、道德风险以及低级失误是导致操作风险的重要原因。

操作风险正成为国内券商面临的最大的不确定性风险。近年来,在多个创新业务领域,国内券商发生多起极端的操作风险事件:上海某券商爆发异常交易事件,被罚款5.23亿元;某券商被诈骗10亿元贷款案件;某券商固定收益相关人员涉嫌违法违规操作;等等。这些操作风险导致的后果最终均由公司来承担。

2）信用风险逐渐聚集,行业可能发生的坏账损失不容忽视

近几年来,证券业的信用类业务(主要是类信贷业务)快速扩张,与此相应,全行业的信用风险也正在不断累积。信用风险主要是指由于交易对手、客户、中介机构、债券发行人及其他与证券公司有业务往来的机构违约而造

成证券公司损失的风险，主要包括直接信用风险、交易对手风险和结算风险。在证券公司大力转向发展债券业务的过程中，债券承销、做市、投资和回购等操作也都涉及大量信用风险。

目前，证券公司需要加强信用风险管理能力。与银行相比，证券公司在客户信用评级、抵押品评估、违约风险处置等方面还缺少必要经验。金融产品复杂度增加、多种交易场所和交易规则使得信用风险识别难度增加。例如，具有高杠杆和表外属性的金融衍生品，尤其是柜台市场上的个性化衍生品，对交易对手风险的管理能力、抵押品管理能力都有很高的要求。总之，在信用风险管理方面，证券公司在人才、技术、制度和系统等方面需加强重视。

3）流动性风险逐步显现，极端情况下可能对证券公司造成致命打击

流动性风险是指金融机构虽然有清偿能力，但无法获得或无法以合理成本获得充足资金，以应对资产增长或到期产品支付的风险。流动性风险的后果最为严重，一旦爆发，通常会引发市场交易对手的恐慌，严重时会让公司突然垮掉。2008年国际金融危机中，贝尔斯登、雷曼兄弟等国际投行之所以被收购或破产，在很大程度上是由于流动性风险的爆发。

证券业资产负债的期限错配程度不断加深，隐藏着较大的流动性压力。过去，证券业通过提高负债杠杆，大力发展资本中介业务，致使负债与资产的期限错配程度日渐加深，主要是短资长用。

融资手段较少和融资空间受限，增加了证券公司的流动性风险管理难度。证券公司传统融资工具仅有货币市场拆借回购、短期融资券和中长期债券，融资期限主要集中在3个月以下和3年以上，缺乏中间期限的融资工具。而且拆借回购、短期融资券和中长期债券的额度都面临严格的法律和监管约束，如银行间质押式回购上限不得超过实收资本的80%，短期融资券上限不能高于证券公司净资本的60%。

流动性紧张及资金成本高呈现常态化，证券公司的流动性风险不容忽

视。2013 年 6 月银行间"钱荒"事件,犹如一次流动性压力测试,暴露出部分金融机构在高杠杆模式下流动性管理的脆弱性。因此,我国证券监管需要充分重视对流动性风险的监测和防范。

4.2 基于区块链技术的证券

我国在证券市场面临的一些挑战对证券市场的未来发展有一定的影响。而区块链的本质是一个分布式的公共账本,对于区块链技术下的商业贸易交易清算支付方式的研究是未来金融业的一个发展方向。

因此,证券市场是区块链非常适合的应用领域,两者之间的契合度非常高,传统的证券交易需要经过中央结算机构、银行、证券公司和交易所这四大机构的协调工作才能完成证券的交易,效率低、成本高,且这样的模式造就了强势中介,消费者的权利往往得不到保障,而区块链系统就可以独立地完成一条龙式服务。使用区块链,买方和卖方能够通过智能合约直接实现自动配对,并通过分布式的数字化登记系统,自动实现结算和清算。全球金融证券机构都已在探索这方面的应用创新。

4.2.1 证券业区块链技术应用可行性分析

区块链的以下特征与证券市场具有较高的契合度。

1. 分布式

区块链上的加密数据是分散保存在接入区块链的所有计算机等终端设

备中,而非传统的集中保存在一个中心服务器上。一个终端设备可以视为一个节点,每个节点都保存一套完整的区块链总账,访问任何一个节点都能查看全部交易信息。区块链更新交易信息后,链上所有计算机会同步更新相关数据。区块链的这种结构被称为分布式结构,与传统的中心化模式存在显著不同。

传统的中心化模式下,客户与客户必须围绕中介组织、中介机构进行业务活动,客户之间难以达成直接的业务关系。分布式结构则为实现点对点的交易提供了基础,使得证券的发行、转让、清算、交收可以绕过传统的中介组织、中介机构,使得共识和互相信任,会在交易双方进行数据交换时自动达成,这不仅确保了信息安全,同时有效地提高了效率并且降低交易成本。

2. 无需信用系统

传统的信用系统中,在证券交易过程中涉及的人员都需要对中央机构有足够的信任,而随着参与人数的增加,中央机构的调节能力面临巨大的压力,使得系统安全性下降。而在区块链网络中,使用技术规则加持信用,通过算法实现自我约束,任何恶意欺骗系统的行为都不会被其他节点所接受。因此,区块链系统可以独立运行,而不依赖于中央权威机构和信用背书。降低了交易成本,增加了交易的安全性。

3. 数据真实可靠性得到保障

在区块链技术下,一方面,通过密码学、时间戳等技术,区块链上的数据代码与客观事实一一对应,在区块链上关于事实的数据代码是唯一的。另一方面,由区块链上具有维护功能的节点,按照共识机制共同进行维护工作,对链上的数据代码的真伪进行验证。当区块链上个别节点出现错误、造假、篡改等现象时,只要多数节点是正确的(比特币是 51% 的节点),少数服从多数,整个区块链账本的真实准确性就不会受到影响。

因此,区块链在密码学和共识算法等技术支持下,实现了数据记录的真实可靠性,契合证券市场对诚信的要求。

4. 开放性

区块链的数据系统是对所有人开放的,除了每个交易双方的私有信息是被加密处理之外,每个人都可以通过公共的接口查询并寻找区块链数据,所以整个系统信息透明度极高,交易方获取信息更加便捷。

5. 可编程性、可拓展性

区块链可通过脚本编程为链上交易设置条件,只有满足条件才能实现特定功能。由此,区块链作用可得到较大的拓展,便于满足复杂业务的要求,提升区块链在证券市场的适应性。建立在区块链上的可编程代码被称为智能合约,由机器自动判断触发条件并自动执行,无人工干预,准确性更高。

在证券发行、清算、交收、分红、资产证券化等场景,智能合约都有应用空间。如把债券发行、转让等交易部署在区块链上,借助智能合约对债券交易进行编写、执行,提升债券交易智能化、自动化。

4.2.2 区块链+证券面临的问题与挑战

区块链+证券处于发展初期,虽然有发展空间,但也存在诸多问题与风险。其中,既有内在技术不成熟引发的风险,如区块链的安全性和不可变更性;也有外在不当使用和违法使用导致的风险。后者更应引起关注,如区块链+证券违背金融规律、触犯监管法规,有可能引起局部性,甚至系统性风险。这将给这个新事物的推广使用造成严重影响,阻碍其发挥服务实体经济的作用。

1. 区块链应用存在潜在的安全风险隐患——51%算力攻击风险

在区块链技术下,区块链系统中大量节点共识机制的建立是交易安全的最重要保障,从理论上看,区块链记载的数据不可篡改,但由于共识机制遵循多数决原则——51%以上的节点一致即达成共识。因此,一旦51%以上的节点被攻击和控制,整个区块链上的信息就有被改写的风险。中本聪指出,当全网被一个算力占优的攻击者攻击时,将变得较为脆弱。

从实践上看,由于区块链系统中的节点多如牛毛,且难以沟通,要控制51%以上的节点实际上难度很大。但值得注意的是,随着交易量的增多和节点之间竞争的增大,计算出相应结果的难度和所需算力也持续增加,通过个人"挖矿"获取奖励金难以为继,通过团体力量才能有所斩获,于是节点开始以组成专门公司的方式聚集,无数"矿池"(mining pools)如雨后春笋般涌现,算力开始集中化,据统计,鱼池F2Pool和蚁池AntPool这两大"矿池"的算力之和最高时能达到整个矿业算力的一半以上。这就为某个团体控制51%以上的算力提供了可能性。特别是在证券市场交易量巨大的情况下,这种算力集中化趋势将尤为明显,其中的风险自不待言。

2. 基于区块链的创新可能违背金融规律

技术进步本身并不能保证金融能规范有序地运行。回顾我国互联网金融的发展历程,一些局部性、区域性的金融风险事件伴随技术创新时有发生。区块链作为一种新兴技术,即使具有较大的应用潜力,如果不从初期就积极引导、正面规范,同样可能成为脱缰野马。

以比特币为例,自2013年中国人民银行等五部委发布《关于防范比特币风险的通知》以来,国内平台的比特币交易量持续增长,比特币价格一路攀升,至2017年年初,比特币单价已高达6000元。比特币交易火爆的背后实际上有交易平台的推波助澜。这些比特币交易平台提供融资融币等杠杆交易服务。2017年1月,中国人民银行对国内3家比特币交易平台进行检查和约谈,指出其存在超范围经营、违规开展配资业务、投资者资金未实行第三方存管、未建立反洗钱内控制度等问题。

这些平台的灵活性和技术性为其规避监管提供了条件。根据中华人民共和国国务院公布的《证券公司监督管理条例》,证券市场的融资融券等信用业务只能在证券交易所或者中华人民共和国国务院批准的其他证券交易场所进行,是由证券公司向客户出借资金或证券,并由客户交存相应担保物的经营活动,而上述交易平台为客户提供的数字证券信用服务,显然违反了现行法规。

3. 基于区块链的证券公募容易滋生欺诈行为

面向普通投资者公开发行证券,必须经监管部门注册或批准;而区块链则可以通过数字货币与数字证券的结合,构建一个超越证券发行体系、登记结算体系的生态环境。如面向投资者募集数字货币,用数字货币成立基金,然后用该笔基金投资某个其他企业,获得企业股份或债券,享受企业分红或利息;或者用该笔基金投资某个金融工具、金融产品,享受相应收益。这种模式目前在我国没有明文予以规范,也缺乏相关研究。Walport(2016)以Funderbeam平台为例进行了初步研究,勾勒了其大致的轮廓。

投资者能够通过 Funderbeam 平台认购投资集合（investment syndicate,性质属于投资基金）,且认购规模非常灵活,个人投资额从 1000 英镑到 10 万英镑不等。一旦投资集合募集成立,Funderbeam 平台可使用彩色币(coloured coins,即可编程的数字货币)提供给投资者作为其所认购的投资集合份额,投资集合份额由彩色币来表征和代表。募集成立的投资集合是一支微型基金,可以投向初创企业、成长企业。彩色币对该投资集合而言,既是投资集合的份额,也是投资者的份额权利的表征与证明,还是数字货币。Funderbeam 平台称,初创企业存在的投资或退出渠道狭窄、周期漫长、投资份额难以转让等问题,可以通过运用彩色币这种新模式予以有效解决。

彩色币与比特币类似,是一种数字货币,可以代替现金或有价证券作为可交易的流通工具。按照上述模式,将产生以下问题。

(1) 投资者的适当性管理将被规避,因为投资者投资彩色币的数额并未受到限制。

(2) 公开募集的证券(或基金)的审批(或注册)要求被规避。投资者认购的投资集合份额是由彩色币来代表,形式上虽未采取基金的名义,但实质属于募集基金,却未按基金募集进行监管。

(3) 证券账户和资金账户没有第三方机构进行管理。

(4) 投资标的(某个企业或金融产品等)的信息披露完全没有标准或要求,潜藏风险较大。

(5) 认购的投资者都来自网上,证券持有人或投资份额持有人的权益难以得到保障。

(6) 一定期限内投资份额不得转让的基本原则被规避。由于彩色币实际上是一个不受监管的流通市场,通过以彩色币代表的投资份额,投资者可以迅速转让彩色币的部分或全部,而无须等到转让限制期届满。

上述问题,现阶段成文法或判例都难以给出直接回答,这给监管执法带来了较大的挑战。如果在这些问题没有得到妥善解决前市场就一拥而上,势必会给违法分子提供可乘之机。他们打的可能是区块链的旗号,实际上做的却是欺诈集资、高息集资,以吸引普通投资者上当受骗。

4. 区块链的弱中介化给投资者保护带来难题

传统模式下,证券中介服务机构承担着识别风险、防范风险的职能,维护市场的有序运行，因此被称为资本市场的"看门人"。证券中介服务机构的职责包括但不限于：为发行人提供承销、保荐、财务顾问等服务，对发行人开展尽职调查、改制辅导等工作，帮助发行人建立公司治理制度，形成规范运作体系，督导发行人及时披露信息、揭示风险；为投资者提供经纪代理、投资顾问等服务，履行了解客户、投资者适当性管理、投资者教育与保护等义务；为交易各方提供证券登记保管、清算交收服务等。

与传统模式不同，区块链提供了市场参与方直接对接的技术基础，帮助投融资双方、交易参与者跨过承销机构、经纪机构直接进行对接。这使得传统的承销、经纪、登记、清算、交收等职能被弱化，甚至被部分替代。这会给市场带来以下问题：投资者面临的风险应该如何提醒揭示？投资者保护措施如何执行？对发行人还能否进行有效约束？原证券中介服务机构的勤勉尽责该如何落实？

目前，没有权威机构或监管机构就此做出专门规定。如果简单地认为买者自负，是否会对投资者不利？如果仍然对证券中介服务机构苛以一定义务，法律基础是否充分？市场组织、机构在利用区块链提供具体证券服务时，如果扮演了平台或基础设施的角色，根据收益与责任对等的一般思路，是否应承担相关义务？上述问题都有待结合具体案例进行梳理并解决。

5. 区块链面临金融稳定问题

广义的金融稳定至少涵盖外汇管制、反洗钱、反恐融资等方面。数字证券与数字货币一样，具有跨境转让的可能。数字货币涉及规避外汇管制，进行跨境转移的情况已经受到关注。数字证券不受地域限制，同样可以实现跨境转让，如用本币直接购买境外的数字证券，然后借助网上平台将该数字证券进行转让并获得外币。只要存在活跃的二级市场，数字证券便可能实现即时交易与清算，因此几乎可以同时将本币换成外币。

此外，数字货币涉及的反洗钱、反恐融资等问题，同样可能发生在数字证券上。数字证券可被用来隐瞒或掩饰资金的非法来源或用途。名义上是认购证券，实际上通过迅速转让、变现，进行洗钱或恐怖融资。

6. 区块链的不可变更性需要与证券市场进行调和

记入区块链的信息不能删除、更改，是区块链重要的技术优势，但绝对的不可变更性也有待商榷。其主要原因如下。

（1）证券市场的复杂性决定了难以事前面面俱到、完美无缺地在合约中规定所有情形及其应对措施。实践中，往往还需要通过事中、事后协商来完善合约关系。

（2）操作风险仍然存在，看错对手方、记错账本或填错到期时间等失误或乌龙事件并不罕见。如果不允许及时修正错误，可能导致交易条款不公允、敏感信息泄露、交易策略被破解、人为失误难以更正等后果。

（3）基于监管和司法的原因，证券交易有时必须被撤销。在成熟的资本市场，对显失公平的交易会采取撤销、冻结或暂缓交收等措施，并有专门的制度安排。

（4）欧盟于2016年颁布的《欧盟数据保护通用条例》所规定的"被遗忘权"。根据被遗忘权，消费者有权从与其有交易来往的公司记录中抹去个人数据痕迹。这可能与区块链的不可变更性产生冲突。如果不对区块链的绝对不可篡改性进行弱化，被遗忘权的可篡改性与区块链的不可篡改性将难以调和。对此，埃森哲（2016）发明了一项"可编辑区块链技术"，允许被授权方在不打断整个区块链的前提下编辑、重写或删除前面区块的信息。其创新之处是在连接两个区块的链条上安装了虚拟挂锁，当需要修改某个区块上的信息时，用一种名为变色龙散列（chameleon Hash）的密钥打开需要修改的区块与下一区块之间的虚拟挂锁，而其他区块之间的虚拟挂锁将维持不变。这样就可以在不影响整个区块链的情况下修改或替换某个区块。

7. 区块链技术对证券风险监管体系提出挑战

区块链技术对目前证券风险监管体系提出挑战，在区块链＋证券模式下，"交易者—证券中介服务机构—交易者"这一传统交易结构，将简化为"交易者—交易者"结构。在传统交易结构下，证券中介服务机构是证券市场运行的组织系统，承担着风险识别、风险防范、市场秩序维护、投资者权益保障等职能，但在新型交易结构中，由于证券中介服务机构被排除在证券发行、交易、登记结算等环节之外，法律赋予传统证券中介服务机构的义务、功能在这些环节中将消失。

一方面，缺失传统证券交易中介服务机构的严格监管体系，区块链技术发行、交易的数字化证券的数额、程序、转让以及信息披露等，有可能为不法分子所利用，进行非法融资；另一方面，区块链技术下的数字化证券，将不再受到地域上的限制，能够被不法分子用于掩饰或隐瞒不法资金的来源及用途，为违法犯罪活动的洗钱行为提供了途径。以比特币为例，由于其所具有的匿名性特征和监管难问题，比特币目前已经成为黑市和非法药品买卖的交易工具。

这就需要考虑现有规则制度对于区块链技术监管制度的适用性和融合性，现有风险监管体系已从理念上不能与区块链产生的风险机制相匹配，面临着从风险规则到风险监控体系的重新构建等问题，监管框架应当包括技术、法律、信息、操作、市场风险等的监管应对规则，这需要筛选新的监管关键点，立足于监管规则的完善，相关监管应对策略主要针对区块链在技术、业务和监管方面的挑战，也对目前证券监管理念带来一定挑战。未来，随着区块链技术的应用，系统性的金融风险监管体系会逐步完善。

8. 区块链技术带来的法律责任承担风险

在传统中心化交易模式下,数据安全的法律责任由中心机构承担,而在区块链+证券模式的去中心化结构特征下,没有类似的中心应当或者有可能承担数据安全的法律责任。这是因为,传统中心化交易模式下的中心——证券中介服务机构,收集并存储着用户的相关信息,由此对这些相关信息的安全、保密存在着相对应的义务,数据安全的法律责任理应由其承担。而在区块链+证券模式中,不同于以往存在个别中心,区块链系统中的所有节点都是平等的法律主体,不存在哪一个节点具有保障数据安全的特殊义务。

此外,由于私钥由个人所拥有和保管,如果发生丢失、遗忘等情况,存储在区块中的数据将无法获取,这意味着权属证明信息等个人信息将不可见,直接影响个人资产的所有权证明。

9. 区块链技术带来的个人信息泄露风险

传统中心化证券交易模式中,客户个人信息均通过证券登记制度由中心机构进行管理,一旦中心机构受到攻击或者机构本身违反规定,个人信息便存在泄露的风险。区块链由于去中心化构造解决了由中心机构带来的个人信息泄露风险,但基于其技术本身原因,同样存在个人信息泄露风险。区块链技术采用私钥、公钥对交易信息进行非对称加密,其中也包括了交易方的个人信息和隐私。而在区块链中,由于全体成员共同参与,任何人只要持有"钥匙",就有相应权限读取区块链上的信息。如果个人所掌控的私钥丢失或被盗窃,个人信息便有了泄露和公开的风险,将会导致不可估量的损失后果。由此可见,区块链技术所具有的高安全性并不代表着绝对的安全。

10. 区块链技术带来的交易者权益救济风险

区块链的高安全性以其数据难以变更为前提,正如前文所述,在区块链中,欲更改某一区块数据,需要强大的算力和庞大的工作量,决定了区块链建立的数据难以变更,这就意味着交易无法进行。然而,在区块链技术下,证券交易具有自动执行的特点,交易条件一旦满足,自动执行,这在数据不可撤销的情况下,潜藏着交易者权益救济的风险。一方面,一旦发生欺诈或者其他交易事故,将不可挽回,给交易者的权益保护造成了极大的威胁;另一方面,区块链+证券模式中的"交易者—交易者"直接结构虽然能够大幅减少交易者通过证券中介服务机构进行交易的成本(佣金),但是也致使交易者直接承担交易中的风险,投资者的权益及其救济无法得到有效保障。

4.2.3　区块链技术在证券市场的应用分析

在理论上,区块链在证券市场的应用将对现行证券市场的证券发行、证券交易、证券清算与交收、证券登记与存管、资产化证券等环节带来颠覆性的变革。

1. 证券发行

证券发行一般是指发行人通过向投资者销售股票、债券等证券筹集资金的活动。证券发行是区块链重要的应用方向,国外也在积极探索基于区块链的各类证券发行。现阶段,主要围绕搭建区块链平台为证券发行提供服务。如,美国纳斯达克交易所推出的基于区块链的证券交易系统 Linq,为非上市企业提供证券私募融资服务。这意味着区块链技术应用于证券发行已经得到主流市场的认可并正在加以实践。美国证监会(SEC)也批准了一家名为

Overstock 的公司提交的申请，允许该公司通过基于区块链技术的电子平台销售其自身的股票。R3 联盟及其 8 家成员在名为锯齿湖（Sawtooth Lake）的区块链平台上进行了美国国债转让交易的测试。此外，区块链还可以用于发行可转换债券，办理出售回购和再抵押业务。

区块链应用于证券发行对缓解行业痛点有一定作用。以首次公开发行（IPO）股票并上市为例，其目前的主要程序包括企业股份制改造，保荐机构开展尽职调查与上市辅导等活动，会计、评估等中介机构提供专业服务、出具专业报告，监管部门进行辅导报备、辅导验收、上市审核，通过核准后进行询价、定价、申购等活动。这一过程存在以下主要问题。

（1）信息不对称容易滋生欺诈行为。发行人相对于投资者拥有信息优势，而投资者是发行企业的外部人士，并不完全掌握风险情况，难以监督发行人。因此，如果监管不严，容易滋生欺诈行为。

（2）若一家证券公司同时担任股票保荐机构与承销机构，则存在潜在的利益冲突。承销机构的目的是销售证券，实现利益最大化；而保荐机构的目的是督导发行人规范运作、履行信息披露等义务。承销与保荐的目标存在冲突，为证券公司参与发行人造假埋下了隐患。

（3）IPO 信息的展示不完整。IPO 从启动到完成融资的环节多、历时长，过程信息如工作底稿可能残缺，难以完整留存；IPO 信息系统由各市场主体独立建设，缺乏统一的工作平台对各方数据进行集中管理使用，数据可能并不一致。同时，部分数据由于缺乏佐证信息可能会成为孤立数据，给 IPO 数据造假留下了空间。

把股票发行部署到区块链上后，将在一定程度上优化诚信环境、提升市场效率：①除了传统的信息披露外，还可以通过区块链把 IPO 业务的过程信息提供给市场参与者和监管部门，方便监管部门、审计机构便捷地对数据进行查询、比较、核验，进一步提升 IPO 的透明度；②区块链可弱化或替代承销机构,承销与保荐相冲突的隐患会明显降低,客观上可减少证券公司参与造假的动机;③可以通过组成联盟链,把发行活动部署到区块链上,实现点对点的发行,弱化证券承销机构的作用,减免承销费用;④发行人利用区块链和智能合约自主办理证券发行,自行确定发行窗口、节奏,可增强发行的便捷性和灵活性。

为保障区块链应用于证券发行的效果,需要以下配套制度安排。

(1) 从技术上扩大证券信息的来源,对涉及发行人的数据,只要是对投资决策有影响的信息,如工商注册、权属变动、税收缴纳、环保信息、专利信息、司法纠纷等,以及涉及中介机构尽职调查、核实查证等信息,都可以上链,供全链查询参考。

(2) 注重区块链与传统中介服务的相互补充、协调发展。证券发行仍然需要保荐机构履行尽职调查、核验把关、出具保荐报告、督导发行人信息披露和揭示风险等职责。如果没有保荐机构尽职履责,发行人就少了监督制衡。同时,可以进一步从政策上引导证券公司加强保荐服务,强化保荐诚信。

2. 证券交易

证券交易过程中的主要问题是证券存管。证券登记是对证券交易的行为加以确认,而证券存管是指由专门的机构对交易的证券和资金进行保管。我国的存管制度是证券公司对自己客户的资料进行分散管理,证券公司的资料由中央存管机构进行集中管理。登记存管体系的分散问题提高了投资者的中介费用,并且容易造成信息的泄露。区块链技术可以克服这些缺点。

区块链技术在证券存管领域的运用使得证券存管不依赖于任何的中介机构,而是将投资者的各种信息都保存在区块链这本总账上,任何的买卖交易、股权拆分、股东投票和股票质押等都可以体现出来。

3. 证券清算与交收

证券清算是指交易双方进行资金和有价证券交换过程中,对应收、应付的计算过程。其结果是确定交易双方的履约责任和交收义务。证券交收是在证券清算结束以后进行实际交割的过程,即交易双方通过转移证券和资金来履行相关债权债务的过程。传统的清算和交收存在4方面的问题：①证券清算交收周期冗长、环节复杂；②当交易涉及多个主体时,各个参与者由于交易时间、交易方向等问题,往往需要进行人工干预；③清算的成本非常高,根据环球银行金融电信协会（SWIFT）的研究,全球金融市场每年用于证券清算交收的费用高达400亿美元～450亿美元；④清算交收的集中度不高,如在不同的证券领域有不同的清算系统,这种模式会提高整个社会的成本,并且影响证券市场的效率。

鉴于此,为提升清算交收效率、降低业务成本,一些主流机构已着手进行应用区块链的研究探索。欧洲证券与市场管理局（ESMA,2016）预计,证券清算交收环节可能率先实现区块链应用；高盛（Goldman Sachs,2016）判断,区块链带给美国股票市场最大的影响在于可改善证券清算交收环节；欧清集团和司力达律师集团（Euroclear 和 Slaughter and May,2016）认为,区块链可以减少证券清算交收的迟延,降低操作和存管风险,提升证券发行的透明度,弱化中介机构在证券保管方面的作用,并能增强数据的安全性；澳大利亚证券交易所（ASX）通过测试发现,利用区块链可大幅简化和加快清算交收业务处理,能够在当天甚至近乎实时完成结算。

通过区块链进行证券清算交收,可带来以下效果：首先,证券交收和资金交收被包含在一个不可分割的操作指令中,交易同时成功或失败,实现货银对付并降低因一方违约造成另一方受损的风险。违约风险的减少,也会降低其他风险出现的可能。其次,证券结算不再完全依赖中央登记结算机构,每个结算参与人都有一份完整的账单，任何交易都可在短时间内传送至全网，分布式账本可以保证系统的安全性，降低操作风险。最后，区块链技术将减少中介、简化结算流程。证券经纪代理机构、托管机构、清算参与机构、中央证券存管机构、中央对手方等都可能被代替，直接实现交易各方的对接，进而提升清算交收效率，实现交易及结算的T+0模式。

4. 证券登记与存管

证券登记是指记录证券的所有权并编制证券持有人名册，对证券持有人持有证券的事实进行确认。证券存管是指专门的机构对证券进行保存和管理。我国的存管制度包括证券公司托管与中央证券存管机构（Central Securities Depository，CSD）存管，即证券公司对各自客户的证券进行分散保管，再由CSD对证券公司的自有证券和证券公司客户的证券进行集中保管。

历史上，境外证券市场的自发演变给证券登记存管带来了一些问题：一是分散登记保管，无集中统一的登记保管机构。发行人自行维护和保管股东名册，证券经纪商或托管银行自行保管客户的证券等情形长期存在，没有一个集中统一的机构负责某个市场的证券登记托管。二是证券实物化，没有电子化账本或数据库。一笔证券交易的登记过户必须要进行实物交付，这导致负责登记保管过户的后台工作非常繁重。三是证券登记过户依靠人工操作，效率低下，在交易规模不断扩大的情况下，已不能适应市场的需要。这些问题在20世纪60年代愈演愈烈，导致美国爆发了"纸上作业危机"：1967—1968年，纽约证券交易所甚至不得不压缩交易日内的交易时间，以便后台部门能完成处理登记过户业务的工作。该期间，破产或被收购的美国证券经纪商超过100家。

此后，美国反思"纸上作业危机"教训，逐步推动证券登记托管的集中化、非实物化、非移动化和电子化。其主要做法如下：①由法定的中央证券存管机构负责证券登记,纸质证券虽然依然存在,但逐步被电子簿记代替;②建立了 DTCC 统一存放和管理证券。欧盟也要求由法定机构负责证券登记,发行人自行登记因此逐步减少,证券的登记托管也变得相对集中,但分散性仍然存在。以英国为例,一是英国证券市场实行的仍是分散登记,并未要求集中登记;二是英国上市公司可以自行维护股东名册,也可以指定一家服务提供商为其提供登记服务;三是为伦敦证券交易所上市公司提供证券登记服务的机构也并非一家,主要的三家是 Equinit、Capita 和 Computershare UK。

从本质上来说,证券登记与存管的目的是更好地集中记账,而区块链实质上就是一个网络节点共同维护的公开账本。在区块链平台,每份额股权的交易和所有权情况都准确地以数字形式记载在区块中,能够实现所有市场参与人对市场中所有资产的所有权与交易情况的无差别记录和公示,因此并不需要第三方股权存托管机构再采集信息,进行股权登记或者确权。

因此,登记存管体系的分散问题是区块链能够得到应用的客观基础。具体而言,区块链上的证券登记不再依赖于传统的登记机构,而是保存在区块链这本总账上,由全链进行公证证明;证券权属变动将在全链进行传播和更新,确保与区块链总账保持同步。除登记业务外,股份拆分、权益分派、股票质押、股东投票等基于登记而派生的业务,都可以借助区块链及智能合约实现。证券登记存管部署在区块链后,将衔接起证券发行、证券清算交收等流程,实现区块链＋证券的有序运行。传统登记机构的作用将因此被弱化,甚至被区块链替代,从而可为投资者节约相关费用。

5. 资产证券化

区块链及智能合约可拓展应用领域,在某些链条较长的业务中进行跨界应用,实现跨界协同,促进长业务链条的顺利完成。如在资产证券化(ABS)领域,可借助区块链联结基础资产与资产证券化产品,并应用智能合约保障资产证券化自动履行,减少人工环节,促进规模化推广。

传统模式下,ABS业务参与方较多,包括基础资产原始权益人、设立ABS载体SPV的中介机构、为ABS提供担保的担保人、ABS的投资者(包括优先级投资者、劣后级投资者)等;涉及的资产也较多,包括基础资产、担保资产、ABS份额等;业务链条较长,包括基础资产的转让出表、基础资产的打包发行、为ABS提供财产担保等。在一些创新结构模式下,情形会更为复杂。因此,ABS存在信息不对称和不透明的问题,增加了金融市场信息传播和为其风险定价的难度。

如果在ABS业务流程中部署区块链和智能合约,由各参与方作为区块链节点,加强协同和共享实时数据,将显著提升透明度,缓解信息不对称问题。同时,区块链具有跨界优势,能够将涉及基础资产的交易记录和风险变动情况向全网进行更新和传播,使基础资产管理和基础资产现金流归集能向全网公开。由于对基础资产的监测更加及时,ABS存续期内的风险点将可以被提前预警。

同时,应用智能合约有助于对ABS风险进行稳妥处置。智能合约可以通过编程设置ABS的业务运行、违约处置、合约终止等业务环节,还可设定业务阈值,一旦触发阈值,将启动相应的业务流程(如设置时间条件和资金阈值,到期自行启动将归集的资金用于偿付投资者利息)。此外,也可设置担保条件及其阈值,如因发行人违约触发行使担保权利的阈值,智能合约会自动运行担保措施,无需中间环节由机器直接保障投资者的利益,违约风险也会随之得到有效化解。

除了证券发行、证券交易、证券清算与交收、证券登记与存管、资产证券化外,区块链+证券理论上还能够解决传统证券市场中存在的代理股票、信息披露等多方面的问题。

4.2.4 区块链进入证券交易领域的优势

在计算机产业发展的过程中,这是第一次能够从技术层面建立去中心化信任。区块链是一个多方共识的机制,是建立整体技术信任的基础。它不依附于个人或者第三方机构,是一种相对民主的机制。

在区块链技术的约束下:一方面数据的真实性、有效性以及持续性得到了一定程度的保障;另一方面区块链也是一个相对比较安全的系统。比特币应属于大家最为熟知的一个区块链应用,该系统已持续稳定运行了约 11 年。而这个系统几乎是改变了大家对传统金融系统构建的理念。首先,在没有任何安全防护设施的情况下,任何人都可以用一台机器进入比特币网络中,据悉在整个比特币网络中有高约 80% 的机器为裸机,这些机器既没有很好的安全防护功能也没有任何防火墙保护措施;其次,比特币网络中一些数据可以追踪历史,防止篡改,并且该网络中系统可以对篡改后的数据定义新的节点名称;最后,也是区块链较为突出的一个特征,它是一个开放性的系统,目前已经有很多开源底层实现供大家去参考或者是使用,并且它拥有很强的可拓展性,且处于致力建立多中心式的行业联盟或者商业联盟的过程中。

区块链的自身特点让其具备了两大类属性:凭证类属性和交易类属性。凭证类属性使其成为资产证券化、资产数字的入口;交易类属性可增强资产的自由流通性,因此,区块链有可能成为构建未来价值自由流通网络的基础设施。

1. 区块链可有效降低场外交易风险

由于事先交存证券及资金制度较为宽松,场外交易的风险较大,且场外交易的违约风险也难以防控。一旦有违约行为发生,监管机构将难以进行评估违约对场外交易所造成的市场风险和损失的最大值,极易造成更严重的整体性风险。将区块链技术运用到证券交易市场中,可较好地实现类似于中央证券机构,达到有效控制风险的目的。

在区块链证券交易系统中,由于录入区块的数据不可撤销且能在短时间内被复制到每个区块中,产生了公示的效果,因此确保了证券交易的发生与执行不会有任何争议。配对成交的交易双方通过加密后的数字签名发布交易指令,通过加密算法验证数字签名、数字交易有效性及交易方账户资金偿付能力,此后交易将被记录到共享账簿中,并加盖时间戳。

区块链机制确保了交易的真实性、完整性,使得他人不可轻易篡改交易过程中产生的数据,也方便确认和追踪数据,由此实现了数据中心、信用担保职能。任何市场参与者可能的违约风险,均能够被结算、清算机制消化,而不会危及整个证券交易市场。

2. 区块链可简化场外发行和交易流程,提升效率,创造价值

利用区块链技术,可针对不同发展阶段、不同发展规模的中小企业建立同一账本,以全网公示、主体匿名方式记录、管理并保存企业证券发行相关信息,通过智能合约设定证券相应于不同交易的发行方式,并设立监管节点对不同主体进行差异化管理,有益于改变当前单一的发行核准制度,逐步建立起包括私募发行、小额发行豁免制度在内的多层次证券发行体系。

将区块链运用于证券交易中,所需的时间远远少于传统交易所需时间。传统的证券交易程序,经历开户、委托、成交和结算 4 个阶段,涉及银行、券商、投资者、结算机构和交易机构等相关方,每笔交易发生时,信息需要经过各相关参与方的交互协商和往来协调才能完成,而成交完成后还要经历交易确认、清算、交收等环节,需要各相关方及金融中介机构的配合,完成相应的交易确认、记账等工作,需要很长的时耗,无法在交易完成时进行实时结算的制度也带来了潜在的风险。

区块链却能够简化这一冗长的交易流程,实现证券发行人与投资者的直接交易,节减其他参与者的交互过程,节省大量的交易成本。交易一旦被确定并被记入总账,各节点即通过共识机制确认交易的真实有效性,并完成资金的分配以及证券的传递,整个过程可大大缩减清算时间。

与此同时,减轻了结算风险。区块链加密技术实现了证券的清算与结算的去中心化,省略了交易系统中的后台系统,由于区块链技术能够自动建立信任机制,并自行完成交易、清算和结算,使得交易即结算成为现实,大大提升资产的流动性。

3. 区块链可解决场外分散交易市场信息化建设和运营的困境

引入区块链技术可构建区域股权市场间联动机制,通过分布式、全网公示、数据共享、去中心化的技术体系,打破各个区域股权市场之间的数据不能共享的问题,充分发挥区块链的开放性、共享性、匿名性等优点,对参与交易的各相关方的身份、信用状况、风险承受能力等信息进行可追溯性管理,从而打破各股权市场割裂的格局,加强区域间股权交易市场的流通性,增强其运作效率和灵活性。

4. 区块链可有效补充场外交易监管制度,提升监管手段和效率

利用区块链构建系统中特殊监管节点,将针对不同的交易因素,设置不同的监管方式和手段,使得监管层对于市场的交易动态和整体状况能够及时把握。

区块链技术可以将证券实物以数字证券形式在系统中流通,证券每次过户登记信息,皆记录在案并通过全网公示。区块链这个公开式的数据库记录了包括过去所有的交易记录、历史数据及其他相关信息,而这些信息被安全

地分布式存储在相应的加密数据库的节点中,且随着交易时间点产生差异,交易过程中产生的数据都存在自己的时间戳,任何组织和个人无法篡改,由此来提升整体交易流程的自动化监管,同时也有助于提升交易安全性,改善场外交易秩序。

5. 有助于降低证券业成本,包括交易成本、协作成本和审查成本

利用区块链技术,可以大幅减少业务处理中的手动环节,将复杂的业务处理流程自动化;尤其是区块链分布式同步账本技术,可以将机构间易标准化的协作事项简化为对共同账册的实时修改操作,缩短机构内的审批流程,降低机构间的协作成本。如证券交易市场需要中央结算系统、证券公司、交易所和银行等多方参与,协调成本过高,而区块链可以通过多重签名等技术实现信息共享,提升业务的协作效率。

更重要的是,区块链中所记载的记录采取分布式存储,难以被恶意更改,区块链交易被确认的过程就是清算、结算和审计过程,保存监管记录和审计痕迹为监管、审计等提供便利,降低事后审查成本。

可见,通过区块链技术简化证券市场业务流程,降低交易成本对推动证券市场持续发展具有现实意义。

4.2.5 区块链技术应用于证券市场的监管建议

证券业是区块链应用的重要领域。区块链契合证券市场的要求,有助于保障诚信、提升效率、降低成本。展望未来,区块链在证券发行、证券清算与交收等方面有较大应用空间。区块链从事的证券活动,本质上仍然属于金融,因而不能违背金融规律。对于区块链+证券,在鼓励创新的同时,也要注重风险防范。区块链+证券的监管适用互联网金融监管一般原则,同时应当

提出有针对性的监管思路，以避免区块链＋证券违背金融规律，损害投资者的合法权益。

考虑到区块链＋证券仍处于发展初期，应更加注重顶层设计，健全监管体系，支持区块链＋证券健康发展。

1. 区块链应用于证券市场的监管重点

1）证券市场基础设施的监管：以区块链应用为中心

区块链技术的应用必须建立在市场基础设施能够稳定、顺畅地处理证券权利证明和交易记录的基础上，并且能够构建起区块链应用框架，以有效地满足市场参与者的进入与退出、交易有效性、资产证明、数据安全和透明度等要求。

首先，对于需要高度监管的证券业而言，联盟链由于参与主体的多元化能够对此形成制约，更能实现安全性，可以作为区块链应用的首选技术。其次，需要建立统一的行业标准，监管者提前参与到区块链技术的应用创新的进程之中，给予充分的监管指引，参与制定区块链协议的相关技术标准，以避免记载着证券交易数据信息的各区块在形成链条时可能产生的冲突。最后，需要明确市场主体准入条件。为发挥区块链技术去中心化的技术优势，可允许证券活动的参与者都能接入各网络账簿节点，但针对不同的主体类型应当设置不同的权限，以保证数据安全和客户隐私。

2）交易过程的监管：以智能合约为中心

智能合约能够简化交易流程，提高自动化交易水平，确保交易的安全与效率，降低金融交易和合约执行的成本等。但由于智能合约作为标准化的计算机程序难以满足特定交易需求，并且其实时结算和自动执行功能有时会造成实时欺诈且无法及时修复，因此其大规模应用于证券市场之前需要建立完备的监管机制，以保证智能合约的有效使用。

首先，应当建立智能合约与法律合约的协调机制。在智能合约代码编写时，应当将法律合约的内容作为智能合约编写和执行的基础，确保其法律内核的确定性，还要确定智能合约的责任主体。其次，应当建立智能合约的监管审查机制。区块链平台在投入应用前，应将智能合约的代码提交至监管部门备案，并进行安全性和合规性审查。为此，应在配套的监管科技应用方面研发必要的智能合约审查技术工具。最后，应当建立智能合约自动终止与修复机制。在智能合约编程时设置失效安全（fail-safe）机制以及逃生舱（escape hatch）机制，允许智能合约代码在满足特定条件时可以由相关主体，包括监管部门、交易所或登记结算机构，以及拥有相应权限的参与主体终止其执行，在智能合约执行失灵时能够冻结和转移区块上记载的价值以防范风险。

3）交易后领域的监管：以证券登记结算为中心

区块链技术对交易后（post-trade）领域的提升与变革是区块链技术发挥潜力的重要方面，而这一过程的监管需要关注两方面：一方面数字资产的登记所面临的监管问题。数字资产发行如何符合证券发行的监管要求、数字资产的统一登记标准以及数字资产登记中的身份认证问题。另一方面实时结算下的证券结算所存在的监管问题。实时结算可能会影响短线交易中的撤销，以及影响做市商和对冲交易。实时结算的结果不可逆，难以完成交易的回拨或者修正。

2. 区块链应用于证券市场的监管方式创新

1）监管科技发展是监管方式创新的技术基础

对于区块链的应用创新而言，与之配套的监管科技发展是应用创新落地的前提。一方面，区块链本身可以作为监管科技的技术选择，可以通过联盟链中心节点、监管通道技术和智能合约将监管规则嵌入区块链平台，让规则代码化，实现业务全链条的监管覆盖和有效事前监管；另一方面，可以将大数据、人工智能等技术与区块链结合,利用区块链的优势形成更富效益的自动化数据采集机制,为风险管理的智能化分析提供支撑。

在监管科技发展方面,不仅需要监管机构引领,更需要金融机构、金融科技公司的共同参与。监管科技本身不仅服务于监管机构,更是降低金融机构的合规成本、提升金融科技公司发展空间的重要路径。监管机构应结合行业发展态势,制定必要的政策来引导各方资源,培育构建监管科技快速发展的社会化协同体系。

2)借鉴监管沙盒等经验,在证券市场细分领域探索国内监管创新路径

从海外监管经验来看,监管沙盒、创新指导窗口(innovation hub)、创新加速器(innovation accelerator)等均具有可借鉴性,同时也各具可适用的场景。例如,监管沙盒测试评估,更适合外部市场发展程度较高的创新业务。因此,无论是证券+区块链,还是区块链+证券,都需要根据国内经济社会环境和监管创新条件,有选择地探索国内监管创新路径。

综上所述,资产证券化、场外交易、有产业数据支撑的数字资产等细分领域,较为适合探索区块链应用监管创新方式。一方面,细分领域监管创新更易于整合各方专业资源,形成业务与监管在该领域的体系化变革;另一方面,更有助于在业务创新、监管创新和配套监管科技发展方面取得平衡,并易于总结和积累经验。

3)发挥自律监管功能,推动技术标准与业务指引的统一与规范

自律监管能够更为贴近和反映证券市场主体的现实需求,有利于在坚守安全底线的前提下为技术创新提供良好的监管环境。自律监管措施更为灵活,有利于在区块链技术应用的前期阶段便利监管政策和制度的调整与试验。

行业协会等自律组织可以在广泛征求会员意见的基础上出台相应的技术标准和业务指引,以行业共识为技术创新建立统一标准,用以有序引导证

券业区块链技术的创新;同时,研究出台区块链技术在证券业应用探索的自律规则。在创新主体准入条件、技术应用的范围与进度、风险防控措施的设置以及各类主体的责任划分等方面,也应制定相应的自律规则,从而规范证券市场利用区块链技术开展的业务创新活动,并为监管部门正式制定监管规则提供参考。

4) 加强功能监管,健全区块链治理体系

功能监管是指不同金融产品只要具有相同的金融属性或者特征,就应纳入同类监管,以避免因主体、名称、形式等不同而规避监管。就金融监管而言,金融机构本身可能消失,其组织形式、组织构架、业务流程也可能随着外在环境、法规要求、技术进步等发生变化,但金融功能仍将保持不变,即金融功能比金融机构更加稳定。因此,金融监管应该着眼于功能监管,不应局限于金融机构。科技进步不会改变 Fintech 是金融中介的事实。区块链+证券从事的是金融活动,仍未脱离金融范畴,因此,其对金融监管的一般规定都应该遵守和适用。总体上,证券法律规范制度较为完善,证券监管体系较为健全,关键是增强功能监管的认识,用好、用足现行法律赋予的监管举措,明确监管分工,加强监管协调,健全监管体系,提升监管合力,防范监管套利,避免出现监管真空。

5) 完善监管手段,提高监管的适应性

区块链给金融发展注入了新动力,也带来了新问题,进而对金融监管提出新的要求。因此,有必要对监管制度进行反思与完善,升级监管技术、监管手段,健全监管体系。

(1) 区块链可以提升监管效能和加强监管协作。区块链环境下可以为监管机构在联盟链或私有链上开设一个监管节点,通过这个监管节点监管机构可以掌握全链上的交易情况,提高监管的及时性。如果部署在区块链上的交易跨行业、跨市场,区块链还能够为监管机构对风险的全面监测和全程监测提供条件,也有利于加强监管协作。

(2)区块链有助于防范投资者的违规风险。利用区块链的可编程属性,可通过智能合约为限制期内的股票转让编写代码,防范股东在禁售期内违规转让股票,也可以避免投资者因无知而违规。

(3)针对区块链会弱中介化的特征,梳理和反思传统的以证券中介服务机构为中心的监管思路,加强对区块链服务平台、区块链技术服务商的监管。

(4)针对区块链跨境的特征,积极加强对外沟通协作,为我国在区块链跨境合作、打击违法违规等方面争取更大的话语权。

6)吸收行业智慧,加强顶层设计

区块链对清算交收等金融基础设施具有重要影响,但相关技术标准与监管规则尚不明确,行业自身发展可能会产生无序性和盲目性。美国证券存管信托与清算公司(DTCC)首席执行官认为,各家机构单独开发区块链应用技术必将造成标准冲突,因此,行业的首要任务就是对核心标准达成共识。英国政府首席科技顾问建议英国监管机构、金融机构、金融科技企业和科研培训机构密切协作,探索监管机制和监管技术。2017年2月,英国央行宣布加入 Hyperledger 区块链联盟,这是首家央行加入区块链联盟,表明英国已经迈出与行业合作的第一步。同月,中国香港证监会宣布加入 R3 区块链联盟,以借助行业力量加强对区块链在证券及期货交易的记录、结算方面应用的研究测试,为标准制定提供支持。美国白宫发布名为《金融科技框架》的白皮书,提出发展金融科技(financial technology,Fintech)的十项原则,统一技术标准是其中一项基本原则。白皮书认为,随着技术升级发展,行业与政府机构之间应该充分合作,确保技术标准既有利于培育创新精神又能降低潜在风险。

由于我国尚未出台区块链总体规划,所以应由监管部门牵头,加强行业机构合作,开展对区块链的金融应用场景研究,并同步建立监管规则和技术应用标准,明确监管态度和规范。我国证券市场是自上而下发展起来的,但行业智慧和实践经验也应得到重视,在发展区块链+证券时,宜把自上而下和自下而上两方面结合起来。建议广泛听取行业意见,吸收基层经验,加强顶层设计,形成统一的区块链技术标准、行业规范和法制框架,减少不统一、不规范和不合规所导致的冲突与摩擦,为行业发展提供正确指引。

7) 强化科技与行业的融合,提升科技在证券行业的渗透率

金融科技正多维度地改造着整个金融业,"金融+科技"不仅是一场技术革命,更是一种经营理念和商业模式的深层次变革。放眼全球资本市场,2008年金融危机爆发后,金融服务市场结构发生变化,国际投行不断受到市场冲击,机构服务收入在营收中的占比从2012年起逐步减小。为应对挑战,高盛、摩根大通等顶级投行纷纷开启大刀阔斧的科技改革,高盛集聚了大量的科技类人才,开发了全新的编程语言,建立了庞大的数据库,整合交易、市场和投研的信息数据用以训练机器学习算法,并以此为基础打造出多款极具竞争力的金融科技产品;摩根大通则提出了"数字化无处不在"的发展策略,以技术手段革新现有业务,不但加大了在IT方面的投入,还对众多在线金融机构和创新实验室进行投资,建立金融科技公司的孵化器和加速器。

反观国内证券业,我们欣喜地看见各家券商已纷纷在金融科技领域发力,在智能投顾、数据体系建设、投资策略开发、App优化等方面均取得了实质性成果。证券业可进一步加大对大数据、区块链、云计算、人工智能等新技术的投入力度,通过科技渗透和赋能,对行业生态及业务流程进行改造,提升管理效率和精细化程度。

4.2.6　区块链技术应用于证券市场的前景展望

从当前区块链在证券业的应用情况看,证券市场的区块链应用仍处于初始发展阶段。然而,区块链在中长期必将对证券市场产生重大影响。对此,可从技术、监管和产业升级3个视角进行展望。

1. 区块链技术体系的成熟度正在快速提升

首先,在性能方面,已经出现像 DPoS、DAG、HashGraph 等新型的高性能共识算法。这些算法对计算机硬件要求不高,其中,HashGraph 已在联盟链环境下实现每秒 25 万笔交易的处理速度。其次,在安全方面,隐私保护、智能合约安全、数字钱包安全等细分方向,均在向着商业化与规模化应用目标快速演进。最后,场景化实际落地是促进技术快速成熟的重要推动力。

2. 证券市场细分领域的监管发展有望提速

在证券＋区块链方面,区块链及智能合约应用有望在痛点突出的证券市场细分领域取得突破。对信息透明、跨组织协同有迫切要求的资产证券化业务,为区块链应用快速发展提供了最适合的场景。在业界已有尝试的基础上,可预期 ABS＋区块链会向 ABS 业务成熟标准方向发展。由于场内交易的业务与技术标准成熟完备,在交易与清算领域,区块链更有希望在构建场外交易新型基础设施方面取得发展。区域性资本市场、机构间交易市场等,都属于较为适合的业务场景。

在区块链＋证券方面,全球数字资产市场的发展已经不容小觑。随着各国监管政策与实践的不断成熟,数字资产作为一种新型证券业务,很有可能会形成证券市场新细分领域的完备生态体系。可以预期,经过监管规范化的数字资产,将借助区块链的技术优势,相对于传统证券市场会更加透明和普及,并具备更好的监管穿透性。

3. 产业升级可为数字资产支持实体经济发展奠定坚实的基础

近年来,全球产业数字化转型升级趋势已经不可逆转。产业数字化转型将利用新一代信息技术,构建数据的采集、传输、存储、处理和反馈的闭环,打通不同层级与不同行业间的数据壁垒,提高行业整体的运行效率,构建全新的数字经济体系。数据化是产业数字化转型的核心和必然结果,同时,也为未来数字资产的发展奠定了坚实的基础。依托于产业大数据的数字资产有望成为未来数字资产市场的主要形态。

4.3 区块链+证券实践探索

4.3.1 国内外区块链+证券实践现状

在传统中心化证券体系中,拟上市公司须与证券公司签订委托募集合同,然后递交申请,通过审核后由客户进行认购,整个 IPO 流程复杂且成本高昂,监管成本和风险也较大。在交易过程中,客户发出交易指令后,须依次经过证券经营机构、资产托管人、中央银行和中央登记结算机构等多个机构的配合才能达成交易,耗时较长。在上市公司方面,派发现金红利、股票红利、投票、参与新股发行认购、供股、公开配售、公司收购、分拆与合并等公司行为抑或得不到落实,抑或流于形式,公司行为缺乏有效约束,股东基本权益缺乏有力保障。

研究表明,通过开放、共享、分布式的网络系统构造参与证券交易的节点,使得原本高度依赖中介的传统交易模式变为分散、自治、安全、高效的点对点网络交易模式,利用区块链技术安全透明、可追溯性等特点,对证券发行上市、登记结算、股权管理等诸多环节进行数字化管理,这种革命性的交易模式可使证券市场运行的流程更加公开、透明,不仅能大幅度减少证券交易成本和提高证券市场运转的效率,而且还能减少暗箱操作与内幕交易等违规行为,有利于证券发行者和监管部门维护市场秩序。正如美国证监会主席 Mary Jo White 所言:"区块链在提升证券市场交易、清算、交收环节的现代化水平,简化业务流程,甚至替代某些业务环节等方面具有潜力。"

自 2014 年区块链技术应用探索热潮形成以来,诸多证券交易所都探索建立了相应的区块链平台,诸多研究机构也纷纷着手进行区块链+证券模式应用场景的研究。从国外来看,2015 年 10 月,纳斯达克正式推出其基于区块链技术的产品——NasdaqLinq,用于一级市场的股权交易管理;2016 年 3 月,韩国唯一的证券交易所 Korea Exchange 宣布将通过区块链技术推出一个柜台交易平台;2017 年 12 月 7 日,澳大利亚证券交易所(ASX)发布公告确定将使用区块链簿记技术取代其现有清算及结算系统,成为世界首个真正采用区块链技术的大型交易所;2017 年 12 月 8 日,法国财政部长勒梅尔宣布了一项法令,将允许部分未上市证券的交易使用区块链技术进行。此外,日本交易所集团(JPX)、伦敦证券交易所(LSE)、芝加哥商品交易所集团等多家交易所都已经开始了积极的区块链+证券的研究应用。

从国内来看,我国目前已经建立金融行业区块链权威联盟,形成了"北有 Chinaledger、南有金链盟"的格局;小蚁公司基于区块链技术,将实体世界的资产和权益进行数字化,通过点对点网络进行登记发行、转让交易、清算交割等金融业务的去中心化网络协议;中信证券、兴业证券、嘉实基金、银华基金等证券、基金公司对区块链技术及其在证券业的应用也展开了多项专题研究。可见，目前区块链＋证券模式的应用探索在我国已经铺开，虽尚处于理论研究和实验的初级阶段，但不可否认其应用前景却具有颠覆性。

4.3.2 区块链技术在资产证券化上的应用——以京东金融为例

目前已有部分贷款机构推出了信贷资产证券化（ABS）的区块链应用，其中，京东金融的资产云工厂管理系统比较具有代表性。

1. 业务模式

京东金融于 2015 年 9 月 15 日发行首单资产证券化产品，截至 2017 年，共发行资产证券化产品 450 亿元。据京东金融介绍，其应用具有资产方、资金方和 SPV 3 个验证节点，京东支付负责放款和信贷资产入链，现金流、借款人评级等信息全部记录在区块链上，授权的外部机构可查看区块链信息。

2. 应用特征

（1）以私有链作为应用技术架构。资产方和资金方都属于京东金融，除 SPV 外的其他机构仅有查看数据权限，其实质是私有链或类私有链技术架构。

（2）可监控的底层资产形成过程。以资金的实际流动为记录依据，实现了底层资产形成过程的切实监控。

（3）持续的基础资产存续期监控。授权主体能够及时获取底层信贷资产的现金流信息，实现持续监控和跟踪。

3. 解决的问题

（1）消除 ABS 信息不对称问题。京东直接将贷款流程线上化，将放款、还款现金流通过支付网关直接写入区块链,并通过区块链广播,使所有参与方的本地均同步保留一份经过各方认证的底层资产数据,任何一方都无法擅自篡改底层数据,从而解决数据源头的真实性问题。而在 ABS 中信息最缺乏的主体方就是投资者,运用区块链技术后,投资者获取信息更加全面和便捷,投资者可对基础资产和 ABS 管理信息实时查询,消除了信息不对称,因此京东 ABS 运用区块链技术后能够提高基础资产的真实性和有效性,进而消除信息不对称问题。

(2)提升信息流转和处理效率。传统的 ABS 中,各方信息流转比较困难,因为存在一个中心化的机构或个人,各方想要获得信息就需要通过这个中心,但是这个中心可能对外公布的信息不完整或不真实,各方获取信息要通过这个中心就会使信息流转速度变慢。然而运用区块链技术后,就不存在一个中心,各方在信息获取方面的地位平等,各方都要将交易的相关数据上传到联盟链上,这样各方也可以根据自己的需要从区块链上获取自己想要的信息,省去了信息中转的步骤,提高了信息的交流效率和速度,也会使得信息流转更加完整和真实,各方的信息处理也会变得更快、更高效。

(3)保护了参与主体的信息。一直以来,互联网交易平台或项目(如P2P、资产证券化等)的参与主体存在信息不安全的问题,在传统的资产证券化中也存在着信息泄露风险,但是并没有互联网+资产证券化模式的风险大。在互联网上,资产证券化项目的投资者或者其他用户信息还面临着网络风险,网络平台上的信息可能会被黑客攻击或者被项目管理者恶意泄露,就算信息没有被泄露,各个参与方的信息也有可能被恶意篡改。因此互联网消费金融资产证券化的用户可能同时面临着信息被泄露和被篡改的风险,这样的风险会使得大量的投资者望而却步,因为不少投资者对自己的个人信息特别看重,如果管理不透明、信息管理系统不完善,投资者就可能不愿意对项目进行投资。

然而,京东 ABS 项目运用区块链技术后,信息管理能力得到提高。通过建立联盟链,将各个参与主体的信息记录在链上,通过审核且上传后不可篡改,并且各个节点都对区块链上的信息进行维护和监督,保证了信息的安全、不被泄露,从而降低风险,保护了资产证券化过程中参与主体的信息,进而会增加投资者的投资欲望,形成良性循环。

(4)方便后续 ABS 项目的监管和管理。在资产证券化项目运用区块链技术前,由于不容易获得信息,监管机构和投资者等想要对该项目各方面进行监管比较困难。但是,京东 ABS 项目运用了区块链后,使得资产支持证券在存续期里能够更加方便地被监管和管理。因为投资者或监管机构若想对 ABS 的基础资产进行监管,可以直接通过联盟链,随时对其监控,也可以随时在联盟链上看到应收账款的回收情况,了解基础资产的良好程度,并且基础资产的未来现金流也能通过智能合约进行自动回收。因此区块链的使用,使得 ABS 项目的监管更加方便、智能。

4.4 本章小结

首先,介绍了传统证券业的发展趋势以及面临的挑战;其次,在此基础上,分析了证券业区块链技术应用的可行性,进而剖析了区块链+证券面临的问题与挑战;再次,在理论上分析了区块链在证券发行、证券交易、证券清算与交收、证券登记与存管、资产化证券等环节的应用情况,并进一步分析了区块链进入证券交易领域的优势;然后,就如何对区块链技术应用于证券市场的监管给出了建议,并进一步就区块链技术应用于证券市场的前景进行了展望。最后,是区块链＋证券实践探索,梳理总结了国内外区块链＋证券实践现状,进而以京东金融为例,分析了区块链技术在资产证券化上的应用。

练习与思考

1. 证券业面临哪些挑战?
2. 简述证券业区块链技术应用可行性。
3. 区块链＋证券应用面临哪些问题与挑战?
4. 简述区块链技术在证券市场的应用场景。
5. 简述区块链进入证券交易领域有哪些优势。
6. 区块链＋证券模式有哪些风险?
7. 简述区块链应用于证券市场的监管建议。
8. 简述区块链应用于证券市场的前景展望。

参考文献

[1] 孟庆江.供给侧改革中证券公司的机遇、挑战及对策[J].中国证券,2016(8):44-50.

[2] 黄子训,郭杰群.金融科技的实验田:区块链在资产证券化中的应用[J].金融市场研究,2019(1):124-133.

[3] 万国华,孙婷."区块链＋证券"的理想、现实与监管对策研究[J].上海金融,2017(6):58-64.

[4] 刘瑜恒,周沙.证券区块链的应用探索、问题挑战与监管对策[J].金融监管研究,2017

(4):89-109.

[5] 赵旭.区块链技术对证券业发展的挑战及路径策略分析[J].武汉金融,2018(12):4-9.

[6] 蒋坤良,宋加山.基于区块链的交易模式设计和对策研究——以互联网消费金融资产证券化为视角[J].技术经济与管理研究,2018(7):73-79.

[7] 温胜辉.区块链在资产证券化领域的应用前景探究[J].债券,2018(3):56-60.

第 5 章　区块链＋网络借贷

随着 P2P 平台网络借贷在我国的迅猛发展，有关监管、风控等问题层出不穷，这无疑加剧了网络借贷行业的风险。区块链技术的出现在改造网络借贷相关基础设施、释放存量市场活力、规范增量市场运行方面起到积极作用，可解决当前的信用价值传递难题，实现信贷全流程自动化、去中心化管理。同时，P2P 网络借贷平台表现出了对区块链技术的强烈需求，加大区块链应用场景的探索或投资。基于此，区块链＋网络借贷的新模式为借贷双方创建了一个以信任为基础的借贷关系支付网络。所有的交易和协议都会透明、公开地记录在账本上，为政府部门提供监管依据，大大节省了平台的组织成本，降低了执行借贷关系的监督和服务成本，控制了业务风险并提高了工作效率。在这一背景下，本章探究区块链＋网络借贷二者的契合性，以此规范网络借贷行业，因此，本章具有较强的理论意义和实践价值。

5.1 国内外网络借贷发展现状及问题

虽然人们对网贷服务的需求不断增加,但是在整个网贷平台的交易流程中,由于信用评估环节的缺失、中间交易环节多、人为因素复杂等原因,导致网贷平台存在非法集资、资金跑路、多头借贷、信息泄露、数据保全存证等问题。究其原因,网络借贷作为一种民间借贷的网络化形式,针对陌生人进行的借贷行为。而我国的社会信用体系尚需完善,贷款人面临较大的信用违约风险,网络借贷需要借贷双方进行实名认证,借贷双方提供的身份验证资料及诸多重要资料留存于网上,如果信息保存系统出现问题,资料必然泄露,也会给借贷双方带来重大损失。

P2P 作为网络借贷的主要形式,2005 年 3 月在英国开始运营的 Zopa 网站,是全球最早的 P2P 网络借贷平台,为借贷双方提供金融中介服务。首先由借款方提出贷款请求,涉及借款金额、时间和利息等,Zopa 网站再通过自身的风险管理团队对借款人的资料进行审核、信用分级和列示,进而出借方可以根据借款信息进行比较,选择适合的投资方案,由此借贷双方最终实现双赢。继 Zopa 网站出现之后,2006 年 2 月 Prosper 网站于美国上线运营,发展成为目前名气最大的网络借贷平台。Prosper 网站通过制定竞标机制,借贷双方对借贷资金和利率进行竞价,利率低者就会中标。除以上两家之外,Kiva 和 Lending Club 也是国外比较有名的 P2P 网站。其中,Kiva 网站通过提供免费借贷中介服务,以低收入群体为目标客户,帮助他们改善生活。由于国外社会信用体系较为完善,网络借贷服务不仅起步较早,也发展得较为成熟。

受国外网络借贷成功运营的影响以及本国资金借贷市场的需要,2007年8月,拍拍贷作为中国第一个P2P借贷网站成立。而后国内开始了P2P借贷网站的大规模兴起及迅速发展,运营模式参照国外并结合本国国情进行创新和改进,使得一些网站经营慢慢成熟并逐渐做大、做强。由于我国社会信用体系尚需完善,P2P平台无法借助有限的信息资源准确评估借款人的真实资信状况,从而易引发信用风险。

5.2 区块链+网络借贷的契合本质及特点

区块链作为货币数字化的关键技术,集数据记录、复制、存储与查阅等功能于一体,一旦数据生成,被众多区块复制、存储,便难以更改,因此区块链可以通过准确、可信任的数据库,解决长期以来的信任问题,降低交易成本与交易风险。事实上,区块链行业的先行者们已经在借贷领域做了很多尝试,如SALT、ETHLend、CRED、MakerDAO、LendChain、Social Lending、币币贷、贝宝等国内外项目,涉及的主要模式有质押数字货币兑换数字货币、质押数字货币兑换稳定币、质押数字货币兑换法币等,以嵌入区块链技术的方式,降低服务成本,提升交易效率,吸引更多的客户。

5.2.1 区块链+网络借贷的契合本质

区块链为创建区块链+网络借贷模式带来了新的契机,为数字世界创建了新型信任机制和安全机制,可以从技术层面解决网络借贷现在面临的各种应用问题。由于区块链技术呈现出去中心化、开放、共享、真实和可靠等信息处理特点，引发了一系列有关网络借贷的具体研究与实践应用。区块链是一种能在不同节点之间建立信任、获取权益的数学算法。其分布式账本的本质是无信任和去中心化，将资产的所有权从某一个体转移至另一个体而无须中介作用，有助于恢复点对点网络借贷实践，并推动网络借贷达到更高、更新的普及水平。网络借贷的发展又为应用区块链技术提供了信息化、网络化和数字化的环境。区块链技术与网络借贷之间存在巧妙的联系，主要表现在以下3方面。

（1）区块链技术契合了网络借贷发展的内在要求。网络借贷的健康发展离不开精准、安全的征信机制，而区块链征信则是以真实、可靠的大数据征信为基础，二者在发展上具有相适性。区块链技术具有真实、透明、可靠和不可篡改等特征，可实现交易资金来源、去向的透明化，数据征信的真实化，审核过程的简易化，打造更加坚固的征信机制，确保合规经营平台向真正信息中介的顺利转型。

（2）区块链技术中点对点网络传输与网络借贷的典型模式P2P相契合，即交易双方不经过任何第三方机构，直接进行点对点自由竞价，撮合成交。区块链的去中介化属性是用严格的技术手段提供公信力，而网络借贷正需要这样一项信任技术来提升交易、撮合成功率，从而有效提高网络借贷平台的服务效率。

（3）区块链技术与网络借贷的相容性还表现在其他多项基础技术上：区块链技术的不可篡改性"对症"征信的验证成本高；区块链技术的智能合约"对症"线上交易的流程长等。

区块链在网络借贷中的应用可以在一定程度上解决信息不对称问题，使借贷交易更为开放、直接、透明，有利于提高借贷效率，降低借贷成本和风险，提升借贷服务水平。

5.2.2 区块链+网络借贷的契合特点

区块链技术可透明化,不可逆地记录每笔交易,其去中心化的运行特性为创建民主的信用评估体系提供了可能性。信用是维系网络借贷的前提,区块链利用分布式节点的共识机制生产和更新数据,协同网络借贷平台建立全网互通的信息资源共享平台。信息资源共享机制有利于创造更加高效的网络借贷信用评估体系。网络借贷的关键是风险控制,区块链技术与网络借贷在风险控制方面有较多的契合特点,如图5-1所示。

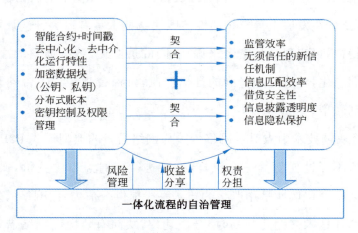

图5-1 区块链技术与网络借贷的契合特点

(1)区块链技术优势带来的安全性、可追溯性、不可篡改性、透明性和隐私性,以及智能合约实现的协议控制与执行,可以有效地解决信用创造机制的问题,提高信息披露透明度,并有效提高系统安全性,进一步减轻政府的监管负担。首先,创造无须信任的新信任机制。区块链技术是由一串使用计算机代码、密码学方法相关联产生的数据块,其中每个数据块都包含了其所在时间段的所有网络交易数据,然后按照时间先后打上时间戳。在保证信息安全的基础上,通过时间戳连接形成一条链,将所有数据块在网络内实时广播并发送到网络运行中的所有节点,所有运行的网络节点共同验算查证数据的正确性和真实性。在运行中,各参与者之间不需要了解对方的基本信息,也不需要第三方机构提供担保,直接进行可信任的价值交换。区块链技术特点保障了价值交换的活动记录,传输、存储的结果都是可信的,而分布式账本上的智能合约可以把许多复杂的金融合约条款写入计算机程序,在条件触发时自动执行,解决履约时的逆向选择和道德风险问题。

(2) 区块链技术有效增强网络借贷平台的信息匹配效率。网络借贷平台建立的初衷在于,通过互联网信息技术实现资金的非中介化,为出借人与借款人实现直接借贷提供信息搜集、公布、交互、借贷撮合。但在实际情况中,部分平台垄断了交易双方信息、控制了资金价格和投向,异化为互联网渠道中的传统金融中介,大幅度降低了信息的传递与交易效率。借助于区块链技术,信息真实化、公开化可以有效降低资金风险溢价成本和隐性担保成本,提升资金定价水平与精准度。同时,P2P网络借贷平台把发展重心转移到提升信息交互效率和交易撮合成功率,以深度发掘增值服务。

(3) 区块链技术增强网络借贷的安全性。区块链对每个时间段的数据进行加密,并由分布式网络中各个节点对其进行核实和验证,将加密数据块链接在一起,形成技术上难以破解的区块链。而且区块链运行于每个分散的网络节点,任何特定节点的损坏都不会危及整个区块链的业务处理能力,由此提高在线借贷平台的安全性。通过设置公钥和私钥,区块链中的每个节点都可以验证账本的完整程度和真实可靠性,确保所有交易信息真实有效,区块链中的数据区块由具有维护功能的网络节点共同维护,任何节点都可以创建交易,节点上传到账簿的交易信息形成共识,同时区块链中的每个节点保留所有交易信息的副本。

在实际运用中,区块链会自动对交易进行记录、处理和交割。当违约行为发生时,事先制定好的合约会被自动执行,用于抵押的智能资产将自动锁定,违约人则无法继续使用或占有抵押物,极限放大合约的执行力。智能合约提前设定的规则降低了人为操作风险发生的可能性。

(4)区块链技术提高信息披露的透明度。账本上每次交易变动都是可追溯的、不可篡改的。整个系统实现自动执行,基于分布式账本技术,全网信息公开透明,查询验证所有的交易信息。

(5)区块链技术提升网络借贷平台的监管效率。区块链技术为监管部门提供了新工具,每个区块记录都包含完整的时间戳,由于采用通用共享的数据库,按照共同版本的要求,记录和加密所有数据,允许任何可信任方调用,因此满足监管部门的要求即交易记录存档。区块链技术将监管部门、托管机构视为参与节点,充分利用交易信息的透明度和完整性,实现更高效率、更低成本的监管目标。同时,该技术还可以帮助监管部门通过窗口实时观察、跟踪交易数据,为政策的制定和调整提供依据。

(6)更好地保护隐私。区块链技术通过密钥控制和权限管理,保障了交易过程和信息记录的隐私性。基于节点的授权机制,区块链技术将私密性和匿名性植入用户控制的隐私权限设计中,只有授权节点才有相应权限查阅和修改有关数据信息,保障个人信息、财产状况、信用状况等信息不泄露。

区块链技术的特点增强了网络借贷平台的活力,为构造令人信任的交易组织形式建立了适宜的基础设施框架。它具备分布式的点对点、多中心的组织结构,凭借去中心化的特点实现了无中介、低摩擦的自治管理,实现了风险管理、收益分享、权责分担的一体化全流程业务模式,以及价值转移、可编程的智能化金融。

5.3 区块链+网络借贷的交易流程

网络借贷的流程一般包括借贷申请、风控、资金交付、贷后监控、逾期处置等步骤,具体内容如下。

(1)借贷申请。借贷申请是贷款申请受理、贷款资料审查和了解借款人基本信息的过程。申请材料的真实性、完整性和准确性是整个借贷业务的基础。而行业中的伪造资料骗贷、虚假标的等问题大多根源于此环节。因此,若能够通过区块链分布式账本公开透明、不可篡改和不可抵赖的特性,将原始申请材料(或材料哈希值)上链,可大大提升审计监察效率,降低借款人和网络借贷平台的作恶意愿。

(2)借贷风控决策。风控是借贷决策的关键环节,其核心在于两方面:征信和担保。而区块链在这两方面均存在很大优势,可将分散在各个机构间的数据整合在一起实现数据共享,解决行业征信问题。此外,随着区块链数字身份和资产通证化的发展,抵押、质押和保证等担保方式也可在区块链上办理,解决当前流程烦琐、手续复杂等问题。对于金融从业者而言,最大的执业风险莫过于刑事风险,而对于投资者或交易者,最大的损失也是刑事犯罪带来的经济损害。而区块链技术则能增加上述方面的犯罪实施难度,从而起到抑制犯罪的作用。例如,对于合同诈骗罪,由于合约变为自动执行,履行合同过程中实施诈骗的可能性空间就得到很大程度压缩;由于票据信息实现区块联动、实时更新,伪造、变造或者使用作废票据的技术难度增大;数字签名的严格对应性及可识别性,使通过伪造印章、签名来签订合同的难度也增加。除此之外,对于区块节点(用户)过往交易的综合分析也能够基本判断其实际履行合同的能力。

（3）借贷资金交付。通过区块链智能合约的技术对用户进行交易限制，一旦用户违约，直接由智能合约进行相关方面的限制或处理，通过人工智能处理就可在一定程度上降低坏账率和避免暴力催收的事件发生。通过区块链的信息公开透明、溯源的特性，对资金流向以及平台信息进行全程跟踪查询，就可以避免资金流向不明所导致的非法集资和资金跑路问题。读写智能合约专为区块链资产的抵押物管理而设计。智能合约应融合来自多个数据通道的实时全球市场价格数据，以评估担保信用协议的抵押品市值，同时跟踪借款人的贷款余额。如果抵押品的价值低于动态确定的阈值，则向借款人发出维护通知书。在维护调用的情况下，借款人可以添加更多的抵押品，进行额外的支付来减少贷款余额，或者什么都不做而由智能合约自动启动部分抵押品的清算，以便重新校准超额抵押品。贷款的部分清算通过自动交易引擎，利用专有的投资逻辑优化交易执行。

（4）贷后监控。贷后监控将影响贷款的回收率，定期贷后检查必不可少。目前网络贷款行业在贷后监控环节已经逐步降低人工比例，但是，鉴于借贷业务模式和放款种类的限制，无法做到完全的自动化操作。若借贷过程中引入通证模型，则可以通过区块链智能合约技术，事先制定贷后检查规则，由事件触发智能合约自动预警，自动执行停止放贷，通证资产冻结等操作。可在第一时间对风险事项进行处理，以避免人工处理滞后带来的损失。

与此同时，与区块链技术结合的信贷协议执行多项自主贷款服务功能。它能监控贷款的源头，将现金从贷款人的银行账户引导到借款人的银行账户，并跟踪从借款人到贷款人的每月付款。如果借款人未能付款，该技术自动清算抵押品的一部分，并把借款人的销售收入付给贷款人。一旦借款人全部偿还贷款，剩下的抵押品将返还给借款人。

（5）逾期处置。当贷款逾期和出现坏账的时候，将引发催收和担保实现，即要求处置抵押品，或者要求保证人履行担保职责。在现实生活中，该处置流程一般都需数月。资产上链后，通过智能合约可轻易实现借款人或保证人链上资产的处置，极大地提升网络借贷效率。投资人在逾期等问题上面临的风险降低之后，会促进更多的资金进入网络借贷行业，从而改变行业的困顿之局。

经过上述一系列步骤，区块链可以自动运行与管理信用评估、定价、交易与合约执行的全过程。而且，区块链技术将全部交易的历史信息记录在账本中，以便相关部门的查询、检阅、核对，从而实现自动化流程，提升整个网络借贷行业的运行效率。由于交易信息完全透明、高度自动化，区块链和直接融资市场高度契合，摆脱了中介机构和冗长的交易链条，与传统借贷体系相比，区块链技术使得构建全天候、全球化、全覆盖的分布式网络借贷交易系统成为可能。

5.4 区块链＋网络借贷的新模式构建

区块链＋网络借贷新模式的关键基础是打造一个公共数据共享区域(联盟链)，成员之间相互认证和接入，共同记录数据和维护秩序；再由成员接入各个用户节点，通过平台提供信息和服务进行交易，再上传交易数据到联盟链中。同时，各成员组成行业自治组织(区块链社区)直接对公链进行管理，如图 5-2 所示。

基于公共数据共享平台，构建三位一体的新模式实现行业管理，用户注册平台绑定信息，通过平台提供的信息进行交易。网络借贷(节点)将交易数据上传到以区块链搭建成的公共数据共享区域上，由其他网络借贷平台、社

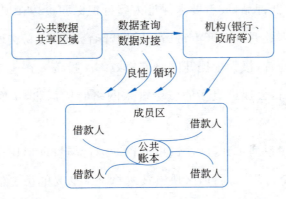

图 5-2 区块链+网络借贷新模式基本思路

会机构一起进行验证、审核,通过一致性认可后,数据导入区块链内;一旦用户违约,监管机构作为其中的一个节点会实时发现违约行为,最后通过银行、政府等机构对其征信和其他社会服务进行限制。整个过程由智能合约自动跟踪数据处理,由此解决网络借贷流程中存在的诸多问题,从而实现内循环,达到一个良性循环的生态。

本章将传统银行借贷模式(见图 5-3)、传统 P2P 网络借贷模式(见图 5-4)与区块链+网络借贷新模式进行对比,从而更实质性地揭示区块链+网络借贷新模式的主要特点与优势。在传统银行借贷模式中,客户通过某银行的网点、网银、手机银行定期存款。当银行发生内部金融交易时,交易信息会传递到总部的数据中心,由总部的数据中心完成资金划转与信息登记,而客户的账户与资金等信息,都存储在该银行的核心系统服务器上。银行利用信息不对称赚取利差,同时也积累了巨大的风险隐患。在贷款业务中,依靠工作人员审核贷款申请材料的真伪以及申请人的信用往往消耗过多的人力

图 5-3 传统银行借贷模式

成本，工作人员一旦存在故意或过失的审查错误，便会导致银行的信贷资金陷入无法追回的风险。

在传统 P2P 网络借贷模式中，P2P 网络借贷平台成为中介机构，仅掌握了借贷双方的个人信息，增加了信息不对称程度和私密信息安全风险，降低了信息的传递效率；同时，平台也控制着资金的定价权，确定资金的投向。平台实质上就成为一个建立在互联网技术和渠道上的传统金融中介，违背了互联网金融提高金融交易效率、降低交易成本和增加信息透明度的目标，如图 5-4 所示。

图 5-4　传统 P2P 网络借贷模式

区块链技术在网络借贷中运用，既可以增加申请人伪造信息的难度，也可以对申请人既往的借贷情况及其公司或个人收支情况进行核算，将可预期的收入作为输入值，将借贷资金作为输出值，确保其具备实际的还款能力。在区块链模式下，可以监督行为人的资金去向，降低骗取贷款、高利转贷甚至贷款诈骗的刑事风险。资金链条透明可见、可溯查，增大了借贷行为人擅自将资金改变用途的难度，以此可抑制非法集资类犯罪的发生。

区块链+网络借贷新模式的主要优势：①通过加密算法和共识机制，保证数据的不可篡改性和安全性。链上所有数据都是公开透明的、不可篡改的、可追溯的，每个人都有权查询；②区块链技术消除了中介机构、第三方担保公司等，有效降低了交易成本，大幅度提高了交易效率；③区块链技术使网贷平台的交易流程更加公开透明，分布式账本技术确保数据可溯源和可追踪，消除资金流向不明所带来的资金跑路、非法集资等问题；④通过数学方法和计算机语言建立使用者之间的信任，减少人为因素干扰，降低不可控因素带来的风险；⑤智能合约可自动执行合约，风控更快捷，利用智能合约自动识别处理交易，为合规交易提供全新的解决方法和思路；⑥由国家监管机构、从业人员、学术专家组成社区，通过区块链社区进行区块链管理，从而达到既由市场决定发展方向又不脱离发展轨道的目的。

区块链是一个分布式账本，每笔交易都按时间顺序同步给每个节点，每个节点持有一样的账本，并且不可篡改。它是可以信任的数据库，由此产生了数字资产。数字资产的本质是一个地址加上一串私钥，再加上代币的一串代码，在区块链上它可以保证价值存储、记账、转账不会被攻击。其中，智能合约是区块链的前提，构成了对借贷双方行为的约束，弥补了传统银行和网络贷款平台的弊端。区块链技术不是通过中心化信用机构，而是利用技术背书进行点对点方式促成交易，智能资产是在区块链上已注册的数字资产，通过私钥能随时使用。其核心思想是控制所有权，构建无需信用的借贷关系。通过网络借钱时，利用智能资产进行抵押，自动执行智能合约锁定抵押的智能资产，在贷款还清后可以确认合约条件自动解锁，大幅度降低借贷双方出现争议的概率。审计痕迹与监管记录可保存在区块链中，为监管、审计等提供了便利，有效控制手动输入错误与欺诈等操作风险。

智能合约把借贷程序简单化和自动化，降低借贷过程中的信息交易成本。首先，借款人可以在区块链系统上点对点地向另一方借贷，借款人的数字资产形成征信，作为抵押物，出借人可以根据征信选择是否愿意和借款人进行交易，如果同意则无须通过第三方机构便可与借款人拟定一份智能合约。双方的交易记录在区块链上，如果借款人违约，不符合或者未履行智能合约的规则，则系统会自行记录负面信息、如果借款人经过太长时间不还款,系统会自动将该人加入黑名单中。智能合约要求所有参与方都严格按智能合约规则行使权利和义务,此诚信机制减少了违约风险,保障了资金的安全。通过点对点的交易,完全省去人工成本,可取消贷款处理费,将余钱返回给借款人。

其次,出借人的资金可以附加一串代码,当贷款条件符合出借人事先约定的投资偏好时,则自动执行交易,将所贷资金直接转入借款人账户,无法再接触出借资金平台,将严格按照信息中介定位开展经营活动,也没有必要提供信用增级、承诺本息和担保。

最后,智能合约能降低出借人的违约风险。当借款人获得借款时,意味着事先公布的所有信息都已成为智能合约的条款和要件,确保贷款用于借款人事先约定的用途,跟踪监控借款人使用资金的过程,这种监督行为改进了信息不对称下借贷双方合约的效率,违约行为难以实现。

区块链实现点对点之间直接交易,在这种经营模式下(见图5-5),P2P网络借贷平台成了中心机构,不仅掌握参与者个人信息,增大了信息安全风险,降低了信息传递效率,增加了信息不对称。同时,P2P网络借贷平台也控制着资金价格决策权,决定了资金投向。该平台实质上成为建立在互联网渠道、技术上的传统借贷中介,违背了网络借贷降低借贷交易成本、提高交易效

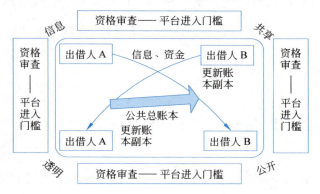

图5-5 基于区块链的P2P网络借贷平台的经营模式

率、增加信息透明度的诉求。

在提供可靠的规则约束的基础上，区块链技术为出借人和借款人直接进行交易提供了便利条件，帮助平台加速向信息中介转型。平台将无法接触参与者资金，也不能向参与者发放贷款；同样不需要去关注每个参与者，也不需要关注每笔交易，而是提供便利条件帮助出借人和借款人达成交易。在信息中介提供场所中，出借人和借款人点对点直接交易，有闲置资金的出借人在平台上发布资金信息，明示资金价格、借贷周期等信息，甚至可以对资金用途做出范围限定，借款人根据需求，在平台众多出借人中进行选择并完成交易；有资金需求的借款人通过平台发布需求信息，出借人根据借款人信用状况、资金用途等信息判断是否贷款；每个出借人和借款人都保存着所有交易信息的副本，随时从平台下载信息更新账本，可以查询交易信息，共同验证交易的合法性。

同时，借贷双方与平台签订智能合约达成共识机制自动执行借贷交易，每笔交易通过散列操作、电子签名形成新的区块，从而计入区块链中。在区块链信用机制中，如果用户违约造成不良信用，则会自动生成违约信息并记录到相关的区块链中，它的信用评分会降低，融资效率也会降低。如果用户按时履约，则会在区块链上自动生成信用良好记录，从而会增加自身的信用评分，提高融资效率，增强融资信任机制。以区块链为基础的网络借贷模式减少了借贷成本，缓解了借贷双方的信息不对称，降低了融资风险。

5.5　区块链＋网络借贷的应用案例分析

区块链行业的先行者已经在借贷领域做了很多尝试，主要涉及质押数字货币兑换数字货币、质押数字货币兑换稳定币、质押数字货币兑换法币等。事实上，要打造一个基于区块链的网络借贷产业，除了各种不同的贷款平台外，还需要一些基础设施。例如，公信链 GXChain 是一条主要面向海量数据交换和应用开发的公有链，用于建立基于区块链的可信任的全领域数据交换价值网络；原力协议打造全球去中心化的加密数字资产借贷网络，解决网络借贷的信任问题，使得网络借贷平台方便快捷地开发去中心化借贷应用，共享全球借贷订单。本部分仅以利德（LendChain）为例，探究其基于区块链的网络借贷模式。

2018年 LendChain 成立，它是一个基于公信链开发的分布式数字资产金融服务平台，能够为数字资产持有者提供融资、投资、保险、理财等各类金融服务。在融资端，LendChain 只作为信息撮合平台为 C 端用户提供数字货币抵押类借贷产品，LendChain 的借贷交易以及未来其他类型的金融服务，均需在区块链上完成，借款用户可以在平台上设置可承担的利率和借款金额，每位用户的资产及每笔交易信息都会上链，数据不可删除或篡改，提高了数字资产交易的安全性和高效性。LendChain 通过智能合约提供抵押物管理、贷后监控、信用评估等服务，如图 5-6 所示。因此，整个服务流程无人工审核等人为环节，平台全自动化完成，避免了人工审核产生的失误和道德风险。这不仅极大提升单笔交易速度，还可以无差错地同时服务大量用户。Lendchain 区块链将记录每笔贷款用户信息。

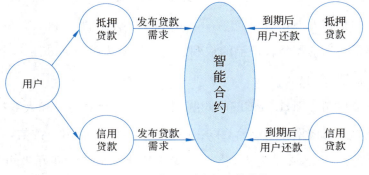

图 5-6　在 LendChain 中智能合约的作用

LendChain 准确地找出了当前区块链金融市场的痛点,由此搭建基于公信链开发的分布式数字资产金融服务平台,在此平台上完成贷款服务、信用贷款等功能。随着区块链发展融资需求的突出,LendChain 团队有多年金融风控经验,根据借款人的不同需求,设计和规划了新的数字资产借贷产品,LendChain 利用区块链的数据库特征,基于点对点的通信技术和加密技术使数据库组织形式更具开放性和可追溯性。在区块链技术的基础上,每个数据节点都可以参与验证账本内容的真实性和完整性,相当于通过提高系统的可追责性,降低信任风险,这一特性突出了区块链在征信、审计、资产确权等方面存在的显著优势,从而最大化保障了用户数字资产安全,降低了交易双方的信任成本,提高了撮合效率,间接提高金融体系运行效率。

在抵押贷款方面,LendChain 通过智能合约将用户的整个借贷流程建立在区块链上,包括抵押资产锁定、借款标的、用户投资、到期还款、逾期交割等。例如,Lendchain 通过智能合约管理冻结抵押数字资产,对接各大主流交易所,实时抵押数字资产价格以控制风险。如果出现大幅波动触及了平仓线,智能合约会自动交割抵押数字资产。整个过程不存在人为操作,最大程度避免了中心化 P2P 平台的审核效率低和跑路风险。由于这款产品要求融资者充值一定币种作为抵押物,并且抵押物在募集期间的价格下降过多会导致借贷关系失效,因此极大地保障了投资者的收益安全。

在信用贷款方面,大量用户与 LendChain 自愿共享了自己的信用数据,从而获得了使用信用贷款产品的权利。随着业务发展,LendChain 旨在构建庞大的征信数据。

在风险控制方面,LendChain 团队拥有丰富的金融科技和大数据风控背景。它将数据与模型深度结合,采用大数据风控模型对用户授信,并将用户的贷款信息永久记录在链上,让失信者无所遁形,信用良好者得到更多。LendChain 将会为信用贷款用户带来不逊色于抵押贷款产品的借款体验。

总之，LendChain 的区块链＋网络借贷新模式具有两个显著特点。

1) 有保障的快速借贷服务

随着越来越多资金和人才涌入区块链，加上区块链高速发展的趋势，区块链行业的借贷需求越来越突出。与传统借贷不同的是，区块链行业需要以代币为基础的借贷需求，区块链借贷产品种类明显优于、多于其他同类产品。目前在 LendChain 支持借贷的数字货币品种有 BTC、ETH、GXS、USDT 等，后期会开拓更多的支持品种。

LendChain 的整个借贷过程都是在区块链上进行的，可提高借贷的效率和预防跑路风险。LendChain 采用超额度借贷模式，谨慎地把新用户的抵押率设定为 50%，即抵押等值为 2000USDT 的 BTC，可以借贷 1000USDT 的金额。当然 LendChain 会根据每个用户的信用情况酌情提高或降低用户的抵押率，这样的设定有利于确保放贷者的资金安全。

而且，整个借贷流程由智能合约来保证安全，借贷者发出借款需求后，智能合约会自动冻结一定量的数字资产作为保证金。另外，LendChain 还有一套风险管理系统会进行强制平仓处理来确保借贷者能够及时还款。

2) 多项措施保证资金安全性

资金安全性问题是出借人最为关心的重要问题，为了解决这一问题，LendChain 参考了业内领先的交易所架构，将冷热钱包分离，多重严格确认所有与提币相关的操作。LendChain 还邀请了知名的安全公司对平台进行模拟攻击，最大程度上杜绝了此类问题。对于贷款业务，LendChain 采用了智能合约保障全程的安全，杜绝了人为造成的事故。并且采用了超额抵押和风险管理制度，保证了放贷者本金的安全。在信用贷款方面，和公信宝的深度合作保证了用户信息的可靠性，并使用平台自有资金进行小额信用贷款，不会对用户的资金造成伤害。此外，LendChain 平台还会有一笔风险准备金，万一发生什么突发的资产风险事件，会使用这笔资金对用户进行赔付，最大限度地保证了用户的资金安全。

5.6 本章小结

本章首先回顾了国内外网络借贷的发展现状及出现的问题；其次，在此基础之上，利用区块链的特性揭示了其在网络借贷领域的可应用性，进而揭示二者的契合本质及特点；再次，通过与传统网络借贷相比，从借贷申请、风控、资金交付、贷后监控、逾期处置等步骤对比分析区块链＋网络借贷的交易流程；然后，构建区块链＋网络借贷的新模式；最后，以 LendChain 为例进一步解析其在抵押贷款与信用贷款两方面的具体运营模式。

练习与思考

1. 国内外网络借贷发展现状如何？
2. 区块链与网络借贷之间的契合有什么样的本质及特点？
3. 区块链＋网络借贷的新模式是如何构建的？举例说明。

参 考 文 献

[1] 赵大伟.区块链能拯救 P2P 网络借贷吗？[J].金融理论与实践,2016(9)：41-44.
[2] 林晓轩.区块链技术在金融业的应用[J].中国金融,2016(8)：17-18.

[3] 巴洁如.区块链技术的金融行业应用前景及挑战[J].金融理论与实践,2017(4):109-112.

[4] 朱岩,宋晓旭,薛显斌,等.基于安全多方计算的区块链智能合约执行系统[J].密码学报,2019,6(2):246-257.

[5] 谢辉,王健.区块链技术及其应用研究[J].信息网络安全,2016(9):192-195.

第 6 章　区块链＋支付

近年来，区块链技术由于其透明公开、去中心化、去信任化的特性而受到广泛关注。全球范围内的众多知名 IT 公司、金融机构甚至部分发达国家都开始关注并投入大量人力、物力进行区块链技术的研究。中国人民银行数字货币研讨会于 2016 年 1 月在北京召开，提出要做好区块链技术攻关，研究数字货币的应用。由于区块链技术是伴随着比特币诞生的，普遍认为区块链技术与金融领域的完美结合，天生适用于支付领域，是未来金融科技的重要方向。

区块链在支付领域目前是其技术应用中进展最快的。区块链技术可以实现信任的传递和信息的穿透，能够避开复杂的系统，在付款人和收款人之间创造更直接的付款流程，不管是境内转账还是跨境转账，这种方式都有着低价、迅速的特点，而且无需中间手续费。传统支付系统构架可以使用区块链技术进行重构，从而大幅提升支付资金交易及清算效率。该技术现已被应用于跨境支付清算、电子票据、供应链金融、数字货币、数字钱包等支付领域。

使用区块链技术有助于降低金融机构间的对账成本、争议解决成本、错误成本，提高支付业务处理速度。

6.1 支付汇款的发展

支付汇款已经成为人们日常生活的重要组成部分。而区块链技术的运用让支付变得更为快捷、便利和实惠。区块链技术的介入，能够让虚拟货币在网络上顺利完成支付，没有延时，没有折损。区块链技术将催生出一个全新的支付汇款方式，挑战着庞大而臃肿的传统机构。例如，Ripple（瑞波）协议创造了一个比特币投资价值网络支持的去中心化的支付体系，试图让不同货币自由、免费、零延时地汇兑，挑战着 SWIFT 的生存空间。

6.1.1 不简单的支付

在日常生活中，汇款是人们经常会接触到的事情。微信逐渐普及之后，微信红包不仅将汇款的社交功能明显强化，甚至赋予其娱乐的功能，毕竟在强大的数据处理能力的支持下，人们之间的转账太方便了，这种便利实际上是几百年来金融业务和现代科技共同发展的结果。15 世纪初，正是威尼斯商人对大量的汇兑业务的处理才促成了现代银行的诞生，进而又衍生出商业银行存、贷、汇的基本职能。事实上，银行汇款已经发展成为银行接受客户的委托，利用一定的工具，通过资金头寸在代理行或者联行之间的划拨，将款项交付给收款人或债权人的结算业务。汇兑两地属于两国时，即为国际汇款。一般来说汇款的种类有三种，即信汇、电汇和票汇，如图 6-1 所示。

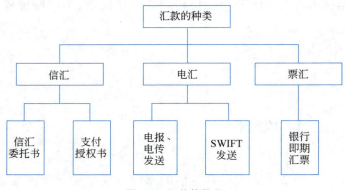

图 6-1 汇款的种类

信汇(mail transfer, M/T)。进口人(即债务人或称汇款人)将汇款及手续费交付给汇款地的一家银行(汇出行),委托该银行利用信件转托受款人所在地的银行(汇入行),将货款付给出口人(即债权人或称受款人)。这种汇付方法,需要一个地区间的邮程的时间,一般航邮约为 7~15 天,视地区远近而异。如用快递可以加速 3~5 天。

电汇(telegraphic transfer, T/T)。汇款人将一定金额的汇款及汇款手续费付给当地一家银行(汇出行),要求该银行用电传或电报通知其国外受款人所在地的分支行或代理行(汇入行)将汇款付给受款人。这种汇款将时差计入,一般当天或隔天可到,最为快捷,但电汇费用比较高。

票汇(demand draft, D/D)。汇款人向其当地银行(汇出行)购买银行即期汇票,并直接寄给受款人,受款人收到该汇票即可去指定的付款银行取款。这种银行汇票和逆汇法的商业汇票不同,银行汇票用于银行的代客拨款,故受票人和付款人是同一银行(或代理行)。

电汇是以电报或电传作为结算工具,信汇是以信汇委托书或支付委托书作为结算工具,票汇是以银行即期汇票作为结算工具。票汇与信汇、电汇的不同在于票汇的汇入行无须通知受款人取款,而由受款人持票登门取款。即期汇票除有限制转让和流通者外,经受款人背书,可以转让流通,而电汇、信汇委托书则不能转让流通。

银行卡汇款,只要提供对方姓名和卡号,即可实现异地无卡存款。汇款分布是否广泛、汇款支取是否方便成为考虑的重要指标。

随着电子汇款渠道的普及以及第三方支付的发展,更多的人启用网银、手机银行汇款。尤其是在国际汇款时,更倾向选择电子汇款以及网络汇款的方式。国际汇款的 5 种渠道中,电汇最常用、最主流,但花费高。据了解,目前市民办理境外汇款业务大多是通过电汇办理,这分为外汇汇款和外钞汇款。在办理电汇业务时,需要向银行准确提供汇款货币及金额、收款人姓名及地址、收款人开户银行账号、收款人开户银行名称、SWIFT 码及地址或者中转行的 SWIFT 码。

银行电汇要支付 3 项费用:一是汇款手续费;二是汇款过程中的电信费;三是不可忽视的钞转汇的费用,即使用人民币现钞或者美元等外币现钞办理汇款业务,都会被要求按当日的汇率缴纳汇钞差价费用(汇款本金×当天的现汇卖出价/当天的现汇买入价-汇款本金)。此外,在汇款过程中,中间机构会收取一定的费用,要保证收款人收到既定的金额,一般还需要多汇一些,并在人民币账户中多锁定一些备用金,以防预期外的手续费产生。由于时差原因和是否需要中转等原因,汇出的款项通常在 3~5 个工作日到账,最快第二天到账。各家银行的手续费最低和最高限额有所不同,如表 6-1 所示。

表 6-1 部分银行办理国际电汇业务的收费情况说明

银 行	手续费费率(‰) (按汇率金额计)	手续费单笔 最低限额/元	手续费单笔 最高限额/元	单笔电 信费/元	电汇时间 /工作日
中国工商银行	1	20	200	100	2~3
中国建设银行	1	20	300	80	3~5

续表

银行	手续费费率(‰)（按汇率金额计）	手续费单笔最低限额/元	手续费单笔最高限额/元	单笔电信费/元	电汇时间/工作日
中国银行	1	50	260	150	2~3
中国农业银行	1	20	200	80	3~5
交通银行	1	50	200	150	3~5
招商银行	1	50	200	150	5
中国民生银行	1	50	200	125	3~5
兴业银行	1	50	200	150	5
中信银行	1	20	250	100	3~4
中国邮政储蓄银行	0.8	20	200	70	1~2

中国银行：汇款手续费按照汇出汇款金额的 1‰，单笔最低 50 元，单笔最高 260 元；单笔电信费标准为 150 元。

网银国际汇款：以往，涉及外汇外币的很多业务需要亲自到银行柜面办理；现在，通过网银就可以在家操作完成。目前，很多银行都已经开通网银境外汇款业务。在国内网银办理境外汇款，一般汇出者的储蓄卡须是用国内居民身份证开立的，且外汇额度够用，而收款人账户需为个人账户、学校账户或慈善机构账户，暂时不支持对境外公司账户转账。而填写申请时的信息和到账时间则与在柜台办理无异。值得一提的是，用网银办理境外汇款，相比柜台办理可以获得一定的手续费优惠。

支付宝：上海银行国际汇款业务正式进驻支付宝钱包，通过其"国际汇款"服务窗和应用，支付宝实名用户可以用手机办理跨境汇款。与传统的银行电汇不同，支付宝钱包的"国际汇款"服务支持 7×24 小时手机办理跨境汇款。用户只要下载并登录最新版支付宝钱包，在首页选择"国际汇款"应用或者关注"国际汇款"服务窗，即可使用由上海银行提供的国际汇款服务。汇款时，用户只要填好收款人姓名、国家、银行账号、币种、金额等必要信息，并用人民币完成支付后,就可以实现境外汇款办理,上海银行会快速完成后续货币兑换汇款操作。通常情况下,3~5个工作日就可以到账。目前,支付宝钱包的"国际汇款"服务窗支持美元、欧元、加拿大元、澳大利亚元、瑞士法郎、英镑、新加坡元、日元等币种的汇款。

VISA汇款：VISA汇款的优势是手续简单。VISA汇款服务也是一种比较方便实惠的境外汇款方式,并支持7×24小时办理。与其他方式相比,其最大的优势在于不需要了解各种复杂的信息,例如,境外银行国际代码、地址等,而只需要收款方的一个VISA卡账户就可以了。目前该业务的合作银行为中国工商银行,所以需要先成为中国工商银行网上银行(U盾或动态口令卡)客户,而收款人只需拥有全球任一VISA卡账户即可。

西联汇款与速汇金即时到账：如果急于在最短时间内将款项转入境外账户,可借助西联汇款渠道,但很贵。目前专业汇款公司纷纷与国内银行合作,推出了一系列的跨国汇款服务,如与中国农业银行、中国邮政储蓄银行合作的西联汇款,与中国工商银行合作的速汇金汇款等。速汇金到账一般只需10分钟左右,而西联汇款也只需15分钟左右,它们免收钞转汇费用、中间银行手续费和电信费,只按照相应的汇款金额所属等级一次性收取手续费。

目前,西联汇款与多家银行合作,开发了网上银行发出西联汇款的通道。西联汇款是国际汇款公司(Western Union)的简称,是世界上领先的特快汇款公司,它拥有全球最大、最先进的电子汇兑金融网络,代理网点遍布全球近200个国家和地区。西联汇款公司是美国财富500强之一的第一数据公司(FDC)的子公司。汇款人可以通过银行个人网银寄出汇款。办理时,汇款人需要先填写发汇表格,在递交表格、汇款、手续费及个人身份证件后,会收到一张印有汇款监控号码(MTCN)的收据。凭此号码,可在网上跟踪汇款状态。当然,也需要将汇款信息,特别是这个汇款监控号码告知收款人,以便其领取汇款。

尽管随着技术的进步与第三方支付的渗透，跨境汇款方面的便利性与以往相比有了一定程度的提高，但是，在大多数情况下，人们在办理跨境汇款业务时，还是要受到各种条件限制，如需要提供相关的证明和缴纳高昂的手续费。现阶段跨境汇款提供的服务还不能很好地满足人们的需要。那么是什么导致跨境汇款的诸多问题？何时才能享受到方便、快捷与低廉的跨境支付服务呢？

6.1.2 跨境汇款的烦恼

提到跨境汇款，最绕不开的就是 SWIFT。每天通过 SWIFT 网络进行的支付委托超过 6 万亿美元，有 210 个国家的逾 1 万家金融机构参与交易。众所周知，电汇是最常用的国际汇款方式，其中，国际汇款的电文通常用 SWIFT 制定的标准方式发送。SWIFT 是跨国转账的高额电信费的真正收费者。

SWIFT 是国际银行同业间的国际合作组织，成立于 1973 年，总部设在比利时的布鲁塞尔，目前全球大多数国家的大多数银行已使用 SWIFT 系统。同时在荷兰阿姆斯特丹和美国纽约分别设立交换中心（swifting center），并为各参加国开设集线中心（national concentration），为国际金融业务提供快捷、准确、优良的服务。通过 SWIFT 网络，一家位于中国的银行使用电子化手段可以和一家位于纽约的机构之间进行客户信息交换、银行间资金清算、支票清算、共享余额或证券交易等信息。

SWIFT 运营着世界级的金融电文网络，银行和其他金融机构通过它与同业交换电文（message）完成金融交易。中国是 SWIFT 会员国，中国银行、中国工商银行、中国农业银行、中国建设银行、交通银行等均加入了 SWIFT 组织，开通了 SWIFT 网络系统。

SWIFT 自投入运行以来,在促进世界贸易的发展,加速全球范围内的货币流通和国际金融结算,促进国际金融业务的现代化和规范化方面发挥了积极的作用。SWIFT 的设计能力是每天传输 1100 万条电文,而当前每日传输 500 万条电文时,这些电文划拨的资金以万亿美元计,它依靠的便是其提供的 240 种以上的电文标准。SWIFT 的电文标准格式已经成为国际银行间数据交换的标准语言。用于区分各家银行的代码就是 SWIFT CODE,依靠 SWIFT CODE 就能将相应的款项准确地汇入指定的银行。

尽管 SWIFT 在跨境汇款方面发挥了基础性的作用,但是其高昂的手续费常常备受诟病。不仅如此,需要在特定的时间办理跨境汇款业务、输入各类信息、烦琐的办理手续以及较长的汇款时间严重影响了客户的体验。同时 SWIFT 还面临着安全问题,包括支付风险和系统风险。

漫长的转账周期和高昂的手续费一直是跨境支付的痛点。一是延时问题。在跨境汇款时,首先需要经过代理行建立关系,例如,欧洲的代理行还要通过欧洲 SEPA 转账系统进行转账。中间方之间需要相互建立信用关系。由于中间代理层级多就产生了延时问题,跨境汇款经常需要 2~3 个工作日,资金的流动性由于延时大幅度下降。二是费用问题。汇款费用贵的原因在于基础设施方面:固定费用、金融伙伴、审核制度、全球机构和运行一个全球的支付网络。不可忽视的是,不透明也是费用过高的重要因素,因为不透明降低了同行的竞争。此外跨境汇款的每个环节都要收费。例如,SWIFT 会对通过其系统进行的电文交换收取较高的电信费,在我国通过中国银行进行跨境汇款会被收取单笔 150 元的电信费。三是风险问题。例如,中国的银行把钱支付出去,美国的银行违约倒闭了,就会导致中国的银行连带出现问题。四是不利于反洗钱和反恐的要求。由于中间经过的人太多,资金流动增加了不确定性和隐匿性,也增加了监管的难度。

在 2012 年,全球总汇款额达到了 5340 亿美元,年增长率为 8%。事实上,汇款是世界上最贵的一种支付形式,在 2013 年的第一季度汇款所产生的费用占比为 9.05%。金融汇款操作员们从转账费用、外汇转换的手续费、服务费和各种名目繁多的收费中获得巨额利润。在 2012 年,世界上最大的汇款机构西联汇款净赚取了 10.2 亿美元的利润。这些费用对任何人来说都很高,尤其对低收入人群会造成更大的压力。世界银行曾经评价:如果汇款的手续费降低 5%,发展中国家每年将会节省超过 160 亿美元。这些省下来的钱可以用到消费、储蓄、投资当中。

犹如天秤的两端,一端是以 SWIFT 为主体的机构和银行,另一端是个人用户。不管用户对于跨境转账的抱怨有多少,SWIFT 仍旧可以丝毫不予理会,因为天秤永远不会偏向用户。但是基于区块链或分布式网络技术即将改变这一格局。在区块链技术去中心化的机制下,用户能以更低的费用和更快的速度完成跨境转账,它的出现似乎与人们的期待不谋而合。生活在互联网上的人们,呼唤快捷、方便与随心所欲,厌恶复杂、迟钝和昂贵,迫不及待地想开始新的尝试,一场新的支付革命呼之欲出。

6.1.3 为什么是 Ripple

区块链技术在国际汇款上的应用已经引起了各国的关注。越来越多的大型金融机构开始尝试,使用区块链技术进行跨境业务结算。2015 年,伦敦交易所、法国兴业银行和瑞银集团已经开始探索区块链在该跨境汇款方面的应用。韩国与区块链的相关事件也逐渐增多。除了 2015 年年底韩国新韩银行参与区块链企业的融资之外,韩国央行在 2016 年 1 月的报告中也提出鼓励探索区块链技术。韩国国民银行(Kookmin Bank)正在开发基于区块链技术的国际汇款解决方案,目标是引入"更安全、更快"的外汇服务。另外据报道,VISA 欧洲公司注重开发基于区块链的汇款服务,目的是可以为发送方和支付接收方制定出更完备的汇款服务，包括费用、交易速度和使用便捷性。除了摩根和 VISA 外，瑞穗金融集团也开始投入这一领域。瑞穗的区块链项目还包括与微软日本、区块链初创企业 CurrencyPort 及 ISID（Information Services International Dentsu）合作银团贷款系统开发。菲律宾已经开始用比特币驱动的汇款服务，为该国海外公民向家乡汇款提供服务。据悉，将比特币技术应用在国际支付的业务上能够为整个银行业节约 150 亿美元～200 亿美元的交易成本。利用区块链技术布局跨境汇款业务已经成为大型金融机构抢先布局的阵地。

近年来，支付领域的创新不断，尤其是第三方支付的发展使得人们重新审视科技给予生活的便利。中国人民银行原副行长吴晓灵曾指出：分布式跨境支付用信息技术构建价值传导网络是值得探讨的方向。在国际汇款及跨境支付上，虚拟货币有其天然的优势。虚拟货币全球流通，不受地域限制，实实在在地解决了在效率和成本上的问题，尤其在小额支付领域也被认为有非常大的潜力。

在跨境汇款实践方面，不得不提到的是 Ripple。Ripple 成立于 2012 年，致力于建立一个去中心化的全球汇款系统。Ripple 支付协议利用去中心化的支付清算协议致力于挑战目前全球银行已经通用的 SWIFT 协议。Ripple 为什么能够获得资本的青睐？Ripple 和瑞波币又是什么关系？Ripple 支付协议是靠什么来挑战 SWIFT 协议的呢？

在 Ripple 网络发展的早期，其用户一直不多，仅流行于若干个孤立的小圈子，原因是 Ripple 协议的最初设计思路是基于熟人关系网和信任链的。一个人要使用 Ripple 网络进行汇款或借贷，前提是网络中的收款人与付款人必须是朋友（互相建立了信任关系），或者有共同的朋友（经过朋友的传递形成信任链），否则无法在该用户与其他用户之间建立信任链，转账无法进行。2013 年，RippleLabs 成立并开始搭建代表未来支付的平台。在这个平台上，Ripple 网络引入两个机制来解决孤立小圈子的问题。

（1）推出瑞波币。它作为 Ripple 网络的基础货币，就像比特币一样可以在整个 Ripple 网络中自由流通，而不必局限于熟人圈子。瑞波币是一个网络内的工具，它有两个作用：一是防止垃圾请求攻击。由于 Ripple 协议的开源性，恶意攻击者可以制造大量的垃圾账目，导致网络瘫痪。为了避免这种情况，Ripple Labs 要求每个 Ripple 账户都至少有 20 个瑞波币，每进行一次交易，就会销毁十万分之一个瑞波币。这一费用对于正常交易者来说成本几乎可以忽略不计，但对于恶意攻击、制造海量的虚假账户和交易信息者，所销毁的瑞波币会呈几何级数增长，成本将是巨大的。二是作为桥梁货币，成为各种货币兑换的中间物。

（2）引入网关（gateway）系统。网关是 Ripple 网络中资金进出的大门，它类似于货币存取和兑换机构，允许人们把法定货币、虚拟货币注入或抽离 Ripple 网络，并可充当支付双方的桥梁，即作为陌生人之间的"共同朋友"，相当于 SWIFT 协议中的银行，这使得瑞波币之外的转账可以在陌生人之间进行。

瑞波币是 2013 年引入 Ripple 系统的，瑞波币的存在相当于是 Ripple 系统的润滑剂和桥梁，为 Ripple 系统的流动性提供了巨大的便利，从而带动了 Ripple 系统的发展。但是，Ripple 系统中最重要的不是瑞波币，而是 Ripple 支付协议。相比比特币，瑞波币更透明一些，没有涨跌风险，交易速度更快。比特币的交易一般至少需要 10 分钟才能确认，而瑞波币确认只需要 5 秒。未来还有可能支持所有虚拟货币，且由 Ripple 网络自动进行汇率换算。Ripple 支持任何货币，而且它还能让用户随意选择货币：用户可以选择持有一种货币，但使用另一种货币支付。在 Ripple 中用户可以持有美元，同时以日元、欧元、比特币、黄金以及其他任何货币向商家进行支付。Ripple 网络通过在大量争相赚取差价的做市商之间传递兑换单的方法来进行货币兑换。

Ripple 的分布式外汇交易可以让用户无需中间人，也无需其他兑换所就能完成交易。任何人都可以在全球的订单池中输入买单或卖单，而 Ripple Network 会找到最有效的途径来撮合交易。无需网络费用，也没有最低数额限制。

网关作为 Ripple 支付系统中的节点，在支付和转账过程中起到了举足轻重的作用，目前，中国国内已经发展了几个比较大型的 Ripple 网关，在全世界公开的 21 家 Ripple 网关中，中国占 3 家，它们分别是 RippleChina、RippleCN 和 RippleFox。目前 RippleFox 的发展最为迅速。

2014 年，Ripple 实验室宣布德国 Fidor 银行成为首家接入 Ripple 协议的银行，这意味着瑞波币开始被金融机构接受。但是，可以说 Ripple 的颠覆之路走得并不顺畅。2015 年年底，Ripple 关闭了在线钱包服务，逐渐将重点转移到 B2C 业务。仅仅 2015 年，Ripple 就与苏格兰皇家银行、西太平洋银行、澳新银行、澳大利亚联邦银行等多家银行达成合作，此举或许是策略的调整，将重心转移至全力为银行提供基础设施技术。虽然有了起步，但新生代要"征服"银行，仍然任重道远。

Ripple 自己建立了一套类似去中心化的技术系统，近年来诞生的如 Align Commerce、Bitwage 和 Abra 等公司，主要是基于区块链技术，以比特币充当货币媒介来实现整个汇款流程。这些公司获得了资本的青睐，是跨境汇款的先行者。但是，这 3 家公司面临比特币价格波动的风险，即在汇款期间比特币价格发生变动从而影响货币的正常兑换。Abra 是通过生成智能合约交由一个对手方来套期保值。Align Commerce 则声称有很多交易所合作伙伴，比特币价格波动对其影响不大，但是如果兑换量过大，还是难免对比特币的价格产生冲击。因此，这类平台的业务发展将在一定程度上受制于比特币交易的规模，需要进行比较复杂的比特币交易设计。

另外一家令人瞩目的则是中国的 OKCoin，该公司成立于 2013 年，目前是国内最大的比特币交易平台。币行是 OKCoin 公司旗下的重要产品之一,是方便易用的比特币-法币超级钱包,是建立在开放的比特币网络上开放的钱包、支付、清算、结算产品。币行钱包能够大大降低支付和汇款的手续费成本,提升效率,带来比特币交易的极速体验。除了提供实时、免费的跨国汇款服务之外,还提供比特币买卖、比特币保险柜等功能,增强了比特币的投资,方便了用户和商户的使用。

6.2 区块链技术在支付领域的应用

6.2.1 区块链技术在支付领域的应用概述

在众多的区块链应用场景中,区块链+支付是最受关注的领域之一。其中,区块链+支付在跨境支付领域的优势更加明显,不仅能够降低金融机构间的成本,提高支付业务的处理速度及效率,也为以前不符实际的小额跨境支付开辟了广阔空间。

区块链本质上是一个去中心化的数据库,是一串使用密码学方法相关联产生的数据块,每个数据块中包含了一次虚拟货币网络交易的信息,用于验证其信息的有效性和生成下一个区块。

在支付领域,银行可将区块链技术与传统的支付清算方式进行有效结合,在稳健经营的同时,提升支付清算效率和风险管控的水平。具体而言,区块链技术在支付领域的应用可分为数字身份认证、金融安全基础架构和分布式的清算机制。

1. 数字身份认证

对于支付账户用户身份验证（KYC）一直是监管机构关注的重点。目前银行业金融机构在履行用户支付账户准入的 KYC 过程中，存在信息搜集冗余、信息流转迟滞等问题，导致客户身份认证效率低下，合规成本较高。基于区块链的数字身份认证可以在跨地区、跨机构之间进行数据流转，降低用户信息搜集成本。

从信息共享的角度，区块链技术作为一种开放架构下的强安全机制，借助于建立在区块链两大核心模块（基本数据单元和数据链条）之上的数字身份认证，可以尝试将数字普惠金融所覆盖的用户身份信息、历史活动记录以及其他和身份有关的属性信息，安全地流转于跨组织、跨地域的机构和个人之间，从而实现身份信息、风控数据的开放式安全共享。

2. 金融安全基础架构

和传统银行业金融机构基于密码学的防御性安全技术不同，区块链技术并非把敏感数据统一集中在云端，然后构建一道抵御外部入侵的安全壁垒。区块链"开放架构下的强安全机制"的基本特征，从某种意义上来说是一种新型安全基础架构。从近年来发生的风险事件，如 2017 年席卷全球 99 个国家和地区的"蠕虫式"勒索软件事件中可以发现，哪怕是再牢固的支付防控"城墙"，由于目标数据被集中存储在某个固定的服务器上，不法分子仍有可能通过不断尝试找到漏洞。

从金融安全的角度，基于区块链的安全基础架构将风险限制在局部，但由于区块链数据不可篡改的特性，使得风险始终不能突破全局，正是由于这个特性，区块链技术日益被监管部门和银行业金融机构所重视。传统的监管方式往往试图采用各种方式消除金融风险，属于被动的防御机制，而基于区块链的金融监管基础架构，使监管者可以事先设置一种开放式的、主动的全局性容错监管架构和机制。这一架构和机制要求银行业金融机构在设定的架构下进行支付结算活动且互相监督与制约。

3. 分布式的清算机制

与传统支付体系相比，区块链支付是交易双方直接进行数据交互，区块链技术下的支付流程通过去中心化账本替代中心机构认证资产所有权，多个机构共同运行和检验，以防止欺诈和人为操控，因不涉及中间机构，即使支付系统部分网络瘫痪也不影响整体支付系统运行，极大降低了传统中心化支付方式的系统性风险。基于区块链技术的支付网络有望安全、快捷、低成本地解决银行支付问题。在没有任何中心化机构审核与背书的情况下，区块链支付能够解决银行互信问题，运用算法证明机制保证整个支付网络的安全，使得整个支付系统在去信任化的环境下自动且安全地交换数据信息。

4. 运用区块链技术构建金融支付风险防控体系的设想

充分利用区块链技术打造自动化、高时效的支付风险防控体系已成为银行业金融机构的必然选择。这要求银行在精准高效模型判断的基础上，利用区块链技术前移风险关口，并逐步建立事前、事中、事后三位一体的全流程风险防控体系，从支付账户准入风险防控、应用安全管理到业务反欺诈防护，在整个支付业务周期运营中防控风险，形成"准入—监测—识别—评估—报告—处置—反馈—改进"管理流程，全方位解决金融支付行业应用与服务的信任难题。

1）强化身份准入事前预警侦测

针对银行传统评价体系无法触及外部数据、用户身份准入信息辨识度不高的问题，银行及金融监管机构应考虑利用区块链数字身份认证应用，建立风险数据库、积累预警名单，涵盖金融机构、产业合作伙伴、电信、海关、公安、法院、税务工商等机构，并引入政府、媒体等各类风险信息，实现跨地区、跨组织机构之间的风险数据流转。

2016年，中华人民共和国公安部和中国人民银行共同创建并上线了"电信诈骗交易风险事件管理平台"，已实现了监管部门和银行机构之间的风险数据共享。但该平台目前仅包含中华人民共和国公安部与银行的数据，建议中国人民银行进一步发挥全面统筹和协调的作用，将更多的风险数据接入平台；作为银行端，已被外部机构列入黑名单或高危名单的对象是银行客户准入身份识别黑白名单的重要信息来源，银行应巧用区块链技术，主动与外部机构开展合作，将不同渠道的数据信息打通，以此开展联动分析、交叉验证，根据数据之间的逻辑关系，实现支付账户业务开立过程中的实时预警筛选。

2）构建高效的事中监控机制

（1）挖掘客户交易数据，洞察潜在风险。

风险防控体系的基础是以数据驱动的态势感知与信息共享。2016年，中华人民共和国国务院发布了《"十三五"国家信息化规划》，强调态势感知的重要性，提出"全天候全方位感知网络安全态势，建立政府和企业网络安全信息共享机制，加强网络安全数据挖掘分析。"

金融机构需通过与各主要业务系统的集成贯通，将风险防控要求嵌入各个支付业务环节的运转流程，在不影响业务效率的情况下，对支付风险进行全周期管理，实现交易事中的实时预警、精准打击。运用风险数据威胁情报、态势感知能力挖掘客户支付交易数据，积累客户支付行为，描绘出用户行为分析及客户支付画像，形成多维可视化、立体、动态的客户特征，准确预测客户未来交易行为，主动识别异常行为，洞察潜在支付风险。

（2）建立分级干预策略，实现精准拦截。

将大数据运用于支付风险防控，须注意把握安全性和易用性的平衡，根据不同支付渠道特点、支付业务和风险类型,建立风控分级干预策略,打造风险和体验相平衡的柔性防控模式。对于中低风险触发,可以考虑采用增加身份认证方式等柔性干预策略,结合身份认证评估结果,调整认证方式,提升客户体验;对于高风险支付风险触发,采用立即止付等干预措施,精准拦截风险,确保客户资金安全。

(3) 拓展分布式清算机制,降低清算风险。

基于区块链技术的支付网络能够解决银行间互信问题,同时运用区块链使用算法证明机制来保证整个支付网络的安全,使整个支付系统能够在去信任化的环境下自动且安全地交换数据信息。

3) 完善风险事后处置流程

完善风险事后处置流程要求银行业金融机构构建统一的基于区块链技术的风险数据共享(分布式查询)平台,从交易信息、案件信息等多角度、多维度分析,清晰反馈业务风险全貌。通过收集整理监管部门、行业协会、市场参与主体各渠道的风险事件,并对风险事件进展进行综合管理,为业务模型挖掘、专家验证提供数据支持;进一步完善风险账户通报机制,做好风险事件信息、客户投诉及处理情况等信息披露工作,保障客户的知情权;依托反洗钱监测系统,持续优化电信诈骗交易监测分析模型,建立客户风险评分体系,持续提升风险防控水平。

6.2.2　区块链+支付的应用潜力

与传统支付相比,区块链+支付充分利用了区块链的技术优点,在双方之间直接进行支付,不涉及中介机构,即使部分网络瘫痪也不影响整个系统运行,效率更高,成本更低。区块链+支付与传统支付在支付结构上、储备金账户上有着明显的不同。

1. 支付结构对比

传统支付与区块链支付在支付结构上最大的区别：区块链支付是点对点直接进行支付的，中间没有任何中介机构且所有交易信息全网共享。

在传统支付模式中，资金转移支付最终都是由银行完成的。银行间支付经常由中央交易方完成，每个中央交易方都有一个本地数据库，此数据库作为一个权威总账记录了所有账户余额和交易流水。在这种具有中间参与方的交易中，必然要经过两个复杂的业务处理过程。

（1）所有参与支付的银行的本次存储交易信息必须经过对账并同步到中间结算方。

（2）中央交易方要在抵消不同账户的借贷后，才执行支付。

可见，在传统支付中，由于要经过新系统且需要不同账户之间的轧差，因此需要较高的处理成本。在区块链＋支付模式中，使用区块链技术将所有参与支付结算的银行加入区块为所有参与银行生成总账记录，每个银行都是一个私有区块链网络的参与者，并且能够完成支付交易，共同参与一致性共识算法。采用区块链＋支付的解决方案，就不再需要不同数据库之间的对账，因为区块链网络中一致性算法已经取得了单一总账的权威状态。而且，在区块链支付中，可以不需要任何的中间参与方，直接在银行间进行结算，切实地减少了中间费用。

在区块链＋支付中交易是实时的，并且是点对点的将结算时间降至毫秒级。

2. 储备金账户对比

在传统支付中，银行间支付常采用活跃于特定网络的中央交易方来为借贷双方进行支付结算。为了降低交易对手风险，每个银行必须为交易关联的对应银行建立一套支付网络,为每个支付网络设立单独的储备金账户,如图6-2所示。

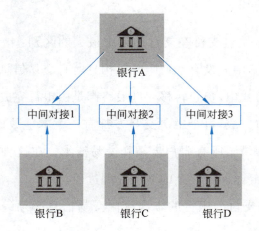

图6-2 传统支付的储备金账户

在区块链+支付体系中,不同银行之间可以基于私有区块链实现,这样在不同货币之间进行支付时,可以摆脱关联银行的参与,直接进行实时支付。这样,本来要存储在中央交易方的储备金就节省下来了,能分配给自身银行业务的资源就增多了。在基于区块链+支付平台中,每家银行只需一个储备金账户即可达成全网支付的网络结构,如图6-3所示。当大量银行参与到这个网络中时,该解决方案就显得更加有吸引力。

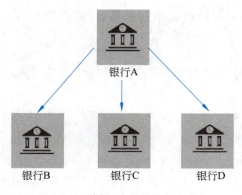

图6-3 区块链+支付的储备金账户

总而言之,区块链＋支付在若干方面与传统支付有所区别:区块链＋支付的基础是去中心化技术,即交易双方不再需要依赖一个中央系统来负责资金清算并存储所有的交易信息,而是基于一个不需要进行信任协调的共识机制进行价值直接转移。

由于建立一个可靠的、中心化的第三方机构需要庞大的服务器成本和维护成本等,并且一旦受到攻击就可能会影响整个系统的安危,去中心化方式在省去了这些成本的同时,其系统的每个节点均存储一套完整的数据副本,即便某些节点受到攻击,也很难影响整体系统的安全。

6.2.3 区块链技术在支付领域的具体应用场景

1. 目前主要应用场景

1) 区块链＋跨境支付清算

在很长一段时间内,全球跨境支付系统以 SWIFT 和 CHIPS(纽约清算所银行同业支付系统)作为核心系统,均由发达国家主导建立。但是,区块链技术的崛起,让许多发展中国家也在这个平台上占据一席之地。

2018 年 6 月 25 日,蚂蚁金服宣布全球首个基于区块链的电子钱包跨境汇款服务在中国香港上线,利用区块链技术来实现跨机构协同合作,解决了在中国香港务工的菲律宾劳工向母国转账的问题。2018 年 9 月 6 日,IBM 公司推出基于区块链的新支付系统 Blockchain World Wire(BWW),实现了一种在几秒内清算和结算跨境支付的方法。2019 年 1 月,印度辛迪加银行通过为 ATM 对账创建一个私链(对单独的个人或实体开放的区块链)来拓展其适用范围,将 ATM 作为其中的一个区块来验证交易并在纳秒内提醒客户。通过区块链技术验证交易后,在两个工作日内就可以将账户已被扣款但现金还未发放的金额转回账户。区块链＋跨境支付清算不仅缩短了解决时间，也保证了用户心态不受影响。

当前的跨境支付主要是基于信息，并且依赖于多方之间的信息交换，这需要数天时间和高昂的手续费才能完成。由于受支付时间制约，付款机构需要监控其银行账户或核实银行账户对账单，从而确定付款完成清算的时间。

区块链技术与跨境支付清算的结合，解决了跨境汇款手续费高和支付速度慢这两个问题：一是将区块链作为跨境支付中的"黏合剂"，从理论上实现任意两种货币间的无缝、快速兑换；二是将区块链技术视为支付机构与商业银行之间的接口技术，通过区块链将汇款信息广播给各个参与方，从而实现多方同时处理支付信息，将原本机构间的串行处理并行化，提高系统运行效率。

2）区块链＋数字票据

2018年4月21日，中东地区的迪拜国家银行采用区块链技术防止支票欺诈行为。该系统在每张支票上印上独特的快速响应（QR）码，并将这些记录置于区块链上，连接成为支票链（cheque chain）。该项技术旨在提高支票签发的真实性，提高银行业的安全标准。2018年6月，中国人民银行完成了基于智能合约技术的区块链数字支票系统基础设置建设，依托该基础设施，每张数字票据都包含票据业务逻辑及对应的票据数据信息。使区块链技术可高效支撑数字票据的签发、承兑、贴现和转贴现等业务，并为票据业务发展奠定坚实的技术基础。

目前，票据市场主要存在票据的真实性、划款的即时性、票据业务的复杂性等问题，而区块链与数字票据结合，可有效缓解这些问题。首先，增强了业务透明度，提升了监管机构监管效率。票据中介良莠不齐，部分票据中介利用信息不对称性违规经营，如伪造业务合同、多次转卖等，导致风险极高的票据流入商业银行体系，给票据市场交易带来了潜在风险。借助区块链公开透明性、不可篡改性，商业银行可以向监管机构提供数字票据整个生命周期的数据,有助于支付结算、反洗钱业务的开展,有效打击偷税漏税行为。其次,减少了人力成本,提升了银行业务处理效率。人工处理票据业务不仅花费大量时间,还容易出现操作误差。借助区块链分布式账本的特性,每个终端都可以处理票据业务,加速票据承兑、背书转让、贴现、转贴现、兑付等一系列核心业务处理速度,且各种业务规则通过智能合约编程的方式实现,避免了人为操作失误。最后,提升了划款速度,避免了资金延期到账。票据到期后,承兑人往往未能及时将资金划入持票人的账户。利用区块链、分布式账本技术和去中心化的特性,支票转账无须中间机构进行核验,除了实现即时到账外,还可以进行跨行 P2P 转账,缩短了银行查验业务所需的时间。

3) 区块链+供应链金融

2017 年 8 月,中国农业银行基于趣链科技提供的 Hyperchain 区块链技术平台打造了"e 链贷"平台,该融资平台为"三农"客户提供在线供应链融资服务。区块链结合供应链金融,解决了传统贸易融资中的商票、银票流转困难且不可拆分的问题,以及应收账款、预付账款、存货支付不能及时到账的问题。通过在区块链平台上登记,将此类资产数字化,流转更容易,方便企业根据自身需求转让或抵押相关资产以获得现金流支持。

区块链在供应链金融上的应用,使生产商和经销商更有效地监控货物流转,充分调动链上资源。对于消费者而言,其可更直观地了解商品的来龙去脉。中小涉农企业在无抵押、无担保的情况下,凭借自身在电商平台交易数据形成的信用,可以申请并使用互联网信贷支付服务,有利于拓展普惠金融服务的广度。随着区块链+供应链金融的应用趋于成熟,区块链技术将有望推动和完成整个供应链行业的颠覆式创新,助力实现传统行业与新一代信息技术的深度融合。

4) 区块链+数字货币/数字钱包

众所周知,区块链重要应用之一是数字货币。由于区块链有不可篡改、公开透明、去中心化的特性,区块链+数字货币使得传统的交易变得不再传统,其作为一个完全可信的"中间人",对所有数字货币的交易进行公开,使消费者可以查到所有款项的交易记录,并确保整体商品的安全性。目前数字货币在监管上还存在很多漏洞,所以只有部分国家允许数字货币作为支付方式。区块链技术将有望更好地推广数字货币,创造全新的金融交易模式和支付清算模式。

2. 区块链技术在我国支付领域的应用

在我国,各大银行与支付机构都在积极探索区块链在各自业务中的应用(见表 6-2)。

表 6-2　央行及四大国有银行区块链布局情况

金融机构	涉及领域	创立区块链平台
中国人民银行	数字票据、数字货币、数字钱包	数字票据平台
中国工商银行	扶贫金融交易	金融产品交易平台
中国农业银行	供应链金融	涉农互联网电商融资平台
中国银行	电子钱包、跨境支付、数据票据、金融交易	KYC 金融联盟链
中国建设银行	保险、国际保理外贸授信、贸易金融	区块链银行保险平台

很明显,我国正着力布局、探索区块链技术在数字支付、清算结算、贸易融资、保险等领域的应用。通过区块链技术进行支付,能够实现实时结算并降低手续费、传统纸币发行成本、货币流通成本,提升经济交易活动的便利性和透明度,减少洗钱、逃漏税等违法犯罪行为,提升中国人民银行对货币供给和货币流通的控制力。区块链技术还有助于金融基础设施建设,进一步完善我国的支付体系。

6.2.4 区块链+支付的应用前景

在支付领域,区块链技术的使用有助于降低金融机构间的对账成本及争议解决的成本,从而显著提高支付业务的处理速度及效率,这一点在跨境支付领域的作用尤其明显。另外,区块链技术为支付领域所带来的成本和效率优势,使得金融机构能够处理以往因成本因素而被视为不现实的小额跨境支付,有助于普惠金融的实现。

与国际上从事类似业务的其他公司相比,中国从事类似业务的公司的优势是市场空间大,监管层也比较支持创新,而相对来说,劣势则是没有好的标准。

针对这一技术,目前国内外纷纷开展相关应用模式探索。同时,全球的机构也在密切关注区块链技术的进展和潜在应用,它们一方面支持技术创新,另一方面也不敢放松监管底线。

6.3 区块链技术在支付领域的优势、应用风险及风险的应对措施

6.3.1 区块链技术在支付领域的优势

传统支付系统都拥有一个值得信赖的单位或组织充当清算机构(通常为中央银行)来传递银行间的交易信息,并对交易进行记录和结算,各行在清算机构开设账户,清算机构通过付款者的账户金额减少,同时收款者的账户增

加同样的金额来达到清算的效果。在互联网金融快速发展的今天,金融机构及第三方支付出现了爆发式增长,仍然依靠中心化的方案来解决支付清算显得有些不足。区块链技术的诞生,可改变传统的支付系统,实现资金交易双方直接交易,不涉及第三方清算机构,这将带来传统支付系统难以达到的优势。

(1) 资金流动效率高。基于区块链技术的支付系统可实现点对点的资金交易,不再依赖于第三方清算机构服务,实现了自动实时交易、资金实时清算,不存在日切、轧差、对账等环节,使得资金流动效率大幅提高。

(2) 稳定性好。虽然传统支付系统的处理中心都采用了集群技术以及多地、多中心的架构,但仍然存在数据同步不及时,备用中心不能无缝接管等难题。基于区块链技术的支付系统是去中心化的,该解决方案极大地提高了支付系统的稳定性,每个参与节点都持有完整的数据副本,都可以记账、存储数据,部分节点数据丢失或损坏,对整个系统的运转、数据库的完整和信息更新没有任何影响。

(3) 成本低廉。基于区块链技术的支付系统架构不需要集中部署服务器群,可以节省处理中心采购服务器、组建网络、开发系统、建设机房以及后期维护管理等成本。每个参与节点不再依赖第三方清算机构以及代理银行,不用缴纳手续费,直接点对点交易,可以长期节省服务费用。

(4) 安全可靠。区块链技术中每个数据区块之间成链式结构,后一个区块的块头存储的是前一个区块数据的散列值,在控制一半以上节点之前,在任何节点上对数据的篡改都是无效的,充分保证了交易数据的传输及存储安全。区块链技术通过分布式数据库的形式,使每个参与节点都能获得一份完整的数据库副本,交易数据丢失的可能性极小,充分保证了数据的安全。

(5) 无须对账。传统支付系统各参与者在业务日终后,需与第三方清算机构进行对账,而基于区块链技术的支付系统可实现点对点的资金交易,不再依赖于第三方清算机构,每个参与节点都拥有一份完整的数据库副本,不存在不同节点交易数据不一致的情况,可省去不同节点之间对账的环节。

除此之外,基于区块链技术的支付系统在优化金融机构业务流程、解决信任问题、扩展支付系统服务覆盖面等方面也具有其优势。

6.3.2 区块链技术在支付领域的应用风险

区块链技术在支付系统中的运用虽然有很多优势,但也存在着风险与不足,在其发展及应用的过程中仍然需要不断改进和创新。

1. 区块链技术在支付领域应用存在的问题

1) 区块链特性存在缺陷

(1) 给现行货币体制带来一定冲击。例如,美国、德国等国承认非中央银行发行的基于区块链的数字货币(比特币)的合法地位,但由于其很难纳入货币流通量统计,从而在一定程度上削弱通过控制货币流通量来影响经济相关货币政策的效果,冲击中央银行宏观调控经济的能力。

(2) 区块链的非实名制导致业务不可挽回。例如,在支付过程中转账地址填写错误,会因为无法找到现实中的转入对象,造成不可挽回的损失。

(3) 让用户失去个人信息私密性。区块链分为非许可链(公有链,无须用户授权可查看信息)、许可链(联盟链＋私有链,允许根据授权查看信息)。公有链上所有的交易和个人财产都是透明可见的,且允许任何人查询。

(4) 区块链上区块的产生是通过尝试无数数学计算(比特币使用 PoW 机制来确认工作量)得到的,在提高系统安全性的同时,也造成了大量资源的浪费。

(5) 区块链网络中任一节点数据遭到更改或破坏,可由其他节点或区块提供账本备份。这会导致节点冗余度高的问题,且如果区块链系统中的节点掌握整个网络中 51% 以上的算力,就可以篡改和伪造系统中的数据(51%攻击)。尽管目前很难遇到,但伴随计算机技术发展和区块链技术在支付领域的大范围推广,如果不能有效解决特性缺陷问题,这始终是悬在金融机构上方的"达摩克利斯之剑",使得区块链+支付难以大规模落地。

2) 区块链协议和智能合约的安全性不能完全保证

智能合约往往直接管理资金,一旦出现漏洞会直接导致经济损失,且出现漏洞后,无法通过关闭中心系统集中升级修复。例如 2016 年,基于区块链的数字货币以太币(ETH)发生过严重的安全性事件:The DAO 被黑事件。The DAO 是区块链业界最大的众筹项目,由程序代码管理,被攻击前共募集 1200 万个 ETH。黑客利用 The DAO 智能合约中的安全漏洞,从合约管理的账户中划走 360 万个 ETH(当时价值 6000 万美元),导致巨大的经济损失。同时,区块链协议的安全性,也会受到新兴技术的冲击,如量子计算机、5G 技术等。

3) 合理隐私保护问题亟待解决

区块链是一个开放的网络(公有链),地址和交易都是公开可见的,因此会给支付基础设施的部署带来巨大的挑战。区块链通过一种公开透明的验证方式,使得参与各方可以独立对全网进行安全检测,及时发现潜在威胁和风险事件,并及时阻断和防止攻击行为的扩散。但在这种全局账本模式下,如何更好地保护参与者隐私,仍存在问题。

2. 区块链技术在支付领域应用面临的风险

(1) 监管风险。麦肯锡于 2018 年 6 月发布的《超越炒作的区块链:区块链战略商业价值分析报告》显示,缺乏统一的标准和清晰的监管是区块链大规模应用的主要制约因素。虽然区块链技术迅速发展,但基础法律框架和标准仍未确定,并且国家监管机构无法跨管辖区协调,容易出现数据孤岛的问题。

基于区块链技术的支付系统实现了点对点的交易,导致金融监管当局可能难以对支付清算进行全面监管,而针对区块链技术的支付清算监管方式以及相关法律法规尚未出台,金融监管当局无法轻易地在支付领域中运用区块链技术,其广泛应用还存在着很多不确定性。

(2)制度风险。我国现行支付管理制度中还未出现针对区块链技术的条款,区块链技术的运用可能存在新的法律挑战。如在支付领域中,某些信息是不能公开存储的,但是根据区块链数据同步的原则,所有的节点都会同步存储这些信息,这是否合规存在疑点。

(3)隐私泄露风险。基于区块链技术的支付系统中的各参与节点都拥有一份完整的数据副本,并共同维护数据的完整性,区块链中记录交易数据的全局账本在网络中是透明的,虽然无法直接通过观察交易记录推测出交易中用户的身份信息,但通过聚类分析,仍有可能推测出同一用户的不同账户,一旦某笔历史交易与交易者真实身份关联,交易者的隐私就存在泄露的风险。

(4)密码破译风险。虽然区块链使用了很多不同的密码技术,但是安全是相对的,当前安全并不代表着未来仍然安全。由于基于区块链技术的支付系统交易数据是公开的,一旦密码被破译,将会出现巨大的灾难,整个区块链将崩溃,给支付领域乃至整个社会造成重大影响。

(5)系统升级困难。区块链中各节点的权利和义务不存在差异,一旦在某个节点部署,其代码会在每个节点同时运行。若某个节点部署的智能合约有缺陷,则该缺陷影响的是整个系统而不是单个节点。由于单个节点无法完成智能合约的修改,需要半数以上的节点支持,导致修复或完善缺陷非常困难,但是支付系统不可能永远不升级或不维护。

（6）效率瓶颈。虽然区块链技术可以确保交易信息本身的安全，但由于采用分布式存储，全网中的每笔交易都需要其他节点来认证并记录，这会导致交易效率低下，与支付领域中日益剧增的交易量对效率的要求相矛盾。

除此之外，还存在用户私钥丢失后无法对账户的资产进行任何操作的情况，而私钥的补发非常困难；由于支付领域使用公有链的可能性不大，联盟链或私有链参与节点相对有限，攻击者可通过伪装大量的无用节点以达到控制超过全网一半的记账节点的目的，从而篡改交易记录。

6.3.3 风险的应对措施

针对区块链技术在支付领域的应用风险，金融监管部门、金融机构、区块链技术研究单位、法律部门等应从以下 6 方面积极应对。

1. 加强对区块链技术应用的监管及制度研究，完善立法和监督机制

从法律法规和监督机制建设角度看，重中之重就是完善国家对于区块链的法律法规建设。一是要在决定该领域设立监督原则和手段之前，基于大量调研结果摸清相关领域存在的法律和监管空白，在设立符合区块链技术应用发展的法律条款时，避免与现行法律法规相悖。二是要在建立当前区块链支付应用的监督原则和手段的过程中，构建以跨国、跨领域合作为基础的监管体系，在促进金融领域国际合作中实现监管全球化。

相关部门应携手金融机构、区块链技术研究单位等，加快管理制度及行业标准的研究，制定统一的管理制度及标准，以规范该技术的应用。同时，从法律与技术两方面探索监管手段，最大限度地降低支付应用的风险，并在风险发生时及时采用相关措施进行处理。

2. 制定行业多维度应用标准

从行业应用标准角度看，当前区块链在支付领域的应用众多，但场景应用不同，行业标准各异，这将严重影响区块链的可信度。中国于2017年发布了首个区块链标准《区块链和分布式账本技术参考架构》，为区块链技术在不同场景的搭建奠定了良好基础。鉴于区块链技术在支付领域的应用涉及诸多场景，应多维度（如安全、效率、性能、身份等）、全方位（消费者、监管者、金融机构）设立标准以满足具体应用领域需求。

3. 大力培养区块链技术人才

从技术人才角度看，区块链技术日新月异，世界各国都面临区块链人才紧缺的问题。英国、美国等西方国家纷纷采取措施不断引进区块链人才，推进区块链技术突破与变革。因此，为更好地推动区块链在支付领域的发展，我国应该重视金融业跨领域人才培养，加大人力和资金投入力度，大力开展区块链人才培养项目。同时，注重从国外引进高新人才和研发团队，为我国区块链技术的发展注入新鲜血液，打破技术壁垒，实现区块链技术不断升级。

4. 加强对消费者隐私和合法权益保护的研究，提升区块链技术的安全性

支付领域除了确保资金能安全、高效、无差错地运转外，消费者的隐私和合法权益保护同样是一个值得重视的问题，应从技术与法律两方面着手：一方面持续不断研究加密算法、审计等安全技术；另一方面加强法律建设，对不法分子产生威慑作用。

从技术安全性角度看，量子计算机的发展，使得基于密码学的区块链技术的安全性面临前所未有的挑战。这就需要对区块链的关键代码进行测试以提升破解难度，并采用优化的智能合约加以保障。同时，虽然区块链应对

分布式拒绝服务（DDoS）攻击等传统黑客攻击方式比一些中心化系统要灵活，但仍然面临新型黑客攻击的隐患，因此有必要在网络终端建立防御技术，以提升区块链系统的安全性。如果区块链技术可以大规模运用于支付，其将能为银行和商业机构带来显著的益处。银行将不再需要大量清算和结算系统，而商业机构可以在其企业资源计划（ERP）或财务管理系统中拥有实时会计分类账，这将极大提高支付安全性。

5. 扩大区块链支付交易范围

从技术部署角度看，在全球范围内使用区块链的道路虽然充满障碍，但是将区块链技术用于大量支付交易仍然是区块链技术全球化的必由之路。目前，那些涉及跨国即时支付的举措，已成功地由许多银行（例如，西班牙对外银行、德意志银行）实现，公司可以实时结算跨国付款。即时支付极大地促进许多公司开展全球电子商务或数字货币业务计划，这不仅有助于大企业更好地管理流动性，还会帮助小企业改善短期流动性。短期内现金流的可见性是企业面临的重大挑战之一，但通过利用区块链技术在供应链金融方面的应用经验，企业可以更有效地管理流动性。扩大区块链进行支付交易的试行范围，能够拓展企业跨国支付的范围，促进即时支付全球化。

6. 加大投入，积极推进技术创新

加强对区块链技术的研究和应用探索，以更加开放、积极的心态应对新的机遇和挑战，加大投入，关注区块链技术发展现状，加强与国内外区块链技术研究单位的交流与合作，加大区块链技术的研究力度，并及时评估区块链技术的成熟度，鼓励有实力的金融机构积极探索区块链技术在支付领域中的应用。

从技术创新角度看，近年来，我国高度重视发展普惠金融，推动大众创

业、万众创新,助推经济转型升级。针对现有技术缺陷,在已有经验基础上进行改革创新,例如,吸取比特币在设计时系统吞吐量(TPS)限制,如果要再创造一个新的区块链的应用,必须要寻找一个低 TPS 且单位信息小的方法,以降低频率、单位信息大小的方式抑制区块链的成长速度;或通过利用互联网电商金融的场景化、线上化、数据化新优势,采用区块链技术丰富供应链金融视图,将更多参与方接入区块链网络中,打破数据孤岛窘境。要有效地发挥区块链技术的巨大价值,使信用数据来源更加丰富和可靠,促进科技创新与业务发展相结合,为发展普惠金融注入新动能、提供新方案、实现新跨越。

6.4　区块链+支付的发展前景

以比特币为代表的数字货币,并非人民币等法币的直接对手,其更类似支付宝一类的支付系统,是对人民币等法币的补充,相当于国际跨界支付的一种中介信用。建立在去中心化的 P2P 信用基础之上,虚拟货币超出了国家和地域的局限,在全球互联网市场上,能够发挥出传统金融机构无法替代的高效率、低成本的价值传递作用。

每个人的密码学钱包都可以发展成一个"自金融"平台,它可以进行 P2P 的支付、存款、转账、换汇、借贷以及全网记账清算,可以通过比特币、以太坊和瑞波币等智能货币系统发行自己的金融合约产品和信用借条。

区块链可以解决跨境汇款成本和效率问题的共同基础是去中心化技术,即交易双方不再需要依赖一个中央系统负责资金清算并存储所有的交易信息,而是可以基于一个不需要进行信任协调的共识机制直接进行价值转移。建立一个可靠的、中心化的第三方机构需要庞大的服务器成本和维护成本等，一旦受到攻击可能会影响整个系统的安危。而去中心化的方式在节省这些成本的同时，其系统的每个节点均存储了一套完整的数据副本，即便多个节点受到攻击也很难影响整体系统的安全。因此对去中心化模式而言，其本身的价值转移成本及安全维护成本都相对较低。但同时需要注意的是，这里的成本仅是针对提供服务的机构而言，如果包含整个基础设施的费用，其社会成本则会急剧上升。

尤其值得注意的是，尽管区块链技术确实能够在内部逻辑和运行方式上较好地保障数据安全，但仍难以抵挡黑客对外部设施（如用户电子钱包、交易平台等）的攻击，且匿名机制使得用户的货币被盗后难以获得法律保障。除此之外，也面临着政策风险，即政策主体一般会对用户的跨境资金转移进行监管以防范洗钱等行为，而类似区块链技术的匿名机制则为这种行为提供了便利，必然会引起监管主体的关注。

具体到跨境汇款场景，由于其在全球范围内仍缺乏一个低成本的解决方案，不同国家之间还存在文化、政治、宗教等因素的差异，区块链技术这一去中心化、去信任化的模式是一个非常有吸引力的解决方案，但是具体的技术路线和实践效果仍然有待观察和检验。

6.5　案例分析：京东金融"互联网金融支付安全联盟风险信息共享（分布式查询）平台"

2018年10月，银联与京东金融联合研发的"互联网金融支付安全联盟风险信息共享（分布式查询）平台"正式上线，实现了金融支付行业内风险信息的高效共享。

6.5.1 研发目的

在传统金融支付业务中,金融机构需通过甄别风险数据防止各类欺诈行为,从而把控账户准入风险,但在实际业务开展过程中,金融机构往往面临本机构的风险数据不足以控制业务风险,更多地需借助于其他机构的数据,才能达到风控效果。2013 年,互联网金融支付安全联盟启动集中式数据共享工作,但共享过程中出现了联盟成员贡献数据积极性不高等问题。为解决该难题,2017 年中国银联联合京东金融启动"互联网金融支付安全联盟风险信息共享(分布式查询)平台"研发工作。该平台面向互联网金融支付安全联盟百余家成员单位,利用区块链技术建立机构间去中心化数据共享协议,通过"事后记账、事后审计"的机制设计,从技术上确保联盟机构间一对一的独立数据加密传输。同时,利用智能合约等技术,量化各家机构间传输数据的质量与价值,进而实现对各家机构间数据使用资格的量化,真正实现开放、公平、公正的数据分享。

6.5.2 总体设计思路和业务流程

"互联网金融支付安全联盟风险信息共享(分布式查询)平台"总体设计思路:联盟参与机构的核心数据无须报送,通用一层服务系统(数据中转)来协助智能合约完成安全多方计算,智能合约中添加账户体系为每次数据查询进行计价服务,在数据查询与计价服务实现的基础上,同时考虑数据安全、数据质量、交易效率与通证记账完备性等问题。平台主要包括两大部分内容:一方面,建立了基于分布式存储数据的互查机制,或者,在黑名单数据互查业务场景下,实现安全多方计算;另一方面,借助区块链分布式共识的特性,建立了公平、公开、公正的数据计价体系。

如图 6-4 所示，该平台在整体系统架构设计下，以简单的数据查询为例，金融机构 A 申请查询金融机构 B 提供的风控数据，通过如下流程完成。

（1）金融机构 A 业务系统向 A 服务系统发起查询请求，该请求接口兼容批量查询，同时支持一对多查询。

（2）金融机构 A 服务系统与区块链节点同步机构路由地址等信息，进行查询转发，向金融机构 B 服务系统发起查询。

（3）金融机构 B 服务系统与区块链节点同步机构状态等信息，经过审核校验后，向 B 业务系统转发查询请求。

（4）金融机构 B 业务系统查询后端数据后，返回查询结果给 B 服务系统。

（5）金融机构 B 服务系统返回查询结果给 A 服务系统。

（6）金融机构 A 服务系统收集查询结果，使用消息队列异步返回查询结果给金融机构 A 业务系统。

6.5.3　实际效果及优势

"互联网金融支付安全联盟风险信息共享（分布式查询）平台"的成功落地，有赖于中国银联和京东金融的积极投入，并且在底层技术、机制设计、运营维护等方面达成共识。平台"事后记账、事后审计"的设计，以区块链共识为前提，实现了非对称信息博弈下的最优契约的智能合约，不仅保证了联盟参与各方的信息安全与私密，且支持查询结果的实时反馈。

较传统的数据共享模式，"互联网金融支付安全联盟风险信息共享（分布式查询）平台"在以下 4 方面具有优势。

（1）数据质量方面，被查询的数据经过业务流程的实时验证，数据质量通过反馈机制可以得到有效控制。

第 6 章 区块链+支付

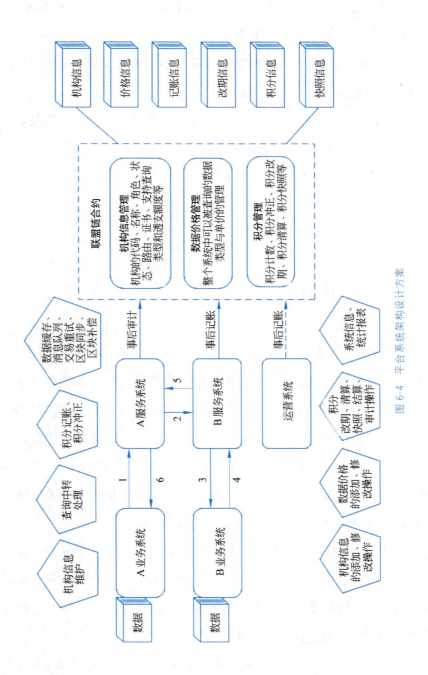

图 6-4 平台系统构架设计方案

(2) 共享效率方面,该平台采用了"事后记账、事后审计"的机制,数据查询的效率不受分布式架构影响。

(3) 数据安全方面,各家金融机构无须报送数据,仍然保留数据的访问控制权,本机构数据安全得到保证。

(4) 通证流转方面,平台积分采用透支的方式获取,固定期限后进行积分轧差清零,参与机构可及时变现。

由此可见,基于联盟链的系统构架设计实现了金融风险数据共享的解决方案。

6.6 本章小结

区块链技术可实现点对点的交易,并将交易数据与全网共享监督,这可有效提升传统银行业的支付结算效率并降低交易成本。虽然在当今的互联网时代,已经使得支付结算效率在很大程度上有所提升,但是在跨币种、跨国界、多种经济合约下,依然在多中心、多环节方面受到了限制,从而使得支付结算的效率往往显得力不从心。区块链技术的去中心化和点对点特征,能够减少中间环节、降低交易成本,在很大程度上提升交易效率。区块链在银行支付结算方面的应用,具体表现在以下 3 方面。

(1) 基于区块链的点对点特征,使得点对点交易提升交易效率。交易的过程在本质上就是结算的过程。举一个简单的例子,用户在使用打车软件约车,等到专车司机将其送到目的地并结账的时候,就不需要经过银行这样的中介机构来结算,而是直接通过数字货币的形式完成支付行为。

(2) 在传统模式下,跨界银行进行支付结算,往往需要借助 SWIFT 在全球各个银行、代理行之间进行冗长的交互,整个过程流程长、效率低、成本高。然而区块链技术应用在该场景中,就使得所有交易被实时记录在全球共享的信息平台上,实现快捷、轻松的交易。

(3) 区块链是一种分布式数据存储模式,即它是存储加密货币(如比特币)的交易记录的公共账本,因此其所提供加密的转账业务,能够让所有人都能得到准确的资金、财产或者其他资产账目记录,这样就可以有效提升支付结算的安全性。

总之,虽然当前对于区块链在银行业中的应用还处于探索和研究阶段,但是人们对于区块链技术的热情已经表现出来,并相信在未来人工智能时代,区块链在金融领域的应用,尤其是在银行业的应用将会产生更加惊人的改革与创新举措,从而保证在金融领域的竞合模式下能够站稳脚跟。

练习与思考

1. 举例说明区块链+支付的应用场景。
2. 区块链可以用于支付场景的优势分析。
3. 区块链技术在支付领域面临的风险有哪些?如何进行防范?
4. 如何运用区块链技术构建金融支付风险防控体系?
5. 区块链技术在支付领域应用中存在哪些问题?
6. 讨论其他应用案例。

参 考 文 献

[1] 阿尔文德·纳拉亚南,约什·贝努爱德华·费尔顿,等.区块链技术驱动金融:数字货币与智能合约技术[M].林华,王勇,帅初,等译.北京:中信出版社,2016.

[2] 唐塔普斯科特,亚力克斯·塔普斯科特.区块链技术将如何变革金融业[J].中国经济周刊,2018(5):82-83.

[3] 徐明星,刘勇,段新星,等.区块链:重塑经济与世界[M].北京:中信出版社,2016.

[4] 赵增奎.区块链:重塑经济与世界[M].北京:清华大学出版社,2017.

[5] 长铗,韩锋,等.区块链:从数字货币到信用社会[M].北京:中信出版社,2016.

[6] 宫晓林,杨望,曲双石.区块链的技术原理及其在金融领域的应用[J].国际金融,2017(2):46-54.

[7] 威廉·穆贾雅.商业区块链:开启加密经济新时代[M].林华,等译.北京:中信出版社,2016.

[8] 周国涛.区块链技术在支付领域的优势与风险[J].金融科技时代,2019(3):65-68.

[9] 童静,丁艳.区块链技术在支付风险管理中的应用研究[J].金融纵横,2019,488(3):50-55.

[10] 宋焱槟,王潮端.区块链技术在当代支付领域的应用分析[J].福建金融,2019(6):58-64.

第7章 区块链＋保险业

"区块链可以打通保险机构与其他相关组织之间数据共享的'最后1千米',并创造出信息源服务公众的普惠性红利。"据普华永道(PwC)的不完全统计,目前全球正在进行的区块链应用场景探索中,有20％以上涉及保险。作为将信任视为核心价值主张的保险业,与天生携带信任基因的区块链技术本就是"天生一对",保险业成为区块链最理想的落地场景之一,由此发生颠覆性改变,值得期待。

对于我国保险业,区块链技术有着宽广的应用空间。通常来说,风险控制是金融业发展的核心原则,也是保险业务发展的基础。保险的本质是对风险进行交易,通过保险的方式实现风险转移。随着科技的不断进步和保险创新理念的兴起,推进保险业务与高新技术的深度融合逐渐成为保险平台的主流发展方向。保险业"互助保险、数据安全、信息披露透明、降低运营成本和改善用户体验"的发展方向与区块链技术的特点高度契合。区块链技术在保险业的有效应用将促进传统保险业务交易流程中的销售、理赔以及反欺诈等环节发生转变,并能有效优化数据存储方法,从而提高保险公司的工作效率和显著降低运营成本,发展前景十分广阔。

我国保险业整体上的市场渗透率不高,未来发展空间较大,但同时也面临着营销过度、理赔困难以及保险欺诈等难题。近年来,随着监管态度不断趋于严格和保险创新理念的兴起,我国保险业正迎来转型发展的关键时期。区块链技术以其分布式存储、去中心化、加密算法以及全网共识机制等优势,有望为保险业的转型发展提供全新动力。

7.1 全球保险业应用区块链技术概览

当金融证券业在积极探索区块链应用场景的时候,保险业也在紧锣密鼓地研究区块链技术。埃森哲的常务董事艾比·让拉(Abizer Rangwala)说:"我认为,保险业正在观察区块链技术,慢慢摸清区块链技术的真正商业用途或者说在一定程度上区块链的实际应用。区块链技术对保险产品的影响还不清晰,相比对银行的影响,可能会需要更长的时间才能显现出来。区块链技术将提高合约执行速度,例如,区块链的时间戳特征能够改善个体合同,反映实际风险,如按需车险(合约只在车辆行驶期间有效)。"这样的论述并非空中楼阁。

2016年3月,一个名为SafeShare的区块链保险创业公司联合英国老牌保险公司劳合社推出了第一个为共享经济服务的区块链保险服务。这项服务是为一家名为Vrumi的创业公司量身定制的。Vrumi是一家类似于空中食宿(Airbnb)或优步(Uber)模式的办公空间共享服务平台。每个通过Vrumi提供办公空间的房主只需要每天缴纳2英镑的保费就能成为被保险人，获得75万英镑财物险到500万英镑人身险的完整保险方案。一般的共享经济都采用"保护伞保险"模式，平台即是投保人，也是被保险人。发生赔付事件时，保险受益人是平台，由平台再赔付给用户。在这个模式下，受损人和保险收益人不一致，而且平台的整体理赔额有上限，一旦到达上限，后续的受损人将无法得到赔付。与其他共享经济的保险方案不同，在SafeShare这个基于区块链技术的保险方案下，办公空间的提供方是直接的被保险人，拥有直接申请理赔的权利。

区块链＋保险领域另一个可能的方向是自动理赔的保险。通过区块链的智能合约技术，保险公司可以无须等待投保人申请理赔，就能主动进行赔付。例如，可以发行一种基于区块链智能合约技术的航班延误险。通过调用航空公司或机场的公共接口，智能合约得以判断某次航班是否发生了延误，延误情况的严重程度，从而自动触发理赔行为，而无须用户主动干预。延误理赔甚至可以用类似出租车打表的方式完成。看着自己账户余额不停增加，也许延误航班的乘客们就不会再爆发国内机场延误时常见的愤怒情绪了。

还有一个可能颠覆今天保险业的模式是互助保险。互助保险的逻辑出发点很简单，保险本身就是一个互助行为，因此一旦技术允许，并不需要一个中介充当组织者，创建资金池，用用户的保费去做各种投资。用户完全可以通过点对点互助的形式，在没有资金池的情况下，通过互助达到保险的目的。

2016年5月，美团早期员工创立的"水滴互助"就获得了美国国际数据集团（IDG）、腾讯、真格基金等机构的5000万美元投资，而其背后就使用了区块链技术。在荷兰金融咨询机构AXVECO的区块链专家欧利文·瑞肯（Olivier Rikken）的一篇文章中，对基于区块链技术的P2P保险商业模式有过更有趣的模式设计。在Olivier设计的新模式下，保险公司的专业能力将更多体现在匹配供需、风险计算上，而不像今天的保险公司如此注重资产管理能力。

区块链在这个市场需要提供两个作用：①对保单交易进行登记；②利用智能合约，在满足赔付条件时，自动从承保人的账户划拨赔款给受益人，而无须银行的参与。在判断是否满足赔付条件时，保险公司可以作为提供损失鉴定报告的第三方。

除了初创公司，人寿保险和金融服务巨头约翰·汉考克（John Hancock）也已经开始着手多个区块链概念验证的工作了，其目的在于展示分布式总账技术重塑保险业的流程。John Hancock 正在进行的概念验证项目的合作方是区块链技术公司 ConsenSys 和 BlockApps，项目方向包括了解你的客户和员工奖励计划等。另外，除了 SafeShare、互助保险、P2P 保险的模式，在溯源防伪项目中提到的 Everledger 也在从防伪的角度切入，与保险公司密切合作提供区块链登记溯源的珠宝盗窃险。保险业这么多的创新火花，让我们有理由相信埃森哲的常务董事 Abizer Rangwala 的看法："我毫不怀疑，未来几年内，区块链技术将成为在保险业生态系统中的主流技术。"

未来场景 1：2026 年，区块链技术在保险领域得到了广泛应用和认可，一家全球知名保险企业全部引入区块链技术，在分布于全球不同地域的 20 台高速计算机上进行数据备份，确保每位客户的信息不丢失、不遗漏……

未来场景 2：2045 年的一天，小郭去一家保险公司营业部续交当年的保险费。2016 年他以期缴方式投保了一张 30 年的保单，今年是他续交保费的最后一年。但是业务员寻遍整个系统以及行业信息备份系统，却没有发现小郭的任何投保记录。29 年来交纳的所有保费将近上百万元，面对当前情况正让小郭一筹莫展的时候，这家保险公司总裁授权从大洋彼岸的市区调取小郭的客户数据，小郭的保单得以成功找回，并且将最后一年的保费交纳完毕。

以上是我们所假设的未来场景，或许，在未来，并不需要 10 年或 30 年的时间，以上的一幕幕就可以成为现实。

无论哪个行业，都是将维护客户和最大化企业利益作为企业发展的战略目标。保险业也是如此。从互联网开始向金融领域渗透到现在,保险业一直是一个慢节奏的行业,以目前的情况来看,传统保险业是通过一系列的人为操作驱动的,即无论是从报价到投保申请,从承保到合规审核,还是从出单再到第一时间损失通知等,所涉及的每个环节都离不开人的参与。这种情况就使得效率低下充斥了整个保险公司价值链的各个部分,与此同时也带来了一定的风险问题。也正因如此,才有了区块链技术的用武之地,从而成为人工智能时代的一个创新性应用。区块链本质上就是由一系列分布式账本组成的,它的存在使得被信任交互与不可变审计跟踪的同时发生成为可能。这样,就使得区块链在保险业中的应用能够产生以下 3 方面的影响,如图 7-1 所示。

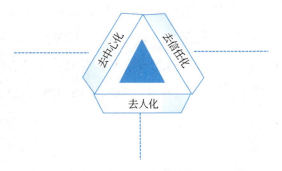

图 7-1　区块链在保险业中应用的影响

1. 去中心化

纵观历史,人类的发展和产业的形成一直以来都是通过逐步的中心化而实现的。保险业同样如此。保险公司实际上就是由政府和监管部门特许授权的风险转移集散中心,这些中心严重地控制和影响着保险业的运行情况和未来发展方向。

长期以来,人们已经习惯通过这些中心来完成有关保险的相关业务。区块链具有去中心化的特点,区块链技术在保险业的应用,使得保险业也可以实现去中心化,由此不再需要银行这样的第三方中介机构,依然可以完成保险投保业务等,并且较传统保险业务效率更高、更具安全性。

2. 去信任化

当前,监管部门批准成立一家保险公司的时候,实际上已经为这家保险公司的所有业务贴上了一张基础信任标签。另外,保险公司为自己提升资本金、改善偿付能力,其目的同样也是提升自我信任标签的等级。除此之外,所有的广告宣传以及品牌推广,其最终的目的都是为了能够通过传播的方式来提升在民众中的信任感。由此可见,对于保险业,信任是其发展的核心。

区块链技术可以通过算法、密码、数据校验来确保金融交易的执行。区块链技术应用于保险业,无论是买方还是卖方,都能够在无须基于诚信体系的背书和保证的基础上放心投保,完成交易。并且,基于区块链技术的使用,保险业的一切秩序的维护都通过算法、密码、代码的方式进行。

3. 去人化

传统保险业中人的作用和影响非常突出,几乎每个环节都离不开人的操作,而区块链技术的应用将安全实现无人操作。这是因为基于区块链的智能合约技术,使得在履行保险业务的操作过程中,即便是没有投保人申请理赔,甚至是没有保险公司的批准理赔,只要有相关的理赔条件被触发,保单则自动为用户进行理赔,即实现智能理赔,并且在短时间内就能完成理赔金额的支付操作。

这样一来,大大地缩减了承保周期,而相关的承保产品也能够具备定制化的特点。整个过程中不再涉及任何人为操作,也避免了欺诈的产生。最终产生的结果就是降低了成本和风险,同时也降低了保费,为保险用户带来更加具有创新的革新体验。乘客乘坐的航班出现延误情况时,就会触发原先通过区块链技术存储的一个智能航班延误险合同，再借助互联网的联通性能，就会使航班延误成为一个公开的记录，通过获取相关公开数据之后，系统就会将该事件判断为需要理赔的事件，从而自动并且及时地支付乘客理赔金。基于这种智能合约技术，使得所有的公开数据都不能随意被篡改，并且能够实现高效理赔，减少了理赔处理所需的成本，同时还提升了客户和保险公司双方的满意度。在车险方面，主要为了帮助投保人覆盖因发生事故而产生的修车费用。通过区块链技术的存储条件，当发生汽车事故的时候，通过互联网与汽车相连接，依据存储的条件，判断发生事故缘由后，智能车险合约就被触发，进而进入理赔阶段。在智能合约里，理赔的车主的修车地点也是被事先指定好的，这样可以很好地避开投保人自行选择昂贵的维修厂的可能，可以有效控制理赔费用的支出。

当然，除了航空意外险、车险以外，区块链的智能合约技术同时还可以用于汽车租赁险、旅游险、智能家庭财产险、农作物保险索赔、医疗保险索赔等诸多保险场景中。

总而言之，区块链技术已经成为当前传统保险业发展的转折点技术，未来人工智能时代，区块链技术可以帮助保险业更多地释放行业潜力，让保险业的发展能够"百尺竿头，更进一步"。

7.2 区块链技术与保险业务嵌合分析

7.2.1 传统保险业务的局限性与瓶颈

早期保险业并不是一个市场，而是一种"一人有难，众人以货币形式平摊"的社会风险转移制度,其雏形是相互保险的形式,并且这种相互保险(或者互助保险)到目前也是保险业重要的一部分。相互保险市场份额自2007年以来呈逐年递增的态势,累计增长率达21%。根据我国2015年颁发的《相互保险组织监管试行办法》,相互保险是指具有同质风险保障需求的单位或个人,通过订立合同成为会员,并缴纳保费形成互助基金,由该基金对合同约定的事故发生所造成的损失承担赔偿责任。然而,在相互保险的实际操作中,如何界定同质风险保障需求,确定适度并且合理公平的保费是一个重大难题;保险业运行所要求的"大数法则"需要相互保险成员之间的风险能够进行有效的分散,而在实际操作中往往是某类风险更高的人群才更加愿意参与到互助保险中。

另外,互助保险公司并不以营利为目的,而是为了帮助各位互助投保人管理风险,保险组织运作中如何确立有效的委托代理关系并进行监督,也是相互保险制度所固有的发展瓶颈和难题。影响保险需求的原因是多方面的,风险、经济发展因素、经济制度、技术进步、风险管理、财富水平、资本市场替代产品、保险价格等都会影响到保险需求。影响保险意识的原因是复杂的,教育程度、是否有保险经历、生活环境等都可能影响保险意识。

更为重要的是,保险需求往往是一种被动的消费模式,即传统保险购买行为通常是营销情形下的一种被动购买,主动、自发地选择和购买保险产品的行为较少。保险消费者对保险公司缺乏信任感也是制约保险需求的主要原因,造成这种不信任的原因是多方面的,保险公司销售人员销售行为不当或者误导、保险公司拒赔、新闻媒体负面宣传等。

但不可否认的是,保险消费者和保险公司的博弈关系中,消费者是处于弱势地位的,因为他们无法掌握对产品的定价权,也不具有对相关条款的解释权。综合而言,对保险的信任是影响需求的重要因素,而这种信任需要建立在公平和透明的作用机制之上。

尽管作为保险供给一方的保险公司在供需关系中具有相对的主导权,但是保险公司从产品设计、销售到理赔等各个环节也面临诸多挑战。保险产品的不确定性使保险公司的产品设计必须运用合理的模型和计算方法,针对大量的经验数据或者实验室数据进行测算和预估。这对保险供给的挑战是掌握大量的数据,并且具有相应的计算能力来评估风险,这往往是制约保险供给发展的重要原因(最典型的例子是巨灾保险产品中所遇到的费率厘定问题)。在销售环节中,除了销售渠道的畅通和专业以外,保险的"中介化"特征大大制约了保险供给。以航空意外险为例,在目前市场上所销售的20元一份的航空意外险中,许多保险中介机构所赚取的佣金超过了80%,这不仅制约了保险供给的积极性,也减少了用于投保人身上的保费,长久将造成恶性循环。

保险公司在核保和承保环节主要面临道德风险和逆向选择问题,这是传统保险无法绕开的困境。在保险合同销售前,保险公司无法对投保人的风险状况进行真实评估而导致具有不良风险的投保人购买保险产品,即产生逆向选择;在保险合同销售以后,拥有保险的投保人可能因为损失发生以后可以通过保险公司进行赔付,而自身降低了对风险的管理和出险概率的避免(典型的例子是机动车保险),引致道德风险。传统保险业务针对道德风险和逆向选择的防范措施就是设置合同的等待期和赔付的免赔额,但是这并不能从本质上消除道德风险和逆向选择,也使得保险经营成本增加,影响保险公司和消费者之间的良性关系。保险公司在进行理赔的过程中也容易产生与消费者之间的纠纷。对于保险公司而言,消费者利用信息不对称进行保险欺诈,大大提高了保险公司的经营成本。对于消费者而言,由于对于保险条款的理解不同或核赔人员主观的判断失误等因素导致不能及时得到赔付,更加深了对保险机构的不信任,引致客户投诉和流失。

7.2.2 区块链特征及对传统保险局限性的突破

区块链技术自身尚处于发展的阶段,并且区块链的开发和实现需要综合运用到分布式系统、密码学、博弈论、网络协议等诸多学科的知识,使区块链技术在保险业目前还无法得到快速推进。区块链技术的核心特征可以从其在比特币的运用中提炼出来,并且和传统保险业态进行比较分析,寻求突破传统保险业局限性的可能,如表7-1所示。

表7-1 区块链技术特征与保险创新嵌合

区块链特征	说明	对传统保险业局限性的突破
去中心化	分布式核算与存储,任意节点的权利和义务都是相等的	助力保险"脱媒"降低保险中介费用;点对点的联系可以突破时空界限,突破传统互助保险的局限性,使同质风险个体可以在更大范围内实现互助
开放性	采用公钥和私钥的设置,除了交易主体的私有信息被加密以外,所有人都可以通过公开的接口查询区块链数据和开发相关运用,系统信息公开透明	减少信息不对称,进而解决保险供给和需求双方存在的道德风险和逆向选择问题;借助开放性可以提升大数据和云计算的运用,使保险产品开发和定价更加精准
透明性	除开放性所具备的透明度以外,区块链网络将所有的交易账本实时广播,实时将交易记录分发到每个客户端中,所有人都能获悉交易内容	提升保险消费者的信任度,解决制约保险需求的信任问题;突破互联网保险发展对信任的刚性约束;构建保险情景,进行精准营销;减少保险公司交易信息丢失风险

通过上述比较分析可以看出,区块链可以帮助突破现有保险业的局限性,推动保险业的转型与发展。不过,这种嵌合只是一种可能,从技术的自身发展到实际运用,同样需要不断的探索和更新。

7.3 区块链技术在保险业的运用及优势分析

7.3.1 区块链技术在保险业的运用机理

中国保险业界对区块链的探索远远先于学术界的关注与研究。仅 2016 年，我国数家保险公司宣布采用区块链技术的研发或加入合作联盟：平安保险加入了包括全球排名前 40 的境外银行组成的 R3CEV 联盟，阳光保险联合数贝荷包推出采用区块链技术的微信保险卡单，众安保险发布消息称开发了基于区块链技术的智能合约工具箱，未来将用于进一步实现保单、理赔等方面的运用。不过以上的运用都还仍然处在概念或试验初期，现有的产业运用仍然有可能在未来技术更迭过程中被替代或者改进。未来技术的采用关键取决于能否解决行业发展的痛点，进而实现行业价值的提升。表 7-2 讨论如何利用区块链技术消除行业痛点，提升保险服务价值。

表 7-2　保险业痛点与区块链运用

运用分类	行业痛点	区块链技术运用
数据可得性	传统保险固有的"道德风险"与"逆向选择"问题。保险公司为了对风险进行勘察往往需要建立强大的核保部门或者依靠公估等第三方机构	利用区块链自证明模式，通过区块链的公开信息对个人身份信息、健康医疗记录、资产信息和各项交易记录进行验证
数据连续性	近年来 UBI(Usage-based Insurance)在国外得到很快的普及（尤其车险），中国目前用户行为的数据相当匮乏；而且消费者行为数据往往由承保险公司所有，消费者如果更换投保公司后其数据不被其他公司所掌握	利用区块链存储用户数据，客户信息独立于承保人存在，数据能够通过客户的公共密钥让第三方获得。这些完善的行为记录将用来帮助强化风险测评、核保核赔等工作

续表

运用分类	行业痛点	区块链技术运用
智能合约	目前保险理赔的处理通常都是手动操作的,这不仅耗费了保险公司巨大的人力资源成本,而且需要大量集中的校验工作。人工决策容易带来大量主观决策和错误,引发消费者投诉;此外由于人工操作的局限性,索赔进程缓慢繁复	自动化保险政策写入智能合约,合约由代码定义并自动强制执行,从投保到索赔无须人工干预,过程透明,结果准确,可以保护消费者隐私
特殊风险	艺术品或其他特殊物品保险往往需要对保险标的进行合理的评估,传统保险操作并未能有统一有效的方法,对艺术品、宝石等特殊风险评估难度大,误差高	区块链的技术特征使得最初的出处随永恒的时间与时间戳记录下来,可用于追溯投保标的来源,并且之后所有者和物品所在地等都会被记录在不可变的链式中,帮助评估风险标的
保险欺诈	重复保险和骗保事件逐年增加,科技进步使得保险欺诈识别的难度越来越大,保险公司为了防止保险欺诈投入大量的法律和监督费用,但是仍然无法完全杜绝,给保险公司造成巨大损失	区块链的共识机制使得保险赔付得以发生,并且开放性和分布式网络使得赔付具有透明性,系统将不允许同事件的多次索赔;同时保险公司也可以通过公有链数据对索赔历史进行检索,侦测潜在的骗保行为
保险代理	通过第三方中介机构(旅行社等)销售保险是重要的销售渠道,目前市场的中介代理成本高,渠道费用无法及时结算引起保险公司和中介机构的矛盾,中介机构造假等时有发生	建立保险公司和中介机构的区块链联盟,双方基于区块链平台进行交易的确认、记录、对账与结算,在标准情况下可以借助智能合约自动执行相关协议,避免造假,提高效率

7.3.2 区块链技术在保险业的具体应用场景介绍

当前在世界各地的研究机构正在开展的区块链技术应用场景方案探索中,涉及保险领域场景应用的方案超过 20%。区块链技术在保险领域的应用场景十分丰富,运用区块链技术设计更为精准的差异化定价机制,或是针对某一特定细分的保险市场,在产品设计、理赔服务及反保险欺诈等环节应用区块链技术,都可以促进我国保险业的转型发展。

1. 区块链技术在保险产品设计环节的场景应用

在保险产品设计环节中,应用区块链技术可以优化保险产品的差异化定价机制,尤其能够促进如农业险和品质险等具有较强定制化属性的保险产品快速发展。除此以外,相互保险也是区块链技术在保险领域中一个很好的应用场景。

1)农业险

农业险在解决我国乡村振兴战略中的"三农"问题发挥着极为重要的作用。根据中国保监会的数据显示,2017年我国农业险已覆盖全国所有省份,实现保费收入约479亿元,支付赔款约334亿元,累计受益农户达5388.3万户。

由于信息不对称的广泛存在,农业险的发展相对滞后,而养殖业是尤为需要保险覆盖的领域。在传统农业保险业务当中,保险公司很难精准掌握投保标的具体信息,从而导致保险欺诈现象频繁发生。保险行业一直在进行各种尝试,如在农业险投保中采用耳标等生物识别技术等,然而这些技术也存在着诸多问题。区块链技术以其不可篡改的特点,搭配生物识别技术和全网共识机制刚好可以缓解这一问题,不仅可以确保数据信息真实有效,还可以有效防范道德风险。

实际上,保险公司正在加快将区块链技术应用到农业险领域。在中国人保推出的基于区块链技术的养牛农业险项目中,利用生物识别技术获取每头牛的独特识别信息,借助加密算法将识别信息分别存储在链,构建出基于区块链技术的养殖业溯源体系,各方都可以实时掌握牛的基本情况。该体系不仅可以真实记录个体识别信息,而且可以根据这些信息判断牛的健康状况,进而预测和预防病症的发生。一旦发现有患病的可能性,就可以提前采取预防措施避免不必要的损失。保险公司也不再需要进行实地查验和监督，存储在链的信息可以清晰反映事件的每个细节，极大地简化了烦琐的投保流程，为保险公司和投保人预防风险、承保理赔提供了便利，并且节约了营运成本。

2）品质险

品质险可以在一定程度缓解信息不对称问题，还能够有效保护用户权益。但保险公司承保品质险通常需要详细考察投保公司产品质量的历史表现，并评估其品质控制流程和能力。但这些信息保险公司都很难真实获取到，从而制约了品质险的发展。此外，假冒伪劣产品的猖獗也对品质险的投保赔付造成了一定阻碍。

区块链技术集合分布式存储、加密算法和智能合约等技术，能够很好地适用于产业供应链中的产品溯源体系。基于区块链技术建立的产品溯源平台，可以有效地记录产品的生产、加工、批发、零售、购买以及投诉的详细信息，保险公司可以通过在链数据轻松追溯到事件的具体信息，从而有效判断投保公司的产品质量和品质控制能力，并设计出合适的品质险条款，在有效保障投保者权益的同时促进保险业务升级。

3）相互保

相互保，即相互保险。具体是指具有同质风险保障需求的单位或个人，通过签立合同成为会员，并缴纳保费形成互助基金，由该基金负责对合同约定事项所造成损失承担赔偿责任的保险活动。相互保险在西方发达国家有着上百年的悠久历史，是国际保险市场的重要组成部分之一。2015 年 1 月，中国保监会出台《相互保险组织监管试行办法》，并于 2016 年 4 月批准同意筹建首批相互保险试点机构，相互保险发展的序幕自此拉开。相较于传统的保险公司组织形式，相互保具有公平自治、去公司化和保费低廉等优势。但由于技术的制约，相互保也面临着一些问题，如产品运作信息不透明、监管困难、虚构赔付事件欺诈，而且资金池的管理也有着额外的风险。相互保本质上是一种去公司化的保险组织形式,具有去公司化的特点,与区块链技术的去中心化特征天然契合。随着区块链技术不断发展成熟,相互保有望实现真正的去中心化,并逐步发展成为自主运行的智能保险体系,由智能合约完全替代各项准则,从而实现相互保的有效执行。区块链技术在相互保中通过基于技术的互信,能够节约传统方式建立互信的高成本,进而降低相互信任门槛,吸引更多的参与群体加入互助保障。

2. 区块链技术在保险理赔环节的场景应用

理赔是保险业务的重要环节,投保人希望通过保险产品来转移和分散风险,但是为了获得理赔,投保人通常需要提供一系列复杂的材料,而且要处理相当繁杂的理赔流程。在具体的保险理赔业务中,通常需要专业的理赔人员来检查索赔材料是否完整、收集具体理赔信息、确认损失范围和计算理赔金额。复杂的理赔流程不仅增加了保险公司的运营成本,还极大地影响了保险公司的理赔效率,从而影响了投保人的理赔体验。

将区块链技术应用到保险业务的理赔环节中,可以大幅简化理赔流程,减少保险公司的运营成本,并缩短保险理赔处理周期。基于区块链基础技术应用而建立的保险业务平台,理赔环节全程都可以由平台系统自动操作完成,融入智能合约中的业务规则不需要传统的人工操作,理赔专员无须再仔细检查各项具体的索赔材料,极大地提升了保险公司理赔环节业务流程的工作效率,降低了保险公司的运营成本。

3. 区块链技术在反保险欺诈环节的场景应用

随着保险业的发展,保险欺诈行为也难以避免,道德风险与逆向选择问题频繁发生。在传统保险业务工作中,保险公司与投保人均存在互相欺诈的可能。由于信息不对称的存在,投保人与保险公司之间不信任感会加深,导致投保人投诉增加和客户流失。保险欺诈行为不仅可能侵占保险公司的利润，还可能损害投保人的合法权益，尽管保险业在反保险欺诈上做出了许多努力，但现实情况依旧难以得到改善。

区块链技术以其独特的全网共识机制和开放性的分布式数据库技术使得交易信息具有完全透明性，通过在保险领域中应用区块链技术可以帮助保险业缓解甚至解决保险欺诈多发的问题。首先，基于区块链技术构建反保险欺诈信息共享平台，通过检索历史索赔信息降低欺诈行为的出现并加强平台监管。其次，通过使用可靠的数据信息源和识别方法，建立唯一可识别的身份信息，防止伪造个人信息。

7.3.3 区块链技术在保险业应用的优势

区块链技术发展至今，以其特有的数据溯源技术、广泛适应的数据结构和高效的智能合约等特性，优化了保险业的数据信息共享，激发了保险业发展变革的强大潜力。

1. 区块链技术有助于降低保险公司运营成本，提高运作效率和理赔效率

保险销售是保险业经营发展的核心。目前，保险公司获客与展业的主要方式就是派出大量销售人员进行艰难地线下推广，人力与材料成本巨大。传统的保险经营模式沿袭自上而下式的层级管理模式，由于层级分立和人员复杂，管理效率十分低下。另外，传统保险的大量运转工作需要消耗极大成本，加上业务运作流程十分烦琐，经常会因时间冲突造成优质客户流失。总公司统一指导各级分支机构展开经营，保险产品销售、内部人员调动和资金核算等工作需要层层向上审批，浪费了大量公司资源。如果保险公司能够实现人员快速调配和保费及时清算，将促使保险业的运作效率获得极大提升。借助区块链技术中的智能合约核心技术,搭配互联网云计算技术,可以建立完全智能化的新型销售管理体系,大幅提高保险公司的运作效率。在新型销售管理体系中,保险公司的产品与用户的投保需求将进行智能匹配,通过大数据和互联网云计算技术深入剖析客户的投保需求,并为用户推荐最合适的保险产品。同时,根据保险合同条款和费率标准准确迅速地完成保费结算,彻底解决费用清算与理赔困难等问题,大幅提升保险公司的运作效率。

运用区块链的去信任化和共识机制,客户可以在平台上轻松下单,后期数据都会实现自动更新,不仅智能合约可将纸质合同转变为可编程代码,而且保险理赔在智能合约下自动发生。同时,区块链是天生的"记账专家",赔偿标的价值可以追本溯源,并实现永久性审计跟踪。按照普华永道的研究结果,保险业采用区块链技术可节省15%~20%的运营费用。

区块链技术能够显著提高保险公司的理赔效率,增强客户的体验满意度。借助区块链赋能,保险业的理赔流程可完成全新迭代,并实现理赔效率的飞速提升。一方面,基于区块链技术的电子发票作为理赔凭证,会在生成、传送、存储和使用的全过程中盖上时间戳,既保证了发票真实性,又节省了人工审核环节,理赔流程大大简化;另一方面,区块链智能合约保证了保险合同、条款的公开透明,一旦满足理赔条件便自动触发赔款流程,由此大大提高用户的获得感与体验度。

2. 区块链技术有助于加强保护客户信息安全

信息技术的数据公开虽然能够准确便捷地获取海量数据,但也容易泄露用户隐私和侵害人权。个人信息安全隐患贯穿投保、核保和赔付等关键环节,数据信息的泄露会严重威胁用户的人身财产安全。更有某些不法机构通过不道德的营销手段和不透明的定价模式,非法篡改保险公司平台数据资料,侵害用户个人权益的同时还严重损害了保险业的声誉。区块链技术可以保障用户数据信息不被他人非法窃取。区块链技术的分布式机制要求各个节点共同参与数据的计算与记录，并且相互验证数据信息的有效性。区块链技术的分布式智能身份认证系统，可以确保各节点在进行信息查询时仅能查询到交易数据，而完全保密用户的个人信息，在避免用户个人信息泄露的同时也能确保用户在完成交易时不受其他信息干扰。

3. 区块链技术有助于解决保险业的信任难题，识别与防控客户的道德风险

信用是各行各业发展的基石，保险业自然也不例外。用户对保险公司的信赖是保险公司经营发展的基础。目前我国的个人征信信息获取较为困难，保险公司为获取客户的信用评价往往需要耗费巨额成本。区块链技术以其全网识别、算法评估和分布式存储机制，在保险业务平台与用户之间打造了全新的交互方式，提供了保险业重筑信用体系的可能。基于区块链技术的信息共享查询，成员机构的全部信息调用查询都会记录在各数据库中，不仅确保了信息的不可篡改，而且可以追溯信息的具体来源；同时，保险公司无须借助其他任何机构即可通过平台内部真实信息自动进行信用评估，高度透明的平台信息使得市场中任何主体过往的失信行为都将立刻暴露出来，构建出一个科学完整且没有信息不对称的信用评估系统，促使保险公司与客户之间形成诚实守信、相互信任的良好机制。

道德风险与逆向选择一直是保险业的固有痛点，客户或中介机构利用保险公司与自身的信息不对称进行骗保的欺诈事件不断发生。但是，搭建了区块链平台后，保险公司一方面可以利用区块自证明模式，通过区块链的公开信息对个人身份信息、健康医疗记录、资产信息和各项交易记录进行验证，做到核保、核赔时实现十分准确的判断。另一方面，区块链存储用户数据（即客户信息）独立于承保人存在，数据能够通过客户的公共密钥让第三方获得，保险公司就可以根据完善的行为记录将传统理赔过程中一票多报、虚报虚抵等

欺诈行为挡在门外。

4. 区块链可以增强保险产品的自我弹性,提高资金的配置效率

因为区块链上信息记录是准确的,保险公司就可以将同样一份保单的合同按时间分段,在某些特定时间段内,根据风险的临时变化提供临时性保障。这种柔性赔付机制,可以使保险公司更好地分布存量资金,也能提高赔付的精准度。

5. 区块链重塑保险业基础设施

保险将信任作为其核心价值,通过应用区块链等创新技术,将数字货币和商品互联,实现透明、安全的价值转移。保险业可以通过将其身份管理、数据、流程的所有权和管理权授权给客户,积极寻求新技术和新策略来创新产品、提高服务质量,引入新兴技术应用留存客户和创新商业模式,实现预期的战略利益。

基于区块链技术的价值,互联网主要有以下3个主要特征。

(1) 多节点参与记账维护,去中心化的大账本。

(2) 不可篡改性、可追溯。

(3) 可编程性。

保险业可以应用区块链技术的以上特征,实现对安全、分布式交易的访问(设有进入分类账的共同访问权限,分类账有审计、跟踪交易记录的功能),为不可否认性、治理、欺诈预防、财务数据和报告提供改善的基础。针对变化发出的准确、及时的通知可帮助改变风险和资本管理以及调整大数据策略。大数据在信息可用性和安全性方面提供基础性信息服务,这些信息服务覆盖客户资产、优先级别、偏好及第三方信息等各方面。在技术层面,保险公司在整合值得信任的第三方生态系统中发现机遇,以降低其全球性平台的成本,

提供客户黏性和市场份额，建立新的价值主张。在市场层面，保险公司通过改善数据获取、第三方控制及加强对其产品和服务（包括恢复服务和网络保险）相关风险的管理，在公司治理中发现机遇。强化信任是系统性的，这需要多层投资加速客户信息、支付、移动、数据、分析和自动化，而这一切都由数据链条策略支撑。技术基础架构（标准、通信模式、变更控制、数据保护、治理和支持保险市场的监管）将在更广泛、更脆弱，甚至在分离的生态系统中，随着时间的推移、参与者数量的增加，可以有效地扩大规模。

将智能合约与区块链技术相结合，能够在很大程度上简化投保和理赔服务的流程，通过机器的程序化运行，可以极大降低人为操作风险，从而将违规的可能性降到最低。区块链中各区块按时间顺序相连的特点，也方便监管层发现违规操作。伴随着区块链技术的快速普及，区块链的应用将扩展至整个保险业，甚至是整个金融圈。因此，区块链技术的应用将会是未来保险业最重要的基础设施之一。

6. 区块链可以加强保险公司产品开发的广度与深度

长期以来，保险产品的形态设计依旧还是停留在卖方层面。但是，通过区块链将用户信息、保单信息及理赔信息记录存储起来，并依靠区块链的安全多方计算技术挖掘数据价值，服务于保险产品的开发。与此同时，区块链数据是开放的，行业之间在合规的前提下可以做到数据共享，由此便可帮助保险企业更完整、更清晰地加强 KYC（客户认知）管理，依据买方需求开发出更多有效性产品，实现产品的快速迭代和演进。

保险是一个覆盖口径宽大、关联性很广的行业，而目前相关数据割裂存在于不同管理组织，出现了明显的数据孤岛。区块链的开放性可以让各个机构实现对数据的共享，并形成共赢互惠效果，最终将更多的普惠功能传递给公众。当然，由于区块链存在非对称加密机制，即信息获取方要获得对方完整信息必须同时取得对方的密钥许可,因此,用户或者患者的敏感信息都不会出现在保险机构或者医疗机构的视野范围内。

7.4 区块链技术促进保险市场改革

7.4.1 区块链与新型保险业务

区块链分布在计算机网络中。区块链能够促进不同个体和不同地域之间的交互,进一步打破不同地域甚至全球之间的地理隔阂。区块链技术和相关应用是全球范围的,对于个人使用者,所需的仅仅是一台计算机(或一部手机)、可以接入网络的环境以及一张信用卡。区块链可以在空间上扩大产品范围,改变保险业整体格局。随着区块链的应用,保险的覆盖率可以从空间上进行调整。不同人在不同地点使用相同的区块链,模糊了本地和全球之间的界线。这也积极推动了金融的包容性,使得一些产品由不可用变为可用,一定程度上使用技术手段,推动了互联网保险和互助保险的发展。

1. 区块链与互联网保险

互联网保险是保险从业机构通过互联网及移动通信技术,为客户提供一系列保险服务的新型金融业务模式。互联网保险从业机构在线销售保险产品,同时在线提供售前咨询、售中承保、售后保全及出险理赔等保险服务,并通过第三方机构实现保险相关费用的电子支付。

互联网保险的优势体现在以下3方面。

(1) 在营销模式上,相比传统的人为推销,互联网保险加大了产品的自主选择性。客户可以在线比较各家保险公司的产品、保费报价及清晰明了的保障权益，使退保率大大降低。

(2) 在线服务效率更高。互联网让投保更简单，信息流通更快，通过产品咨询在线化、理赔服务互联网化、传统纸质保单电子化等方式极大地提高了保险服务效率。

(3) 互联网保险也帮助保险公司获益更多。通过互联网可以让保险业保持高速、健康发展，能够在提高运营效率的同时，大幅降低相关服务环节的运营成本，从而提高保险公司的整体经营效益。

目前，互联网保险的商业模式主要有以下 5 种。

(1) 官方网站模式：传统大中型保险公司出于展现自身品牌、服务客户及销售产品的需要，纷纷建立自主运营的官方网站。该模式下，需要保险从业机构拥有充足的资金、丰富的产品库及完善的服务体系。

(2) 第三方电子商务平台模式：第三方电子商务平台，原则上只为交易双方提供信息服务。这类平台具有运营独立、网络化程度高等特点。在该模式下，多数平台主要依靠其流量优势，优先上线理财类保险产品。

(3) 兼业代理模式：在该模式下，代理机构的主营业务并非保险，其主要依靠自建的客户网络体系开展保险业务。例如，常见的汽车 4S 店，其主营业务为汽车销售及后续维修、保养服务，同时也代理保险公司的车险业务；4S 店车险业务的开展，主要通过其自建的车主会员俱乐部、车主服务群等在线社交论坛的渠道完成。

(4) 专业代理模式：专业的中介代理除了对资本金、网络系统安全性等多方面提出要求外，还需要申请网销保险执照，较网络兼职代理模式更加安全可靠。上千种保险的线上销售和线上理赔需要专业的互联网保险代理、科学的保险产品决策以及完善的内部风险管控，以此来避免缺乏复杂的风险评估步骤带来的风险。如何进一步涉足评估工作更为复杂的传统险、健康险、分红险、家财险、责任险的销售,如何利用发达的国内电商在保险竞争激烈的环境中保持长期稳定的大客流是专业中介代理模式面临的主要挑战。

(5)专业互联网保险公司模式:在该模式下,专业的互联网保险公司,普遍采取纯互联网运营模式,其业务办理主要在线完成,基本不设线下实体门店;其机构组织架构及运营方式,类似于银行业的直销银行。

专业互联网保险公司的优势体现在以下3方面:①在数据的收集、归拢、分析方面有先天优势,使得个性化的保险服务成为可能;②可利用大数据手段分析消费者行为,挖掘新的需求,开发新的保险产品;③引入信用评价机制作为承保标准的参照之一,有效解决道德风险问题。

中国保监会原副主席周延礼在2016夏季达沃斯论坛上表示,互联网保险业适应互联网时代的创新。据悉,2015年中国互联网保险签单保费超过2000亿元,从2011年的32亿元到2015年的2234亿元,互联网保险保费规模4年实现近69倍的增长。

与互联网保险高速增长相对应的,则是金融风险的与日俱增。"信用+杠杆+风险"的金融公式,在保险业也同样有效,如何实现保险业的"互联网+",已经成为业内创新的迫切问题。

目前,互联网保险场景化已成为业内普遍认同的发展思路。然而,在互联网生态里无处不在的风险也令人避之不及。因此,有保险业专家提出,区块链技术是去中心化、去第三方的底层架构技术,具有较好的兼容性,可以顺利地将互联网的体系架构和区块链整合起来,形成新的技术体系,以解决互联网保险业务中的成本、风险和隐私等问题。

2016年7月9日,水滴互助、易安保险、火币网、慕尼黑再保险、宜信保险服务、千方集团、新发展资本等机构,在北京发起成立了区块链保险实验室,共同探索区块链技术在保险领域的应用前景。实验室的发起机构涵盖互联网保险公司、保险中介公司、互联网类保险互助平台、再保险公司、比特币交易平台、大数据公司、海外科技创新基金等,从各个不同的角度聚焦于保险业的区块链应用,成为目前国内参与机构最多、专业度最高的区块链应用研究机构。区块链保险实验室在成立的同时,还向悉尼大学申请了相应的研究课题,力图与区块链践行者共同进行区块链保险的探索。

当前,保险业对于区块链技术的应用,主要是向两个方向进行探索:一是技术融合方向,由于记载于区块链上的数据都经过了加密处理,能有效避免数据泄露、丢失等潜在风险,可以在区块链上存储相关的标的信息、承保信息及理赔信息等,从而最大限度保证数据信息的安全;二是合作创新方向,让区块链技术在保险业务场景化的拓展中扮演新的角色,推动产品服务创新。

在区块链技术架构下,所建立的新型信任关系使交易各方之间不需要进行私下联系,每个人都可以自己控制和追踪自己数据的分布。在当前互联网时代,技术是基础、场景是土壤、金融是催化剂,各方面缺一不可,而且要互相融合,才能共同推进。

2. 区块链与互助保险

互助保险(又称相互保险),是指面临同样风险而产生共同保险需求的人自愿组织起来,共同协商制定风险补偿规则,预交风险补偿分摊资金,从而保障每个参与者的风险损失。这反映出的是参与互助保险的受保人相互之间的一种保障关系。互助保险是指投保人(即股东)不仅享有保障,还享有互助保险公司或者组织的所有权、管理权和监督权。公司资金及运营所得归全体投保人所有,管理层由全体投保人选举和任免,重大事项由全体投保人共同决策。因此,互助保险组织和公司从模式上就决定了它的经营目的是为全体投保人的利益服务,无论是风险保障还是资金管理,自始至终都是为投保人利益服务的。

从保障范围看,互助保险的范围比商业保险更广、更灵活。由于商业保险的盈利性要求，所以盈利性较弱、推广难度大、目标客户群体较小的保险产品通常都得不到承保。而互助保险是面临共同风险的同类人群自发组织起来共同应对风险，无论人数多少、保障风险的概率高低，只要大家都认同承保、理赔的标准，就可以运行。

从保费支出来看，互助保险的保费支出要低于商业保险。主要有两个原因：一是销售支出减少，互助保险主要是面向同类人群，他们天然具有较强的聚集性和传播性，有利于产品的传播和销售。而商业保险更多需要专门的销售人员面对客户——销售，所花费的成本较高。二是资金收益的不同，在同样的资金管理策略下，商业保险公司需要抽取一定的利益，而互助保险将所有的收益都返还给投保人。因此，中间环节的减少使得互助保险的人均保费支出更低。

从资金筹集能力上看，商业保险要强于互助保险，因为它有更多的资金筹集渠道，例如公开发行股票。而互助保险从理论上只能向会员收取更多的会费。所以在过去 200 年，有不少互助保险公司因为资金问题而转型或者关闭。

从决策效率上看，商业保险也强于互助保险。因为它的重大事项由公司的管理层直接决定，而互助保险需要全体投保人以特定的方式参与，无论是直接参与还是选举代表参与，其过程都必然会更长。

综合来看，互助保险和商业保险各有利弊。前者更有利于投保人的利益最大化，后者更有利于保险公司的生存和发展。目前，互助保险占到了全球保险市场 27% 的份额，为将近 10 亿人提供保障。纵观全球互助保险的发展，发现历经几百年的变迁，互助保险公司起起落落，最后生存下来的依然不在少数；其中留下来的无论从资金规模还是产品结构上都堪称业界的巨无霸。例如，日本最大的寿险公司日本生命保险相互会社，历经 100 多年的发展，成为日本最大的寿险公司，每年保费收入接近 400 亿美元，掌管着日本主要的养老金发放,可见这一模式在经营上具有很强的适应性。

随着经济社会的互联网化程度不断深入,无论是互助保险还是商业保险都面临新的挑战和机遇,同时也会诞生更多的新兴公司及商业模式。无论如何变化,两者都各有所长,对于整个社会而言,它们和社会保障、企业的自保险体系一道构成完整的保障体系,互为补充,缺一不可。

点对点互助保险平台将分流保险业务。区块链点对点的特性非常适合互助平台的开展,通过智能合约的设计,一个人出险时,其他人自动向其支付赔付款项。同时,区块链的共享透明特点降低了信息不对称,从而降低了逆向选择风险,历史可追踪的特点也有利于减少道德风险,这都将降低互助保险的管理费用和难度,在该模式架构下,保险公司不再是风险的直接承担者,其职能将主要体现在提供专业的保险咨询服务、管理保费、互惠池等方面。

区块链将以互助保险应用模式颠覆今天的保险行业。互助保险的逻辑出发点很简单,保险本身就是一个互助行为,因此一旦技术允许,投保人并不需要一个中介充当组织者,建立资金池,将投保人的保费去做各种投资。投保人完全可以通过点对点互助的形式,在没有资金池的情况下,通过互助来达到保险的目的。未来,人们对于风险的认识及理解,将随着科技的发展及应用而改变,其中就包括区块链技术。目前,保险业的业务模式,主要是依托于有着强大资金后盾的中心化组织(通常为保险公司),与投保人签订保险合同。区块链技术的应用在一定程度上将改变保险公司与投保人之间的关系,即保险双方由简单的合同关系向互惠型关系转换;而保险双方的关系能够转换到何种程度,则更多取决于区块链技术可以成功应用的规模以及市场参与者的热情。借鉴于分享经济的发展历程,例如 Uber、Airbnb,来思考区块链技术在保险业的应用。在以区块链技术为建构的互助保险体系下,保险公司将不再是风险的直接承担者,而是作为保险专业咨询顾问及保费互惠池管理者而存在。通过区块链技术,使保险公司与投保人能够在互信、互助的基础上,最终实现双方利益的共赢。

基于区块链技术的 P2P 保险商业模式有过更有趣的模式设计。在 P2P 保险下,保险公司将提供一个保险交易市场,用户可以在市场内提出自己的保险需求,无论是标准化的还是非标准化的,保险公司随后通过自己掌握的历史数据给这个保险需求计算出一个参考保费和响应的承保方的预期收益率。随后,想要提供承保服务的用户就可以竞标这份保单,既可以一对一,也可以一对多。在这种 P2P 保险模式下,用于资金端的来源是投资人用户,保险公司可以轻资本运营,甚至这个交易平台可以是外包由第三方运行的。另外,P2P 保险由于没有保费资金池,可能在监管上和 P2P 借贷不需要金融机构牌照一样不需要保险牌照,减轻了合规成本。

未来,互助保障计划在统一的监管体系下,会有更多的专业化保险公司也将逐步涉及此类业务。通过专业保险机构的参与,利用成熟的风险管控模型,能够更加科学地进行风险定价,同时借助于商业化保险公司强大的资金实力,也能够最大限度确保互助保障计划的参与者,在未来出险后能够获得合适的经济补偿,保障参与者的实际权益。

2015 年 1 月,中国保监会出台了《相互保险组织监管试行办法》,使得发展点对点模式的新型互联网模式成为可能。监管政策正式放开后,已有不少机构向监管层申请牌照。2016 年 6 月 22 日,中国保监会批准了信美人寿相互保险社、众惠财产相互保险社和汇友财产相互保险社的筹建方案。

未来,获得监管牌照的专业相互保险社,可能会广泛应用区块链技术,在该技术架构下推出相应的互助保险计划。首先,可以满足监管层的监管需求;其次,能够以较低的成本获取参与者真实的承保信息,在保证运营的同时,大幅降低运营成本,保证机构整体的经济效益;最终,将保险的互助保障功能发挥到最大的程度。

7.4.2 区块链与保险服务

1. 提高客户的参与度

区块链应用于客户征信与反欺诈,可以降低法律合规成本,防止金融犯罪。金融机构的客户征信及法律合规的成本不断增加。过去几年各国商业金融机构为了满足日趋严格的监管要求,不断投入资源,加强信用审核及客户征信,以提升反欺诈、反洗钱,抵御复杂金融衍生品过度交易引发的系统性风险的工作成效。2014 年,瑞银集团为了应对新的监管要求,增加了约 10 亿美元的支出;2013—2015 年,汇丰集团法律合规部门的员工人数从 2000 多人增至 7000 多人。为提高交易的安全性及符合法规要求,金融机构投入了大量的资金与人力,承受了极大的成本负担。

将客户信息、交易记录等相关信息,在区块链上进行存储,能够有效帮助金融机构及时识别异常交易,同时有效地进行反欺诈。区块链技术也可以在很大程度上重塑当下的征信体系。金融机构进行客户识别时,可以将有长期不良记录的客户数据上传至区块链中进行存储。在确保所有操作合法、合规的基础上,将相关信息实时更新、上传,并保证信息的自动化加密,就可以大幅提高金融机构的运营效率,避免许多重复工作。金融机构通过分析、监测区块链上异常交易数据信息,能够及时发现并避免欺诈行为的发生。

区块链将账户及支付信息存储于区块链数据库,可以帮助实现账户数据的标准化,从而改善数据质量并减少被错划为可疑交易的数量,防篡改记录还可能使了解客户及证明反洗钱监管合规情况的过程更为顺畅,提升反洗钱和 KYC 的合规监管效率。

区块链可以帮助管理数字身份证(digital ID)、个人身份认证和历史信息。使用区块链管理个人身份将有效地填补数字身份验证的技术空白。假设用户有一个便携的、安全的、全球可用的个人数据存储在区块链里,任何时候都可与可信第三方分享健康记录或者驾驶记录。那么你可以将健康记录提交给一位新医生或者得到一个人寿保险报价,或者可以将驾驶记录提交到一个机场柜台,从而获得汽车租赁折扣。个人数据存储记录也许包含用户的生物特征数据,这样就可以在任何时候证明自己的身份。

在保险业的应用领域,KYC对于保险业的重要性不言而喻。人寿保险与金融服务巨头公司约翰·汉考克正在进行一个KYC实验。该项目实验运行于约翰·汉考克公司的法律部门,旨在简化公司的后台操作。

2. 提高行业效率

区块链技术可以通过程序化设置给保险业带来更快的速度和更短的结算周期,从而提升整个行业的效率。

保险的运作本质,就是将投保人的资金放在一起组成一个资金池,一旦有投保人出险,资金池会将部分资金按约定给予该投保人。该运作模式可以通过区块链技术的编程实现,这样的好处就是可以极大地减少保险所需要的成本。保险的成本非常高,主要产生在销售环节和保险公司的日常支出方面。只要能确认区块链技术不能作弊,就可以在保险业极大降低人力成本,大大提升保险业的效益。目前,保险业的结算审核周期为2~3天,区块链技术的运用能够大幅缩短结算审核周期,在降低结算风险的同时,还可以大幅降低资金成本和系统性风险。区块链交易确认和结算同时进行,节点交易接收到系统确认后自动写入分布式账本,并同时更新其他所有节点对应的分布式账本,自动化的运作机制可以大幅缩短结算所用周期。保险公司在优抚安置、核保理赔和合规等方面,都可以基于区块链技术来提升效率。

优抚安置,促进保险合同的安排和管理(包括所有相关文件),首先是顾客的保险申请，经纪人列举风险，承保人接受风险，然后应对合同有效期期间所有变化和事宜。运用区块链在经纪人、担保人、投保人和再保人之间分析、存储和共享资料，可以减少失误，通过消除数据和核对账目的重复录入控制时间和成本，保证一致性，并对正确信息提供即时访问。普华永道还在此次研究中建立了一个区块链概念验证来展示其工作原理。

利用区块链技术也能提升核保理赔效率。随着区块链技术的发展，未来关于个人的健康状况、发生事故记录等信息可能会上传至区块链中，这样在投保时，保险公司将可获得其真实的风险情况，从而减少了核保成本，提高了核保效率。当出现风险，如车祸时，交警能将真实车祸情况记录到区块链中，而保险公司则可通过智能合约直接支付赔款至被保险人的钱包。目前，英国的区块链初创公司 Edgelogic 正在与英国英杰华保险公司（Aviva）对珍贵宝石提供保险进行合作探索。

合规任务，为客户和企业减少一些麻烦，如确认自身身份、反洗钱和制裁过程。区块链记录了客户的识别文档证明和验证证据，它会提供一个单点检查，并大大减少在一个交易上进行多重校验的时间。目前，一份保险合同中所涉及的所有经济人和承保人都是各自独立进行所有这些校验操作，因此在安抚过程中造成了大量的重复工作和延迟。消除这些重复工作将会减少成本，并加速保险合同的安抚过程，为顾客提供更优、更便利的服务。同时，失误的风险和由此产生的负面声誉影响也会大大降低。这样才有可能引进对时间要求严格的保险交易。

应用区块链技术的保险产品，根据地理位置和时间调整其覆盖范围和定价。区块链可以让人们跨越空间交换和转移价值，也可以在同一时间配合各地点的不同个体达成其具体需求。通过这种与空间形成的双重体系，保险公司可以扩大产品跨区域范围，使保险产品能调整其覆盖范围和定价。还可以结合区块链和大数据技术解决某些管理问题，如远距离管理内部连接的设备等。

定价模式可能发生改变。区块链技术自诞生起就没有区域的概念,是全球共享的。目前,许多保险公司在定价时趋向于将不同区域的人进行差异化定价。随着区块链的发展,区域就变得不重要。可以根据风险的实际分布,满足特定人群的要求,同时还可以进行更多个性化定价。

保险公司想要成功实施区块链技术有 3 个关键要素:协作、试验和实验。公司合作实施区块链技术,如果它们的互动变得更有效率,那么它们也将会收获巨大利益。

7.5 区块链技术在保险业应用面临的挑战及建议措施

7.5.1 区块链技术在保险业应用面临的挑战

对于区块链技术的未来发展及应用,各监管机构近两年来逐步认识到了区块链技术的价值,并在政策层面逐步引导和推动区块链技术的发展,拓展了区块链技术在保险业的应用前景。而从当前的情况来看,区块链技术在保险领域的场景应用仍然面临着诸多挑战。

1. 专业技术人才极度短缺

世界各地的研究机构对于精通区块链技术的专业人才需求在近几年达到了爆发式增长,而人才供给却远远无法满足市场需求。一方面,目前区块链技术现有人才保有量少,而各大高校和科研机构却没有足够的专业人才输出。当前区块链技术的从业人员,绝大多数都是人工智能或者计算机开发方面的技术人员通过后续学习而来,这批人员早已被各大公司抢先聘用,市场里的剩余人才数量极少。另一方面,由于许多从事保险业的区块链专业人才只是具有专业技术背景,而缺乏保险业相关专业知识和工作经验,在保险领域具体环节的区块链技术应用研发中面临着巨大的知识瓶颈。

2. 技术研发推广成本较高

区块链技术作为一种新兴的技术,在产品研发初期,保险公司由于缺少相关人才储备和技术积累,使保险公司在建立技术研发部门、引进相关设备、开发测试平台以及培养专业技术人才等方面都需要投入巨额的资金;同时,在产品研发的过程中,保险公司可能还需要承担会发生的沉没成本和机会成本,由于新兴技术产品的研发周期长,且科学技术发展日新月异,保险公司在未来收益不确定的情况下,需要投入的研发成本极为高昂;在产品推广运营阶段中,保险公司还需要借助大量宣传手段获取用户信任,引导用户接受新兴产品,由此产生的销售费用也是保险公司将要承担的额外成本。

3. 法律监管体系尚需完善

区块链技术为保险业的转型发展注入了新的动力,但同时也带来了新的问题。由于区块链技术在我国保险领域的应用仍处于发展初期,相关法律体系尚需完善,行业之间缺乏统一的技术标准,技术应用缺乏有效监管。区块链技术以其去中心化特征避免了传统经济中的许多矛盾,但是也带来了主体信息不透明和不明确的问题,匿名化的技术特征极大地增加了监管审查难度。随着区块链技术不断发展成熟和去中心化技术理念广泛传播,传统保险公司与区块链技术平台之间的界限会日趋模糊,监管机构难以对其实施有效监督。区块链保险业务一旦遭到黑客技术攻击就会导致客户个人信息泄露,区块链技术在保险业的应用将会备受质疑,整个区块链技术体系也将受到较大的负面影响。

4. 区块链技术应用的不确定性风险

区块链是数据库、密码学、分布式技术、博弈论等多种技术组合集成的新兴技术，其研发周期长，更新迭代快，开发难度大，投入成本高。随着"互联网＋"浪潮的不断推进，全球对于区块链技术及人才的需求与日俱增，但我国区块链技术的专业人才总体呈现供不应求的态势，这些因素制约着区块链在互联网保险业的应用与发展。区块链技术是分布式架构，满足 CPA 原理，即分布式计算系统不可能同时确保以下 3 个特性：一致性、可用性和分区容忍性。像财政金融政策目标难以同时满足资本自由流动、汇率稳定和货币政策独立性 3 方面一样，区块链技术在安全性、低成本、去中心化 3 方面中也只能选其二，存在三元悖论问题。

5. 互联网保险企业间的区块链技术共享合作深度有限

当共同创建一个由竞争对手等外部参与者组成的区块链时，互联网保险企业常常不愿意放弃某些它们视为差异化竞争优势的运营方式。以上这种中心化思维严重制约了区块链技术在互联网保险的运用，目前互联网保险企业之间的区块链技术结合仅限于表面，业务合作深度十分有限。

7.5.2 区块链技术在保险业应用的建议措施

区块链技术的匿名化分布式存储、连环相扣的数据逻辑和不可篡改的记录方式，使其在保险领域的应用空间十分广泛。结合区块链技术的优势和趋势，我国可以在以下 4 方面推进其在保险领域的发展应用。

1. 加快人才培养与技术储备

保险公司需要加快公司的人才培养与技术储备，制定相关的人才吸引和鼓励措施。保险公司必须通过多种方式培养相关技术人才，在公司内部挑选条件优异、综合素质较高的员工进行内部培养，强化自身内部技术支撑能力；通过与重点院校的合作，根据公司用人需求设置具有针对性的专业课程，支持和培养相关专业人才，在解决关键问题的过程中培养出一批实践型人才。此外，保险公司应加强外部技术合作，密切关注国内外区块链技术的前沿动向，加强与国内外相关组织机构的交流沟通，积极参与并推动区块链技术在保险领域中的场景研发应用，有针对性地加大资源投入力度，并加快技术开发速度，大力培养在未来国际保险领域竞争中的优势。

行业内和学术界应当合作，加大研发和资金投入力度，加快对先进的区块链技术的引进。由于区块链技术及其运用于互联网保险的复杂性，亟须开展校企合作，高校与企业共同培养学科交叉、知识融合的专门人才，如 IT 技术人员同时掌握一定的保险等金融知识。面对前文提到的三元悖论，从货币银行学的解决思路出发，在区块链系统设计中适当弱化对某个特点的要求，在确保安全性的情况下，根据实际产品，在低成本和去中心化两者中选择其一做到最优，使区块链技术在互联网保险中得到更好运用。

2. 深化行业之间的技术融合

在区块链技术的基础上，促进行业之间技术融合，改善用户体验。从用户具体需求角度出发，深度整合行业内部各公司数据信息和技术平台，有效评估出区块链技术在保险领域各环节中最适合的应用场景，设计出良好的商业模式和业务流程，促进相关技术在保险领域的共建、共享。与此同时，保险公司应密切关注区块链技术在保险领域应用的前沿动态，并不断提升行业之间技术融合的有效性和高效性,最大限度地发挥区块链技术对保险业务发展创新的推动作用。

3. 加强法律监管和行业自律

我国应尽快制定与区块链技术应用相关的法律法规,明确监管态度,完善监管制度,优化监管体系设计,升级监管技术和手段,探索形成适度有效的风险管理体系;对技术发展更新中出现的问题,需要结合实际情况及时进行规范引导,并建立、健全区块链技术在保险领域应用的治理体系,不断加强保险业区块链信息平台的安全稳定性。各保险公司应共同成立区块链技术场景应用开发研究协会,制定行业自律准则规范,明确行业技术应用的具体准则、发展目标和发展路径,逐步确立行业技术统一标准,为保险业应用区块链技术进行业务发展创新提供正确指引。

4. 完善基于区块链技术互联网保险的监管制度

一方面针对区块链技术,加快制定专门的技术标准和协议,类似于TCP/IP,以实现区块链技术的规范、统一。业界先行者们虽然已经针对独立的区块链推行了各种各样的标准,但是这些标准因出自不同机构,存在难以兼容的问题。目前国际标准化组织(ISO)已经开始着手制定区块链和分布式账本技术的国际标准(ISO/TC307),由花旗银行、摩根大通、瑞士银行等共同组成的 R3 区块链联盟也在为此努力。我国也需及时吸取国外的监管经验,加快监管步伐。另一方面,现有的互联网保险法律和监管框架,不完全适用于基于区块链技术的互联网保险,需完善现有民商事法律法规和互联网保险法律法规,构建"行政监管为主、行业自律为辅"的区块链互联网保险监管体系。

7.6 本章小结

许多具有前瞻性的国际保险机构已经开始探索区块链在保险业的应用。截至目前，区块链在保险业中的应用有较大的发展空间，受限于区块链技术发展的局限性使得系统定性的分析难以开展，而定量的分析受限于数据的可得性也无法进行。区块链保险现有的研究通常建立在互联网保险的逻辑基础上，即利用区块链的技术优势解决和突破互联网保险所存在的问题。但是区块链技术将对传统的保险业务发生整体的颠覆，而不是仅仅针对互联网保险。基于这一认知，本章从保险的本质出发，分析传统保险所固有的道德风险、逆向选择、需求不足、风险不确定、供给困境、相互保险发展瓶颈等问题，并且结合区块链所具有的去中心化、开放性、透明性、自治性、数据不可篡改性、匿名性和隐私性等特征，分析区块链技术如何突破以上传统保险发展的难题，实现保险创新。

保险业是继银行业后讨论应用区块链最多的行业，区块链技术将整体颠覆传统保险业。区块链将在静态登记、身份识别、智能合约、动态记录、支付设备和验证数据等方面被业界所运用。就保险业而言，针对目前行业发展的痛点，未来可以借助区块链技术进行个人身份、医疗健康和资产证明等身份认知，通过共享连续的投保人信息指定精准的保险价格和核保理赔，运用智能合约减少人工成本，提高核保索赔以及赔付的效率。区块链技术将扩大承保风险的可保性范围，降低保险欺诈，并且优化保险公司与中介机构之间的委托代理关系。由于区块链技术的核心之一就是去中心化，因此存在部分区块链保险将颠覆保险公司存在价值的观点。

实际上由于保险业的特殊性，区块链保险的去中心化，只可能是技术流程的去中心化,主体上并无法做到真正的去中心化。未来区块链保险的发展将更适合在保险业所建立的联盟链上进行开发与应用。不过,区块链保险未来的发展仍存在不少挑战,既包括区块链技术本身发展的不确定性,也有区块链保险实际应用上解决速率和存储空间等问题,还有监管上如何针对技术进步做相应的调整等。在科技发展的大时代,保险业必须及早研究和布局区块链,并且同大数据、物联网、人工智能等技术相结合,实现优势互补和技术协同,才能应对科技变化对行业带来的冲击,实现保险业对人类社会发展的价值服务与价值提升。

区块链在保险业的应用还有许多问题值得研究和深入思考。

练习与思考

1. 保险公司想要成功实施区块链技术的关键要素有哪些?
2. 什么是互助保险模式?
3. 区块链技术应用于互联网保险的天然优势有哪些?
4. 区块链技术如何帮助保险业提高客户参与程度?
5. 区块链在保险业中的应用存在哪几方面的影响?

参 考 文 献

[1] 何定.浅论区块链如何变革保险业——基于特点及应用场景[J].上海保险,2017(4):24-25.

[2] 王玉华,戴泽曦.区块链技术在保险行业的应用场景研究[J].吉林金融研究,2019(6):16-20,24.

[3] 杨泽鹏,周北辰,叶广正,等.区块链保险平台创新优势[J].现代农业研究,2019,40(4):120-121.

[4] 许闲.区块链与保险创新:机制、前景与挑战[J].保险研究,2017(5):45-54.

[5] 唐文剑,吕雯.区块链将如何重新定义世界[M].北京:机械工业出版社,2016.

[6] 王硕.区块链技术在金融领域的研究现状及创新趋势分析[J].上海金融,2016(2):26-29.

第 8 章　区块链＋众筹

8.1　众筹概述

8.1.1　众筹的概念

众筹是通过借助互联网平台将大量投资者的小额资金汇集在一起,为某项共同认可的创新项目或初创企业进行投资的活动。目前,众筹是我国互联网金融领域的一种重要业态,已经成为促进我国资本市场加速发展的重要因素。

众筹的优势有如下 3 点。

(1) 便利性。众筹基于互联网技术实现线上融资,突破了传统融资过程中融资信息和投资行为的地域性限制,能够让投资者更加便利地开展投资。

(2) 小额分散。在众筹活动中,单个项目或企业可能会吸引众多投资者为其投资，每个投资者都只需要付出一小部分资金，从而积少成多，最终帮助项目或企业获得所需要的资金。这种小额、分散的特点，不仅有利于降低投资者的门槛，而且促进了普惠金融的发展。

（3）互动性强。众筹活动能够让投资者参与到项目的具体实施中来，融资者不仅能够从投资者手中获得项目所需要的资金，而且还能够从投资者那里获得很多资金以外的其他资源。例如，投资者针对项目提出自己的创意观点，利用自己掌握的知识积极参与项目的开发、生产与营销，提供人脉资源帮助企业扩展市场。

8.1.2 众筹的分类

目前，众筹在运作模式上主要分为 4 种类型：商品众筹、捐赠众筹、股权众筹以及债权众筹。

1. 商品众筹

商品众筹又称回报式众筹、奖励式众筹。一般是指在项目筹集资金的阶段，投资者通常会取得一些与项目产品有关的、非金融性的奖励或者回报。这些奖励或者回报可能是首映的电影票、刚发行的唱片，也可能是新鲜的有机农产品。

商品众筹实际上是一种预售式的众筹，即在产品或者服务尚处于设计和研发阶段时的众筹活动，这种众筹的主要风险在于产品或者服务不能顺利进入销售环节。

案例：ZANO 无人机项目

2015 年 1 月，Torquing 公司在 Kickstarter 平台上众筹研发一种只有 55 克重的微型无人机 ZANO，由于宣传到位，在当时以 12 000 人共出资 340 万美元的众筹金额创造了 Kickstarter 的众筹纪录，成为有史以来表现最好的众筹项目，被誉为"众筹之王"。然而，本应在 2015 年 6 月出货的 ZANO 无人机一再推迟销售时间，并于同年 11 月份宣布项目失败。

2．捐赠众筹

捐赠众筹是指投资者向筹资者提供资金后并不求任何回报，筹资者也无须向投资者提供任何回报的融资活动。捐赠众筹中，投资者与筹资者之间的法律关系属于赠予合同关系，因此其本质上是一种不求回报的公益型众筹模式。

目前，捐赠众筹发展较快，逐渐成为非营利性机构筹集善款来帮助受捐者的有效途径。我国比较知名的捐赠众筹平台有轻松筹、水滴筹、腾讯乐捐等。

案例：蚂蚁庄园

蚂蚁庄园是支付宝在 2017 年 8 月 6 日上线的一个在线公益活动，是一种新型的捐赠众筹模式。在蚂蚁庄园中，人们可以利用支付宝付款的方式在一个在线小游戏中领取鸡饲料，使用鸡饲料喂鸡后，就可以收获鸡蛋，最终用户可以用鸡蛋进行爱心捐赠。

目前，蚂蚁庄园开设过的公益项目有"帮宝贝战胜先心病""班班有个图书角""给困境儿童送生活包"等。以"班班有个图书角"为例，在蚂蚁庄园每募集到 7.15 万颗爱心，就能通过担当者行动"班班有个图书角"为乡村小学的孩子们捐赠一个班级图书角，获得至少持续两年的阅读服务。该活动并非简单的图书扶贫，而是面向县域乡村一线，为乡村学校每个班级配置高品质图书的班级图书角，并通过自上而下的广泛动员和外部专家智力支持，联合当地政府主管部门、教育家、校长、当地教学名师的共同力量，为整个县域的儿童阅读生态提供的系统服务。

3. 股权众筹

股权众筹主要是指通过互联网形式进行公开小额股权融资的活动。我国对股权众筹有着较为严格的限制：股权众筹融资必须通过股权众筹融资中介机构平台（互联网网站或其他类似的电子媒介）进行。股权众筹融资方应为小微企业，应通过股权众筹融资中介机构向投资人如实披露企业的商业模式、经营管理、财务、资金使用等关键信息，不得误导或欺诈投资者。

然而，股权众筹在我国尚处于初级阶段，有3种模式：①凭证式众筹，即凭证为交易的标的，投资者通常先在平台上购买所投资项目的凭证，进而享受相应的权利；②会籍式众筹，即投资者大多互为朋友关系，通过贡献各自的资源，如资金、渠道等，成为项目的股东；③天使式众筹，即创业企业通过众筹平台发布项目，项目通过平台审核后，由天使投资人领投，其他投资者跟投的方式进行投资，投资者按照出资比例获得创业公司的股份。

案例：联合光伏

2014年2月，招商新能源集团旗下的联合光伏与国电光伏在众筹网发起建立全球最大的太阳能电站的众筹项目。该项目计划筹资金额为1000万元，每份筹资金额为10万元，每个用户最多购买一份，所有投资者都会成为此次项目的股东。项目截至2014年12月，已经超额完成了预定任务，总计筹资金额达到1000万元。

4. 债权众筹

债权众筹是企业或个人通过互联网众筹平台向筹资人提供借款，进而获得一定比例的债权，并在未来获得利息收益并收回本金的一种融资方式，本质上属于P2P网络借贷。在我国，陆金所、拍拍贷、宜信都是较为知名的债权众筹平台。

然而,由于债权众筹活动中存在严重的信息不对称现象,此类众筹活动存在巨大的风险。

案例:e租宝

e租宝自2014年7月上线,凭借9%~14.6%的高年化收益率和铺天盖地的广告宣传吸引了众多投资者,规模迅速扩张。据网贷之家数据显示,截至2014年12月8日,e租宝总成交量745.68亿元,总投资人数90.95万人,待收总额703.97亿元,列行业第四名。伴随着规模扩张,一系列质疑声音不绝于耳。2015年6月,融360披露e租宝涉嫌通过虚假标的融资;2015年7月31日,有网友在微信长文中质疑e租宝搞非法集资,多个项目涉嫌造假。另据统计,e租宝平台存在高占比的注册资本变更情况,一个月之内,在e租宝平台上发布借款标的309个借款公司中有292家企业在借款之前发生过注册资本变更,占比94.49%。2015年12月8日,因涉嫌违法经营,待收逾700多亿元的e租宝宣布暂停日常业务,其关联公司钰诚集团被公安机关调查。

8.1.3 众筹面临的潜在风险

众筹作为一种新兴的融资模式,目前正处在快速发展期,然而由于众筹尚处于发展的初期阶段,在合规性和运作机制等方面还面临着不少的潜在风险。

1. 法律风险

众筹是一种新兴的融资方式,我国现行的法律尚无法适应众筹发展的需求,特别是股权众筹,存在着触及非法集资的法律风险问题。

非法集资包括两类主要的罪名:非法吸收公共存款罪、集资诈骗罪。

非法吸收公共存款罪须同时具备4个条件:未经有关部门依法批准或

借用合法经营的形式吸收资金;通过多种途径向公众公开宣传;承诺回报;向社会公众吸收资金。

集资诈骗罪的主要特征:以非法占有为目的,使用欺诈的方法非法集资,虚构资金用途,骗取公众财物。

在实践中,股权众筹往往会符合非法吸收公共存款罪的特征,倘若融资人具有非法占有的目的,则会构成集资诈骗罪。为了规避法律风险,股权众筹平台往往会通过注册会员和审核会员资格的方式来规避向社会公众吸收资金,即通过合格会员的方式将投资者特定化。

股权众筹还面临着擅自发行股票罪的风险。根据《最高人民法院关于审理非法集资刑事案件具体应用法律若干问题的解释》第6条的规定,该罪有两个特征:①未经批准公开发行(会涉及不特定对象且不限制人数);②向特定对象发行,人数超过200人。

股权众筹的运作模式很容易造成一个项目的投资人超过200人的股东限制。同时,由于投资人主要开展线上投资,且互不了解,因此很容易被鉴定为不特定的对象。

在实践中,股权众筹为了避免触及法律风险,主要采用线上线下相结合的投资方式。即投资者通过线上途径表明投资意向,然后通过线上或线下组建一个投资者社区,最终通过传统股权投资模式实现投资。同时,为了避免200人的法律限制,一些众筹平台还通过规定投资人的最低投资限额完成融资目标。

案例:美薇传媒

2013年年初,美薇传媒创始人通过其淘宝店铺美薇会员卡在线直营店销售美薇传媒凭证登记式会员卡,任何人只要花费120元就可以获得100份公司原始股,成为公司股东。2013年1月底共有1002人购买,其中通过淘宝店铺渠道募集的资金为38万元。美薇传媒这种公开销售原始股的行为被业内质疑为非法集资。2013年2月5日,阿里巴巴对外宣称,淘宝平台不允许公开募股,并于当天关闭了其淘宝店铺。中国证监会根据证监会的相关法规明确指出美薇传媒的行为不符合中国证监会的法规,责令美薇传媒向所有购买凭证的投资者全额退款。

2. 道德风险

众筹作为一种线上的新型融资方法,虽然有不同的运作模式,但是基本上都是利用线上发布信息和获取信息,实现投融资的对接。在此过程中,由于线上信息不对称,或者信息的造假问题,会存在各种类型的道德风险。

(1) 众筹平台的道德风险。众筹平台的盈利模式是从募集到的资金中提取一定的比例,成功的项目越多则盈利越多。因此在利益的驱使下,缺乏监管约束的众筹平台很容易在主观上给融资项目"放水",致使一些风险很大的项目进入融资平台。此外,不排除一些众筹平台和融资者相互勾结,故意抬高项目企业的估值或者隐瞒企业弊端,欺骗消费者,甚至与融资企业进行内幕交易、关联交易,乃至自融。

(2) 融资企业的道德风险。融资企业为了抬高公司的估值和融资的成功率,在对项目的介绍中会趋向于大力包装,采用极度乐观或误导性地夸大宣传项目回报的方式,回避项目风险。成功募集资金以后,在追求自身利益最大化的驱动下,融资企业可能不再按照合同的约定,更改资金的用途或者违规使用募集资金,这些都将给投资者带来损害。

3. 知识产权风险

在众筹这种融资模式中,投资者往往会投向富有创新性的项目。而筹资者为了能够吸引投资者,则不仅需要公布所需的资金额度,更需要向投资者展示项目的设计思路和设计理念等与知识产权相关的信息。但是,由于无形的知识产权在数字空间可以迅速传播,加上我国的知识产权保护体系建设还在不断完善,这种众筹的过程往往会涉及知识产权的侵权问题,并且难以确认侵权主体。

假如筹资者出于保护知识产权的考虑,只发布部分创意信息,则有意向的投资者则无法全面获得项目信息,很可能会失去投资兴趣,影响该项目的资金筹集。而当筹资者在众筹平台上全面展示其项目创意时,在现有知识产权保护体系不完善的现状下,其项目创意可能会被不法分子窃取,并推出与筹资者类似的产品。

即使筹资者提前针对项目创意申请了专利来保护其中的知识产权,由于众筹项目的公开性,以及专利保护的地域性,如果创意项目涉及海外市场,也很难保证知识产权不被侵犯。

4. 股权代持风险

在股权众筹中,目前我国的大多数股权众筹平台采用了股权代持的形式,以规避《中华人民共和国证券法》中对有限责任公司50人或非公开发行股票200人的人数限制。股权代持是指实际出资人与他人约定,以他人名义代实际出资人履行股东权利和义务的一种股权或股份处置方式。股权代持是一种非常规的投资方式,但是我国的法律并未对股权代持现象进行禁止,因此股权代持在我国是一种合法的投资方式,在有限责任公司的投资中非常普遍。

在股权代持这种形式中,众多的投资者作为实际出资人,其姓名并不出现在公司章程、股东名册和工商登记中,而是由挑选出的代表作为股东代持人,以他的名义入股初创企业。在这种情况下,实际出资人作为隐名股东,代持人作为显名股东,双方通过签订股权代持协议确立彼此的权利和义务。然而,由于股权代持协议存在内容容易被篡改、信息不对称等问题,因此这种投资方式会使投资者面临一些风险。

(1) 显名股东不支付投资收益。

显名股东与隐名股东间的关系是通过签订股权代持协议来确定的,根据双方意愿确定彼此的权利和义务。当显名股东受到投资收益的诱惑,拒绝将投资收益支付给隐名股东时,隐名股东只能通过举证的方式确定自己作为实际投资人享有投资权益的权利。如果隐名股东缺乏相关证明文件,则很可能丧失投资收益。

(2) 显名股东擅自处置股份的风险。

《中华人民共和国公司法》规定,出资设立有限责任公司的股东姓名应记载于股东名册,并将股东姓名在登记机关进行登记,未经登记的不得对抗善意第三人。因此当显名股东擅自将股份转让给他人或者将股权进行质押时,名字未经登记的隐名股东只能要求显名股东进行赔偿,没有权力向善意第三人提出索回股东权利或终止质押要求。此时,隐名股东的股东地位将被否定,会丧失潜在的投资收益。

另外,显名股东也面临着隐名股东不支付投资收益的风险。因此,如果在股权代持环节,显名股东和隐名股东的股权代持协议内容处理不当,或者未保存好相关的证据资料,双方都有可能遭受损失。

5. 超额融资风险

在众筹融资中,如果筹资者在目标期限内未达到目标融资额度,则意味着投资者对项目的不认可,众筹失败;若在目标期限内达到目标融资额度,则众筹成功。然而,国内的很多众筹平台允许在目标期限内未达到目标融资额度的项目继续融资,直至融资期满。在这种情况下,项目的实际筹集金额可能会远远超过目标筹资额度。我国较为典型的众筹平台均存在着超额筹资的现象。例如2015年3月,中原证券就与原始会合作推出了股权众筹项目伟恒生物。

该项目计划融资 800 万元，预约资金已达到 3790 万元，超募 374%。

超额筹集意味着项目得到了众多投资人的认可，是一种识别优质项目的有效途径。但是，在投资市场的"羊群效应"下，融资金额已经超过目标融资额度的项目会吸引更多的投资者加入其中，很可能会造成投资者盲目跟风的现象。

在这种情况下，发起者获得的资金可能会远远超过初创企业的资金需求，而过多的资金会削弱发起者对资金的控制力和运用能力，降低投资者对资金的使用效率，进而影响项目的盈利性，甚至出现发起者将多余资金挪用的情况，这一定程度上增加了投资的风险。

6. 技术风险

众筹作为互联网技术与传统融资模式相结合的一种互联网金融形态，其运行需要依靠计算机软件与互联网来实现信息的发布、业务的操作以及资金的流转，这将必然面临互联网信息系统自身缺陷所导致的技术风险。

(1) 管理风险。众筹平台本质上是一种信息系统，需要有严格的运维管理制度确保其运行的可控性。如果运维管理缺失或者流于形式，往往会造成由内部人员攻击造成的管理风险。据统计，由于信息系统的内部人员更加了解信息系统的网络拓扑、防御机制、数据存储，并具有一定的访问权限，因此信息系统所造成的 80% 的攻击都来自内部人员，其中包括数据的窃取、篡改与删除，以及网络的破坏。

(2) 数据风险。众筹平台作为一种信息系统，其数据往往存储于中心化的数据库中。这些数据涉及项目的投融资方、知识产权、资金等信息，具有巨大的商业价值，因此，一旦中心化的数据库由于内部人员、外部黑客或者病毒的攻击，导致被窃取、篡改或者删除，将会对众筹活动产生重大影响，导致投资者或者筹资者的利益受损，甚至众筹活动的失败。

（3）网络风险。众筹平台的一大优势就是利用互联网平台实现了投融资信息的快速传播，从而能够让更多的筹资者与投资者参与到众筹活动中来。然而，由于商业的恶意竞争，众筹平台经常会遭受商业对手发起的网络攻击，使得众筹平台的网络通道瘫痪，导致其无法对外提供有效服务，从而严重影响众筹平台的商业信誉。

补：网络平台杀手——DDoS 攻击

分布式拒绝服务（distributed denial of service，DDoS）攻击的主要目的是使目标信息系统的网络或系统资源耗尽，使其无法对客户提供有效服务。这是对网络平台发起攻击的最有效的手段，在历史上很多著名的网站都遭受过 DDoS 攻击。目前，这类网络攻击已经形成了黑色产业链，成本很低。据调查，1GB 的网络流量攻击某个目标网站 1 小时，仅需花费 50 元左右。

2016 年 4 月，黑客组织 Lizard Squad 组织对暴雪公司战网服务器发起 DDoS 攻击，包括《星际争霸 2》《魔兽世界》《暗黑破坏神 3》在内的重要游戏作品离线宕机，玩家无法登录。

2016 年 5 月，Anonymous（匿名者）麾下的 BannedOffline、Ghost Squad Hackers（幽灵黑客小队）等黑客小组，针对全球范围内的多家银行网站，发动了短期性网络攻击，Anonymous 将此次攻击行动称为 Operation Oplcarus。此次选定的攻击目标包括约旦中央银行、韩国中央银行、摩纳哥中央银行以及一些设立在摩纳哥的企业银行网站等，随后黑客们对其实施了一系列的 DDoS 攻击。这次攻击导致约旦、韩国以及摩纳哥等央行网络系统陷入了半小时的瘫痪状态，使其无法进行正常工作，而黑山中央银行网络系统则被迫关闭，停止服务。

8.2 基于区块链的众筹

8.2.1 区块链众筹的优势

从 8.1.3 节的分析可以看出,众筹面临的各类风险可以归因于以下 6 方面:①缺乏监管造成的法律风险;②知识产权保护乏力造成知识产权被窃取的风险;③信息不对称导致的道德风险,造成投资者利益受损;④数据被篡改导致数据受损,造成投资者和融资者利益受损;⑤众筹环节人为干预过多,造成投资者利益受损;⑥众筹平台存在网络安全问题,造成投资者和筹资者利益受损。

由于区块链技术具有防篡改、多点共识、分布式存储、数据安全等特点,将该技术运用到众筹活动中时,可以提升众筹业务的效率,降低众筹业务的成本与风险,并为众筹监管提供创新手段。

区块链技术在众筹中的优势主要体现在以下 5 方面。

1. 实现信息共享

区块链技术能够将众筹业务中的每个步骤,按照时序关系,以不可更改的方式记录在链上,并且对众筹活动的参与者可见。因此,众筹活动中的监管方、平台方、银行、筹资者、投资者都能够通过链上的可信信息验证交易主体的合法性、交易内容的真实性与完整性,并能够追溯真实的交易历史。这样能够实现利益相关方对众筹信息的透视,有效解决信息不对称问题。

例如,利用区块链的记账功能,可以将投资成功的股东信息上传到区块链上，从而实现股东对股份的确权，即使小股东的股份是由其他人代持的，也可以通过区块链明晰小股东的权益。

另外，在股权众筹中，通过区块链可以查询领头人信息，分析领头人以往的投资记录，并可以查看领头人对项目的考察、分析和评价。由于区块链具有信息不可篡改性的特点，一旦领头人将相关信息上传到区块链上，信息则会被利益相关方所共享，且无法改动，这大大约束和规范了领头人的投资行为。

2. 降低交易成本

传统的众筹平台是一种中心化的系统架构，众筹的运营机制和运作模式均由搭建众筹平台的中心化机构决定，各参与方均要服从这个中心机构所制定的规则，这将导致如 8.1.3 节所描述的法律风险、道德风险等一系列问题的发生。而这些问题的解决将花费巨大的人力、财力和物力，造成众筹交易成本居高不下。

区块链技术将使得众筹的融资活动不再依赖于中心机构。由于上链的众筹信息经过了多个参与方的共识，可信度高，筹资者与投资者作为区块链的参与节点，能够在去中心化的环境下，依据链上的信息，以可信的方式实现全网的点对点交易，从而使得交易效率大幅提高，交易成本大幅降低。

例如，在股权众筹方面，由于退出机制不完善，退出难具体体现在项目不确定性大、退出周期长、退出渠道单一等方面。利用区块链技术能够为其提供一个有效的退出机制。另外，由于股权众筹并没有实现完全的信息公开，办理股权登记时仍费时、费钱、费力，通过区块链的应用，可以在网上直接完成所有股权登记或者进行股权的再次转让，提高了业务效率。

3. 降低交易风险

基于众筹过程中,融资金额、融资目标期限、融资失败资金返还等事项能够代码化,以智能合约的形式,通过共识机制锁定在区块链上。当众筹过程达到某种条件,触发某种事件时,相应的智能合约能够自动执行,从而避免人为操作所导致的道德风险与人为失误风险。

另外,由于区块链数据的高可信度,以及链上数据对于利益相关方的透明化,能够极大地化解传统众筹中的信息不对称问题,并能实现以往众筹活动,以及当前众筹活动的可信追溯,从而解决多头融资、虚假宣传、平台自融等各类交易风险。

例如,众筹平台可以通过区块链技术将所有与标的项目相关的信息编制在一起,实现信息高度公开透明,消除隐性风险。从投资人打款到筹资人向系统提供监管账户前,区块链节点(如监管机构、银行、平台)可以对标的项目的相关信息进行合规、合法性验证,以降低投资者的投资风险。

4. 加强交易监管

在区块链众筹平台中,监管机构能够作为区块链节点,参与众筹业务的各个实施环节,利用区块链上的高可信度数据进行监管分析,并在发现违规、违法事件时,利用共识机制及时阻止相关事件上链,中止违规、违法事件,从而保证众筹业务的合规性,实现实时的穿透式监管。同时,监管机构能够通过区块链获取真实的众筹行业信息,减少对数据真实性的审查,将更多资源用于风险分析和政策制定,识别并防范系统性的风险。

另外,多个监管机构可以通过区块链的信息共享机制,实施联动协作,交叉验证业务是否违规,打破传统分业监管下的多层嵌套带来的监管套利。

5. 提高信息安全

（1）平台安全。区块链的分布式存储技术是一种能够在多个节点进行数据分享、同步和复制的去中心化数据存储技术。在区块链中，各个节点各自维护一套完整的数据副本，单一节点或者少数节点故障，不影响全局大多数节点。对于区块链众筹平台而言，无论是单一节点意外发生故障，还是遭遇网络黑客的恶意攻击，如勒索病毒攻击、DDoS 攻击，均不影响区块链中大部分节点的正常运行，区块链众筹平台依然能够正常提供服务，极大地保证了平台安全。

（2）数据安全。区块链使用散列算法和公钥密码体制保证了链上交易数据的安全性。区块链使用散列算法，能够保障区块信息内容的完整性。公钥算法中的"公钥加密-私钥解密"模式，可以用来安全传递密钥；而"私钥加密-公钥解密"模式，则主要作为签名使用，防止各种抵赖行为发生，保证信息确为发送者签署，来源可靠。区块链中的散列算法和数据加密技术，适用于众筹平台中的隐私保护场景，防止非数据权限者在数据传输的过程中，接触或者盗取隐私数据，提高整个众筹平台的数据安全性。

8.2.2 区块链众筹平台架构

1. 整体方案

区块链众筹平台包括 3 个子系统，分别是众筹系统、区块链系统、监管系统，其整体架构如图 8-1 所示。

在众筹系统中，用户管理模块用于管理筹资者与投资者的信息，通过该模块，监管机构可以核查众筹平台是否落实 KYC 监管要求；平台管理模块用

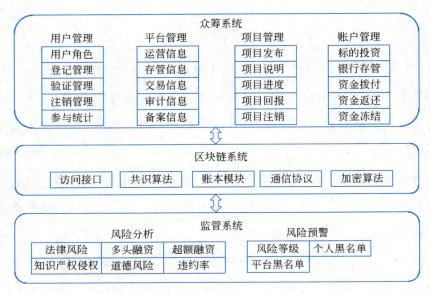

图 8-1 区块链众筹平台整体架构

于维护平台的运营、资金存管、交易统计、系统审计、合规备案等信息;项目管理模块用于维护项目标的发布、投资说明、项目投资进度、项目投资回报等信息;账户管理模块主要维护标的投资情况、银行存管过程,以及资金的拨付、返还和冻结等信息。

区块链系统记录众筹平台和各个参与方上传的数据,在链上的操作行为,高度防止数据被篡改,提供对众筹活动进行追溯的手段,为众筹平台的管理、筹资者与投资者的决策,以及监管机构的风险分析提供技术基础。

监管系统主要用于分析众筹活动的法律风险、道德风险、融资者的多头融资、平台的超额融资等风险因素,对众筹平台实现交叉验证和联动监管。

2. 系统设计

1) 用户管理模块

用户管理是金融机构流程中的重要环节,其本质是落实 KYC 监管要求。

用户管理模块无须保存用户隐私数据,而是将用户账户与用户已实名认证过的准身份信息,如手机号码、银行卡号等进行绑定,保持追踪用户实际身份的线索信息,以满足最小 KYC 要求。

用户管理应采用多因子认证模式,其中因子含有手机号码、银行卡号、身份证号、人脸以及指纹等。多因子身份认证是一种安全系统,是为了验证一项交易的合理性而实行多种身份认证。多因子认证的目的是建立一个多层次的防御体系,使未授权的人访问计算机系统或网络更加困难。将多因子身份认证与区块链技术相结合,有效地共享身份数据,进行身份数据防泄密管理,为众筹平台降低运营风险和运营成本。

用户管理模块应分为 3 部分:登记、识别与验证。其系统架构如图 8-2 所示。

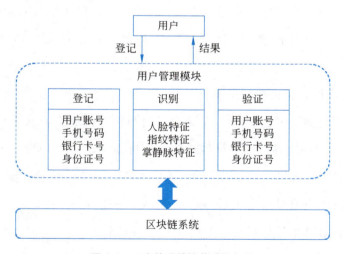

图 8-2　用户管理模块的系统架构

(1)用户登记。

应采用两轮登记方式对用户信息进行登记:第一轮登记指的是身份证实名认证,即对用户资料的真实性进行验证审核,避免网络诈骗;第二轮登记采用多因子认证技术，即通过多因子提供第二次账户防护。为实现多因子认证，该模块应提供多种接口，同时也为机构的运营提供实时的、一致的用户信息管理服务。

(2) 用户身份识别。

用户信息管理模块在对用户进行身份识别时，提供以下 3 种识别接口。在对用户进行识别时，根据平台提供的能力，利用相应的接口进行多因子认证，获取结果。

① 识别人脸特征数据，并对比数据库中的数据，确定用户账户与人脸特征数据的关联性。

② 识别指纹特征数据，并对比数据库中的数据，确定用户账户与指纹特征数据的关联性。

③ 验证多平台的用户账号是否一致，并确定用户账号与人脸特征数据、指纹特征数据、掌静脉特征数据的关联性，如果一直有关联性，则认为是同一个用户。

(3) 用户信息验证。

众筹平台为用户提供服务，需要通过用户管理模块验证该用户的合法性以及用户账户与关联信息的正确性时，系统可提供以下 4 种验证接口。

① 验证用户账号的合法性与正确性，是否与某身份信息关联。

② 验证用户账号与手机号码哈希值的关联性。

③ 验证用户账号与银行卡号哈希值的关联性。

④ 验证多平台的用户账号是否一致，并确定用户账号与手机号码、银行卡号等的关联性，如果一致且有关联性，则认为是同一个用户。

当将用户的登记信息、识别信息、验证信息存储到区块链上后，用户信息的安全性将会大幅提高。

① 用户信息将会被分布式存储，单个或者多个存储节点被勒索病毒或

DDoS 攻击，不会影响用户信息的存储安全，众筹平台依然能够提供用户登录服务。

② 区块链的链式存储结构和密码算法保证了上链的用户信息难以被非法篡改。

③ 区块链的共识机制与智能合约相结合，一方面加强了用户隐私信息的保护，使得未授权的个人和机构无法非法获取用户隐私数据；另一方面还促进了用户信息在授权机构之间的去隐私化共享，即授权机构可以通过智能合约的形式在区块链上验证用户身份的合法性，而无须得到原始的用户隐私数据。

2) 信息登记与披露模块

(1) 平台基础信息、运营信息、项目信息登记。

众筹平台的基础信息、运营信息、项目信息的准确登记，不仅是众筹平台运营过程中的重要环节，也是监管过程中的重要环节。众筹平台必须按照法律和监管规定，在众筹平台的区块链系统中记录上述信息，并依法公开相关信息。运营信息登记与披露模块包括平台管理、项目管理和账户管理3个子模块。

① 平台管理。平台管理包括运营信息、资金存管信息、交易信息、审计信息、备案信息，以及监管机构认为应当登记的其他信息，如股东信息、组织架构、高管人员信息等。上述信息在核对无误后，应记录在区块链上，以确保其公信性，并以备监管机构查验、审核和披露。

② 项目管理。项目信息包括项目发布信息、项目推荐信息、项目筹资进度、项目收益回报、项目注销等信息，以及监管部门认为应当登记的其他信息。众筹平台应当做好对项目信息的实质性审核，依照真实、准确、完整和及时的原则，完成项目信息的上链记录。

(2) 账户管理。

通过银行资金存管方式，实现众筹平台自由资金与项目融资资金的有效隔离,是金融监管的重要要求之一。

账户管理应采用专款专项的方式,为每个标的项目设立子账户,管理每个标的项目下的账户充值、提现、投资、还款等资金变动过程,识别众筹平台设立资金池和自融资等违规行为,增加资金透明度。

在实施上,存管银行在完成资金划拨后,可以将账户资金变动信息同步至区块链系统,并由其他记账节点进行同步。监管机构通过区块链上的记账信息,就可以实时监管每个账户的余额变动情况。

由于区块链上登记的是用户身份以及银行账号的脱敏信息,所有节点都能看到每个账户的实际资金变动,但只有相关节点才能知道真正的交易用户。这样既能确保所有参与节点对账户资金变动进行验证和记录,又能确保用户隐私信息不被泄露。

借助区块链技术,每笔资金走向将在公开范围内有迹可循,从资金端出借到融资方回款,资金流向脉络公开透明,资金池隐患将无处藏身。资金交易的每个步骤都可以记录在公共账本上,且每份数据都有其负责人,监管机构随时可以结合原始数据,实现资金透明管理。

3) 监管模块

数据真实性是实施有效监管的基础。区块链技术特性保证了监管机构收集的众筹数据是经过多方共识且真实可信的,能够反映真实的众筹过程。在此基础上,监管模块能够通过对所收集数据的多维度分析,实现基于众筹业务的穿透式监管。同时,监管模块还能分析筹资方跨平台的筹资行为,防止由于多头筹资给众筹平台和投资者造成的损失。

监管模块的系统架构如图 8-3 所示。

监管模块应预设众筹平台风险警戒线,实时从区块链获取平台的运营信息、筹资人信息、投资人信息、累计筹资金额信息、累计投资金额信息、累计筹资人数量累计投资人数量和违约项目信息。一旦风险超出了警戒水平,系统

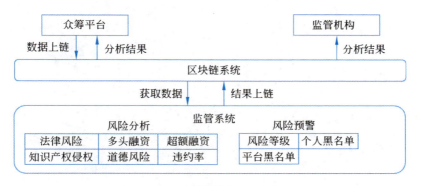

图 8-3　监管模块的系统架构

可自动向监管机构发出告警。监管机构可以通过多种形式（邮件、短信）发出质询函，要求众筹平台进行说明解释，从而达到实时监控、事前预警的效果。

同时，监管模块还拥有分析筹资人的多头筹资行为的能力。在传统的监管条件下，各众筹平台出于对用户信息、交易数据等商业秘密数据的保护，不愿意共享数据，因此平台难以核实筹资人是否在其他平台有筹资或违约记录。基于区块链技术，用户信息和交易信息设有严格的访问权限，监管机构有权查看筹资人的详细信息，并根据用户登记信息识别出同一个筹资人在不同平台的筹资时间、金额、用途等，从而评估筹资人的风险。

此外，监管模块通过分析标的项目的资金来源与资金投向等数据，能够将区块链上融资各个环节的真实数据关联起来，更确切地识别众筹的真伪，实现对底层资产和资金去向的穿透式监管。

在分析的基础上，监管机构可以提供众筹平台和个人黑名单等增值服务。在法律法规许可的条件下，众筹平台黑名单可向社会大众公开，广大用户能以此为依据评估投资的风险，进而保护自身的利益不受损害，同时促进行业健康发展。而个人黑名单则可以向众筹平台开放，帮助其防范由于筹资人的多头筹资造成的资金风险。

8.3 ICO

8.3.1 ICO 的概念

ICO（initial coin offering）即首次代币发行，其本质是基于区块链技术的一种新型众筹融资模式。其概念源自首次公开募股（initial public offering，IPO），可以简单理解为虚拟货币社区的 IPO。但本质又和 IPO 有所差别：IPO 是用法币购买股权；ICO 是将股份或收益权变成比特币等基于区块链技术的加密货币公开出售，相当于用虚拟货币购买股权。

这些初始发行的代币，大多在项目融资完成后，即可在一些虚拟货币交易平台交易，从而变现。因此，与股权投资需要漫长时间方可退出不同，ICO 发行的代币具有极高的流动性、变现能力强、融资流程非常简单、不需要任何监管机构审批即可向公众募资、基本未设定投资者门槛、融资范围全球化等特点。因此，与几乎所有的传统融资方式相比，ICO 更利于高效快速地解决区块链初创企业的融资难题。

实施 ICO 的项目一般均会基于区块链技术打造一个以所发行的代币为核心的产品生态，这意味着使用者将来需要花费项目初始发行的代币，才能使用 ICO 项目所打造的生态。在初始代币发行数量受算法约束的前提下，如果该应用生态将来广受欢迎，使用者人数指数级激增，则初始发行的数字代币将供不应求，这必将推升代币市场价格飞涨。早期投资者则因为曾以较低成本持有代币，而将获得极为可观的收益。

8.3.2　ICO 的交易方式

ICO 交易是指发行人通过发行平台进行标的项目的公示与信息披露,并约定在特定日期、以特定方式发行代币,授予该代币特殊的权益(产品使用权、股权、期权、收益分配权等)。投资者基于对发行项目前景的乐观预测,用法币换取虚拟货币(如比特币、莱特币等),并以虚拟货币投资支持项目发展,进而获得发行人发行的代币。代币发行后能够在指定的平台自由流通,投资者可以在约定日期后出售换取虚拟货币或套现换取法币(如人民币)来寻求退出或继续增持。ICO 的交易流程如图 8-4 所示。

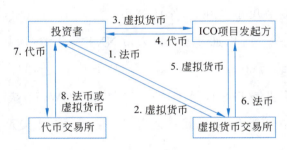

图 8-4　ICO 的交易流程

ICO 众筹融资的具体步骤如下。

(1) ICO 项目发起方通过网络等公开方式发布项目白皮书。

(2) 投资人通过白皮书或者其他渠道了解项目。

(3) 投资人到虚拟货币交易所,用法币兑换虚拟货币。

(4) 投资人使用虚拟货币投资 ICO 项目,并根据投资金额的多少获得约定比例的代币。

(5) 发起方在虚拟货币交易所,将投资人投资的虚拟货币兑换为法币,用于项目建设。

（6）投资人在合适时机，如代币升值后，通过代币交易所变现。

（7）投资者将代币投入代币交易所进行交易。

（8）投资者在代币交易所将代币兑换为法币或虚拟货币。

在实际运作中，负责代币与法币兑换的代币交易所其实是项目发起方指定的虚拟货币交易所。

8.3.3　ICO 的发展历程

最早的 ICO 项目发生在 2013 年 7 月，MasterCoin 的项目方在 Bitcointalk 论坛上发起第一次 ICO，通过发行 MasterCoin 募集比特币。此次 ICO 项目成功募集了 5000 多个比特币。随后 Bitcointalk 论坛开启了第二个 ICO 项目——NXT，通过发行未来币 NXT 募集资金，共成功募集了 21 个比特币（当时约为 6000 美元）。未来币 NXT 基于全新的代币生成代码，首次采取股权证明机制 PoS 代替工作量证明机制 PoW，解决了 PoW 机制消耗资源、易受攻击等缺陷，该项目市值曾经一度超过 1 亿美元，成为投资者眼中最成功的 ICO。

NXT 项目 ICO 成功后，越来越多区块链领域的项目采用 ICO 的形式来众筹融资。根据金融研究机构 Autonomous Next 在 2017 年 7 月份发布的一份 ICO 研究报告，2017 年上半年区块链市场共有 56 个 ICO 项目实现融资 12.7 亿美元，为 2016 年全年 ICO 融资额的 5.7 倍。从融资领域看，ICO 的融资领域已从区块链核心技术扩展至金融市场、投资产品、媒体社交应用以及身份识别技术等领域。从融资额度来看，单笔融资额在 1 亿美元以上的 ICO 项目占融资总额的 44.3%，涉及的 ICO 项目分别为 Tezos、EOS.IO 和 BANCOR，分别实现融资 2.3 亿美元、2 亿美元和 1.5 亿美元。

根据中国国家互联网金融安全技术专家委员会发布的《2017 上半年国

内 ICO 发展情况报告》,2017 年上半年,国内已完成 65 个 ICO 项目。累计融资规模折合人民币总计 26.16 亿元,累计参与人次达 10.5 万(不完全统计)。

8.3.4　ICO 的风险

ICO 兴起之初,由于技术的不完善和监管的缺位,导致 ICO 呈现出野蛮发展,乱象丛生的局面。总的来说,ICO 主要存在以下两种风险。

1. 技术风险

ICO 项目主要通过区块链技术来发行和传播数字代币。但是,由于区块链尚处于发展的初期阶段,在技术上还存在不完善之处,一旦存在的安全漏洞被黑客利用,则容易导致由于黑客攻击所造成的众筹失败。

例如,2016 年,区块链物联网公司 Slock.it 发起了一个众筹项目 The DAO,目的是通过以太坊的智能合约实现以太币资金的分发利用,使得参与众筹人按照出资金额(比特币等),获得相应 DAO 代币,并具有审查及投票表决权利,且投资议案由全体代币持有人投票,每个代币一票。最终,项目收益按照一定规则回馈代币持有人。然而,由于以太坊智能合约所存在的递归调用漏洞,使得 The DAO 项目被黑客攻击,导致这个当时以 1.5 亿元融资额打破当时的世界纪录的 The DAO 项目被迫中止,损失额高达 6000 万美元。

2. 信息不对称风险

在 ICO 项目发布的过程中,ICO 白皮书是 ICO 融资主体对 ICO 项目进行介绍的主要载体,也是投资者了解项目情况的主要渠道。然而这种通过 ICO 白皮书进行众筹资金的方式存在以下 3 个问题。

(1) 由于监管部门对于 ICO 缺少信息披露的标准和要求,ICO 白皮书往往对项目基础、项目内容、资金使用去向等重要内容没有明确、真实地说明。

（2）没有专业第三方机构对 ICO 白皮书的内容进行客观的调查与评价。

（3）大多数投资者缺乏区块链的专业知识，对于白皮书的内容无法深入理解，存在盲目投资的问题。

另外，在 ICO 实施的过程中，大多数 ICO 项目均未公布资金使用情况。ICO 的融资资金使用情况不透明，且缺乏有效监督和审计的手段，极易造成资金使用不规范的情况，甚至出现庞氏骗局。

由于上述信息不对称情况的存在，极易导致投资者在投资过程中买入大量毫无价值的空气币，进而使得投资者的利益受损。

8.4 本章小结

众筹作为一种新型的融资方式，在发展过程中面临着法律风险、道德风险、知识产权风险等一系列的问题，这些问题的存在严重阻碍了众筹的发展，限制了其在社会融资中所能发挥的巨大作用。而区块链技术所具有的多方共识、不可篡改、分布式存储、可信追溯等特点，恰恰能够解决众筹面临的潜在风险。

为了更好地理解区块链技术在众筹融资中发挥的作用，本章首先介绍了传统众筹的概念以及面临的潜在风险；其次分析了区块链技术在众筹融资中的优势；再次介绍了一种具体的区块链众筹平台架构，以帮助读者更深入地理解区块链技术如何在众筹融资中发挥其优势；最后，本章还对 ICO 的概念、交易方式以及面临的风险进行具体的分析，让读者能够正确地认识 ICO。

练习与思考

1. 简述传统众筹融资面临的问题。
2. 简述区块链在众筹融资中的优势。
3. 为什么说很多 ICO 项目发行的代币都是毫无价值的空气币？
4. 简述 ICO 的风险。

参 考 文 献

[1] 李雪静.众筹融资模式的发展探析[J].上海金融学院学报,2013(6)：73-39.

[2] 杨森.商品众筹项目成功因素实证研究[J].武汉金融,2017(10)：41-45.

[3] 关于促进互联网金融健康发展的指导意见[EB/OL].2015. http://www.gov.cn/xinwen/2015-07/18/content_2899360.htm.

[4] 张卫军.浅析债权众筹与 P2P 的异同及其存在的风险[J].时代金融,2017(3)：62-63.

[5] 赵大伟.区块链技术在产品众筹行业的应用研究[J].吉林金融研究,2017(6)：1-5.

[6] 孙国峰.监管科技研究与实践[M].北京：中国金融出版社,2019.

[7] 邓建鹏.ICO 的风险与监管路径[J].中国金融,2017(9)：30-32.

第 9 章　区块链＋供应链金融与票据

9.1　供应链金融模式与区块链的应用

9.1.1　供应链金融简介

供应链金融是银行围绕核心企业，将核心企业与其供应链的上下游企业视为一个整体，以真实贸易为基础，运用自偿性贸易融资方式，对上下游企业提供的综合性金融服务，它对于提升供应链的运营效率和整体竞争力，打造可持续发展的产业生态圈有着巨大的促进作用。在我国持续开展经济转型升级，推进"产融结合、脱虚向实"的战略行动下，供应链金融已经成为金融端供给侧改革和新旧动能转换的重要抓手。

如图 9-1 所示，供应链金融改变了传统融资的模式，给供应商和分销商带来了更多的优惠和好处，紧密了参与主体的联系，在一定程度上解决了小微企业融资的难题,供应链金融行业发展空间巨大。但现阶段的商业汇票、银行汇票使用场景受限,转让难度较大,供应链上的中小企业融资难,成本高昂,供应链金融平台/核心企业系统难以自证清白,导致资金端风险管控成本居高不下(低透明度),成为金融业头疼的难题。

(a) 传统融资模式中银行和供应链成员关系

(b) 供应链融资模式中银行和供应链成员关系

图 9-1 传统融资模式与供应链融资模式对比

9.1.2 供应链金融模式

近年来,供应链金融领域的理论与实践创新非常频繁,业界总结供应链金融发展模式为 1.0(线下模式)、2.0(线上模式)、3.0(平台模式)、4.0(智慧化模式)以及 5.0(自金融模式),具体如下。

1. 供应链金融 1.0(线下模式)

供应链金融 1.0 时期称为传统供应链金融时代,以人工授信审批为主的 1+N 模式,银行根据核心企业 1 的信用支撑,以完成对一众中小微企业 N 的融资授信支持。这种线下模式依赖于业务人员对行业和核心企业的经验判断,银行对存货数量的真实性不好把控,很难去核实重复抵押的行为,经营过程中会存在各种操作风险。

2. 供应链金融 2.0(线上模式)

供应链金融 2.0 把传统的线下供应链金融搬到了线上,通过网络技术的集中封闭管理,实现流程的线上化操作。通过电子化等技术手段对接供应链的核心企业及上下游参与企业的 ERP 端口,银行与供应链参与者共同合作提供融资服务,银行可以随时获取核心企业和产业链上下游企业的仓储、付款等各种真实的经营信息,主要的技术突破在于互联网以及动产质押。线上供应链金融服务模式主要包括两类:一类是单个核心企业主导的 N+1+N 模式;另一类是单个银行主导的 1+N+N 模式。单个核心企业主导的 N+1+N 模式中,在核心企业的配合与参与下,银行等金融服务机构可以低成本地获得批量客户,核心企业为 1,两个 N 分别指以银行为代表的多种金融服务机构和供应链上下游中小企业群,这种模式的优势在于有产业控制力,可以快速落地;劣势在于产业规模有限,难以规模化盈利。单个银行主导的 1+N+N 模式中,银行为 1,两个 N 分别指数个核心大企业和供应链上下游中小企业群,一家银行与数个核心大企业组成战略联盟,跳出了单一产业供应链条的局限,将融资范围扩大到需要融资服务的中小企业所在的所有供应链网络中,但这种模式的劣势在于,大企业规避风险,不会将产业链聚焦一家银行,银行业很难在单一行业无限投放规模。虽然两种服务模式各有优缺点,但线上供应链金融已经能够高效率地完成多方在线协同,提高作业效率。

3. 供应链金融 3.0(平台模式)

供应链金融 3.0 是平台商业模式中构建的金融服务,是一种基于电商模式的金融形态,以平台化为显著特征,银行、供应链参与者以及平台的构建者以互联网技术深度介入。平台经济以独特的"双边效应",再结合"互联网+"的长尾效应,成为整合商流、物流、资金流"三流合一"的信息平台,银行在平台模式下可获得与交易相关的丰富信息。出现去中心化的质变,成为 $N+N+N$ 模式,N 个金融服务机构,N 个核心企业,N 个供应商,这一阶段的供应链金融生态圈不再局限于单个供应链,出现开放特质,成为产融结合的新型商业模式。它可以有效整合供应链平台的各个环节,形成以供应链金融为中心的集成解决方案。此外,它还可以构建信用体系和支付体系,链条上的各成员能够从此获得融资产品和相关的衍生产品。

4. 供应链金融 4.0(智慧化模式)

在 4.0 阶段,供应链金融来到了一个跨界合作共赢的时代,将搭建跨产业、跨区域、跨部门,与政府、行业协会、资本等深度联盟,使互联网、大数据、云计算等相互融合的金融生态平台。业务模式趋向去中心、实时、定制、小额,产品则以数据质押为主,借助于物联网、人工智能、大数据、区块链等技术,实现了供应链和营销链全程信息的集成和共享。在这一阶段,供应链金融将会真正服务于各类主体,提升供应链的运营效率,推动商业生态发展。智慧化实现供应链生态的可视化、智能化、自动化、透明化,利用高新技术,产生金融生态,从而实现有机、有序、有效发展的产融体系。

5. 供应链金融 5.0(自金融模式)

供应链金融 5.0 模式,即以自金融+区块链票据为核心。自金融是主体之间直接投融资的行为,其前提是信息对称和信息处理成本不高;区块链票据是一种适用于虚拟环境、具有弱中心化的金融价值交易工具,被称为权益证明,是数字票据的雏形。基于区块链架构构建产业链数字资产交易平台及模式,将核心企业的参与模式、区块链的信用创新机制、票据交易的高效性等进行组合创新,具有数字票据、产融结合、综合服务、战略驱动等显著特点。这一架构下,融资便利性与交易成本将比现有模式前进一大步。

供应链金融模式发展 5 个阶段如表 9-1 所示。

表 9-1　供应链金融模式发展 5 个阶段

关键词	供应链金融 1.0	供应链金融 2.0	供应链金融 3.0	供应链金融 4.0	供应链金融 5.0
	线下模式	线上模式	平台模式	智慧化模式	自金融模式
商业模式	传统供应链金融线下模式。以核心企业的信用作为支持	供应链金融线上化。ERP 对接供应链的上下游及各参与方	通过互联网技术的深度介入,打造一个综合性的大服务平台	行业细分。去中心、实时、定制、小额。渗透到整个管理运营环节	主体之间直接投融资。数字票据作为权益证明
提供主体	银行	银行、供应链参与者	银行、供应链参与者、平台构建者	银行、供应链参与者、互联网金融	核心企业、区块链节点企业
技术突破	不动产抵押、信用评级	互联网、动产抵押	云、数据风控建模	数据质押、物联网、人工智能、大数据	数字票据、区块链

9.1.3　供应链金融机制的局限性

供应链金融有明确的商业逻辑,依靠核心企业的信用解决全链中小企业融资问题,供应链金融的出发点并非为核心企业提供直接的信贷支持,而是为大量上下游节点企业提供节点信用,很好地帮助中小企业隔离经营风险和财务风险。区别于大数据信用分析,金融机构不再以财务报表、网络数据对企业做信用评价,而是以核心企业的黏性、交易历史、链内地位、市场能力及供应链管理的效率等评估中小企业信用。但由于供应链金融还处于发展的初级阶段,核心企业对全链渗透能力不足,无法将信用传递到二级以上的供应商企业，所以金融机构很难进行很好的授信放贷，而且由于供应链末端企业较多，信息化水平较差，造成监管成本较高，这些问题将导致核心企业参与度不足、中小企业发展缓慢，阻碍供应链的发展。主要痛点问题有以下 4 点。

（1）全链信息化不足。核心企业和各级供应商各自拥有自己的 ERP 系统，没有统一标准和平台，存在信息不对称现象，各企业的业务数据很难快速接入供应链中，存在严重的数据壁垒。因此，金融机构很难通过数字信息获得有效的放款依据。同时，支付结算不能自动完成，存在大量不稳定因素，核心企业凭借其主导地位，拖延付款时间，各级供应商存在违约行为，金融风险较大，全链资金流转效率较低。

（2）数据质量有待优化。供应链金融的数据来自各级供应商和分销商的业务系统，由于缺乏有效监督和统筹，单据造假比比皆是，金融机构需要大量操作成本核对单据和保证债券的真实性，不准确的信息会引发牛鞭效应，随着供应链的传递逐渐放大影响。

（3）授信难以扩展到供应链的末端。一个核心企业的上下游会聚集成百上千家的中小企业作为其供应商或者经销商，由于传统商票不可拆分，在传统供应链金融模式中，核心企业的良好信用背书只能提供给与之交易的一级供应商或经销商，缺乏扩展能力，所以二级、三级乃至末端的大量中小企业因为缺少与核心企业的直接交易行为，导致无法获得核心企业的信用支持。

（4）核心企业参与的动力不足。负债率较高、现金流压力较大的核心企业对于供应链金融的需求较为迫切，而负债率较低、现金流充足的这些优质核心企业则参与供应链金融的动力不足。供应链金融的有序发展得力于核心企业的实力和支持，缺少优质核心企业的积极参与，银行业务难以开展。

综上所述，供应链数字化的整体水平决定了能否整合交易量信息，使多级交易链上的采购、销售信息达到透明、可信、可追踪的授信标准。但金融级别的安全性和业务标准，同时要求交易真实性的证明、信息达到无法篡改，且形成证据链的要求,是当前供应链面临的技术难题。金融科技的迅速发展为供应链技术问题的解决提供了思路,供应链金融亟须一种颠覆式的创新技术来解决现有技术与行业模式的问题。

9.1.4 区块链在供应链金融中的应用

1. 区块链针对供应链金融痛点的解决方案

传统场景下的业务痛点,正是区块链等新兴技术的施展之处。区块链是点对点通信、数字加密、分布式账本、多方协同共识算法等多个领域的融合技术,具有不可篡改、链上数据可溯源的特性,非常适用于多方参与的供应链金融业务场景。通过区块链技术,能确保数据可信、互认流转,传递核心企业信用,防范履约风险,提高操作层面的效率,降低业务成本。区块链技术对供应链金融业务的助益存在如下具体表现。

(1) 解决数据孤岛问题。区块链作为分布式账本技术的一种,集体维护一个分布式共享账本,使非商业机密数据在所有节点间存储、共享,让数据在链上实现可信流转,极大地解决了供应链金融业务中的数据孤岛问题。

(2) 传递核心企业信用。登记在区块链上的可流转、可融资的确权凭证,使核心企业信用能沿着可信的贸易链路传递,解决了核心企业信用不能向多级供应商传递的问题。一级供应商对核心企业签发的凭证进行签收后,可根据真实贸易背景,将其拆分、流转给上一级供应商,而且在拆分、流转的过程中,核心企业的背书效用不变。整个凭证的拆分、流转过程可溯源。

(3) 丰富可信的贸易场景。在区块链架构下,系统可对供应链中贸易参与方的行为进行约束,进而对相关的交易数据整合及上链,形成线上化的基础合同、单证、支付等结构严密、完整的记录，以佐证贸易行为的真实性。银行的融资服务可以覆盖到核心企业及其一级供应商之外的供应链上的其他中小企业。在构建丰富可信的贸易场景的同时，大大降低了银行的参与成本。

（4）智能合约防范履约风险。智能合约是一个区块链上合约条款的计算机程序，在满足执行条件时可自动执行。智能合约的加入，确保了贸易行为中交易双方或多方能够如约履行义务，使交易顺利可靠进行。机器信用的效率和可靠性，极大地提高了交易双方的信任度和交易效率，并有效管控履约风险，是一种交易制度上的创新。

（5）实现融资降本增效。在目前的赊销模式下，上游供应商存在较大的资金缺口，对资金的渴求度较高，往往以较高的利息、较短的贷款周期从民间等途径获得融资。在区块链技术与供应链金融的结合下，上下游的中小企业可以更高效地证明贸易行为的真实性，并共享核心企业信用，可以在积极响应市场需求的同时满足对融资的需求，从根本上解决了供应链上"小微融资难、融资贵"的问题，实现核心企业去库存的目的，并达到优化供给侧的目标，从而提高整个供应链上资金运转效率。

传统供应链金融与区块链供应链金融的对比如表 9-2 所示。

表 9-2　传统供应链金融与区块链供应链金融的对比

类　　型	传统供应链金融	区块链供应链金融
信息流转	数据孤岛明显	全链条贯通
信用传递	仅到一级供应商	可达多级供应商
业务场景	核心企业与一级供应商	全链条渗透
回款控制	不可控	封闭可控
中小企业融资	融资难、融资贵	更便捷、更低价

综上所述，区块链技术能释放传递核心企业信用到整个供应链条的多级供应商，提升全链条的融资效率，丰富了金融机构的业务场景，从而提高整个供应链上资金运转效率。

2. 基于区块链的供应链金融应用思路

1) 供应链融资的应用场景

供应链融资主要有3种应用场景：应收账款融资模式、预付账款融资模式和动产质押模式。

（1）应收账款融资模式中，供应商通过与核心企业的原材料或半成品的供给交易，获取应收账款凭证，并基于未来现金流进行自偿性融资。供应商向银行出示应收账款凭证，银行通过核查，对供应商进行一定额度的放贷行为。

（2）预付账款融资模式中，分销商付款，从核心企业取得货物，在未卖出阶段，并无回款资金，中小企业需要短期的进货贷款。此时，在核心企业承诺回购的情况下，下游分销商可以向金融机构提供销售合同并申请仓单质押贷款。

（3）动产质押融资模式中，链上企业有原材料、半成品、产成品、仓单等动产存在，为了获得资金，以动产作为质押品获得银行贷款的业务。与之前两种融资模式不同的是，动产质押融资转移的是物权，而非债权。

2) 区块链应用于供应链融资中

应收账款融资的主要风险来自真实性问题，如果交易为虚假，则应收账款质权不成立。在经济下行及不少行业去产能的影响下，信用环境在不断恶化，伪造贸易背景骗贷案例常常发生。应收账款的真实性、合规性审核、价值确定及后续监管，是该类业务的关键操作要点。

区块链下的应收账款融资，区块链作为账本，主要的作用是记好每笔账款,在供应链金融中,对于每家企业的应收账款等数据的统计确保核心企业、供货企业以及资金供给方的每笔交易真实性。取代传统的纸质合同,区块链下的供应链——应收账款融资采取的是数字化的合同,采用数字签名存证,具有不可篡改和可追责的特点。区块链+应收账款融资提高了资金周转效率。

而预收账款融资和动产质押融资的主要风险来自存货的监控与管理,场地、人力、管理细节实现起来并不容易,在操作过程中要严防因为监管不到位导致的货物挪用、丢失和损坏等。仓储管理涉及多方,包括分销商、投资方、仓储企业、物流方等,仓储企业代为占有、管理存货,使得质物的质权、所有权、监管权三者分离,加剧银企间信息不对称,存在滋生虚开仓单、货控不严甚至监管人内外勾结的道德风险,容易产生存货重复质押、先质押后转让等重大风险。另外,过严的操作标准也使得供应链金融的操作成本过高。

区块链在预收账款融资和动产质押融资中,主要是货权的确认和流通的审计,结合区块链和物联网技术进行预收账款和动产质押是解决问题的直接渠道。依托区块链技术,大宗货物出入库记录可以实时查看,多方经手货物的所有权、质权、监管权可以很好地确认;依托物联网技术,动产质押融资业务的实体流、信息流和资金流做到了三流合一。

3)应收账款场景下票据的重要性

虽然供应链融资有应收账款、预付账款和动产质押三种应用场景,但应用最先落地的还属应收账款融资模式,在此模式下,票据的多级拆分和流转成为融资模式实现的关键问题。

票据持有者将票据拿至银行,银行将票据贴现扣除后,将剩余金额支付给票据持有者。近年来,我国的票据业务发展迅速,然而却有不少不法分子利用传统票据监管等方面的缺陷盈利,导致一票多次售卖,复制票据的现象频频发生。全国多家银行因涉嫌违规办理票据业务,被银监会处罚。

利用票据融资，金融犯罪的一般操作方式是：A企业内部关联B企业，两家企业之间的上下游企业，签订虚假伪造合同，准备银行票据融资所需要的资料，然后A企业负责去银行承兑汇票，B企业负责贴现，从而达到套取现金的目的。

而区块链技术架构下的票据融资，恰恰解决了传统票据融资的缺点，利用区块链的不可篡改和加密安全性，将票据达成"一票一号"的共识机制。在智能合约上，所有的票据，可按编号查证，不可复制。通过企业的交易、兑付等方面建立相关模型，获得信用体系，而信用信息在区块链上无法篡改，为企业投资、未来合作发展等方面提供准确的参考信息。

9.2 区块链+票据

发达的票据市场是解决中小微企业融资难问题的重要支撑，区块链票据是解决供应链金融机制局限性的有效途径。

9.2.1 票据的内涵及特点

票据是指商业上由出票人签发，无条件约定自己或委托他人无条件支付一定金额，可流通转让的有价证券。广义的票据包括所有能使财产证券化并具有支付功能的证券，如汇票、本票、支票、提单、存单、仓单、债券等；狭义的票据专指票据法规定的票据，我国票据法规定的票据种类为汇票、本票和支票。传统票据具有流通性、要式性和无因性3个特点，但随着票据贴现融资模式的推广，真实性受到了广泛关注。

1) 流通性

票据上设定的权利是给付货币。可以流通转让是票据的基本共性,票据的生命力在于其具有流通便捷性。一张票据,尽管经过多次转让,几易其主,但最后的执票人仍有权要求票据上的债务人向其清偿,票据债务人不得以没有接到转让通知为理由拒绝清偿。

2) 要式性

票据必须具备法定的格式要求。要式是指票据必须符合法定的形式要求。票据上面记载的必要项目必须齐全,各项必要项目又必须符合规定,否则就不能产生票据的效力。各国法律对于票据所必须具备的形式条件都做了具体的规定,当事人不能随意加以变更。

3) 无因性

票据上的权利和义务不以任何原因为其有效的条件。无因性是指票据上的法律关系只是单纯的金钱支付关系,权利人享有票据权利只以持有票据为必要,至于权利人取得票据的原因均可不问。票据无因性是票据理论的核心内容,无因性在票据的流通过程中起着关键作用,是票据具有较高流通性的基础和前提,被世界上绝大多数国家的《票据法》采用。

4) 有待真实性

根据《中华人民共和国票据法》第十条要求,票据的签发、取得和转让,应当具有真实的交易关系和债权债务关系,银行需要对票据真实性及背景资料进行严格审查。票据的真实性主要包括 3 方面:票据所涉业务真实存在;票据填写内容与实际真实一致性;票据取得和开具的合法性及合理性,即真实合同＋增值税发票＋票据业务真实性贸易背景,三者缺一不可,所以监管部门强调银行业机构要对票据业务进行实质性审查,为查处具备真实合同和发票但实质缺乏真实贸易背景的承兑或贴现行为提供了依据。

9.2.2 票据市场对中小企业融资的支持作用

票据已经成为中小企业融资的重要工具。2017 年,我国企业累计签发商业汇票 17.0 万亿元;期末商业汇票未到期金额为 8.2 万亿元。2017 年,金融机构累计贴现 40.3 万亿元;2017 年年底,票据融资余额为 3.9 万亿元,各项贷款占比 3.2%。

1. 票据贴现融资方式及其优点

票据融资方式是指票据贴现融资方式,票据持有人在资金不足时,将商业票据转让给银行,银行按票面金额扣除贴现利息后将金额支付给付款人的一项银行授信业务,是企业为加快资金周转促进商品交易而向银行提出的金融需求。票据一经贴现便归贴现银行所有,贴现银行到期可凭票直接向承兑银行收取票款。

票据贴现融资方式的优点如下。

(1) 银行不按照企业的资产规模来放款,而是依据市场情况(销售合同)来贷款。企业收到票据至票据到期兑现,往往少则几十天,多则 300 天,资金在这段时间处于闲置状态。企业如果能充分利用票据贴现融资,远比申请贷款手续简便,而且融资成本很低。票据贴现只需带上相应的票据到银行办理有关手续即可,一般在 3 个营业日内就能办妥。对于企业,这是用明天的钱来赚钱,这种融资方式值得中小企业广泛、积极地利用。目前我国众多的中小企业,在普通贷款中往往因为资本金规模不够,或无法找到合适的担保人而贷不到钱,因此,票据贴现无须担保、不受资产规模限制的特性对它们来说就更为适用。

(2) 票据贴现融资利率低于一般贷款利率,可以节约融资成本。票据贴现能为票据持有人快速变现手中未到期的商业票据，手续方便、融资成本低，是受广大中小企业欢迎的一项银行业务。贴现利率在中国人民银行规定的范围内，由中小企业和贴现银行协商确定。企业票据贴现的利率通常大大低于到银行进行商业贷款的利率，融资成本下降，企业利用贷款获得的利润提高了。

2. 票据贴现融资的种类

票据贴现融资的种类主要有银行承兑汇票贴现、商业承兑汇票贴现和协议付息票据贴现三大类。

（1）银行承兑汇票贴现。银行承兑汇票贴现是指当中小企业有资金需求时，持银行承兑汇票到银行按一定贴现利率申请提前兑现，以获取资金的一种融资业务。银行承兑汇票的贴现是以承兑银行的信用为基础的融资，是客户较为容易取得的融资方式，操作上也较一般融资业务灵活、简便。

（2）商业承兑汇票贴现。商业承兑汇票贴现是指当中小企业有资金需求时，持商业承兑汇票到银行按一定贴现利率申请提前兑现，以获取资金的一种融资业务。商业承兑汇票的贴现是以企业信用为基础的融资，如果承兑企业的资信非常好，相对较容易取得贴现融资。

（3）协议付息票据贴现。协议付息票据贴现是指卖方企业在销售商品后持买方企业交付的商业汇票（银行承兑汇票或商业承兑汇票）到银行申请办理贴现，由买卖双方按照贴现付息协议约定的比例向银行支付贴现利息后，银行为卖方提供的票据融资业务。协议付息票据在贴现利息的承担上具有灵活性，既可以是卖方，又可以是买方，也可以双方共同承担，根据谈判决定各自承担比例，达到双方满意的销售条款。

从企业结构看，中小企业签发的银行承兑汇票约占票据贴现融资规模的2/3。以银行承兑汇票为主，实现票据融资，用银行信用补充企业信用，具有签发便利、流动性高的优点,对于缓解中小企业融资难问题发挥了重要作用。中小企业办理银行承兑汇票的门槛较低,存放一定比例的保证金(20%左右),收取少量手续费,银行给予企业一定期限的信用担保融资。相比股票市场或者债券市场的较高门槛,银行承兑汇票采用柜台签发,不受企业规模的限制,甚至对信用等级没有强制性要求,在一定程度上可以满足中小企业融资短、频、急的特点。

2017年,票交所办理的票据融资业务为59.34万亿元。2018年上半年,商业汇票承兑和贴现业务发生额分别较2017年同期增长31.96%和27.98%,出票人为中小企业的票据占比为69.65%,2019年第一季度,商业汇票承兑发生额为5.39万亿元;同比增加1.15万亿元,增长27.18%。票据承兑业务已成为中小企业获得金融支持的重要渠道。

9.2.3 区块链架构下的数字票据

1. 区块链+票据的可行性

区块链+票据是将区块链技术应用到电子票据上而形成的数字票据。区块链技术的应用可以很好地弥补现有票据市场中存在的痛点问题,使票据应用更加安全和智能,主要从以下4个角度进一步分析区块链+票据的可行性。

(1)数据层面。这是区块链技术在这个场景下最大的价值所在。通过分布式总账的建立,实现数据的分布式记录,而不是存储在某一个中心服务器上,并且数据按照时间先后顺序记录,不可篡改,可以有效地保证链上数据的真实性和透明性。而且,部分节点受到攻击或者损坏,也不会影响整个数据库的完整性和信息更新。

（2）治理层面。与银行承兑汇票不同，商业承兑汇票具有自偿性，一般以核心企业自身的信用做担保。而且在区块链联盟链里，不需要中心化系统或强信用中介做信息交互和认证，而是通过共同的算法解决信任问题，保证每个参与角色都是扁平的、互信的，甚至创造信用。

（3）操作流程层面。在数字票据环境下，区块链通过时间戳反映了票据的完整生命周期，从发行到兑付的每个环节都是可视化的，可以有效地保证票据的真实性。而加入智能合约的特性，可实现端对端的价值传递和可追溯性。

（4）监管合规层面。得益于区块链技术的特性，在必要的条件下，监管机构可以作为独立的节点参与监控数字票据的发行和流通全过程，实现链上审计，提高监管效率，降低监管成本。未来，随着技术的更加成熟，甚至可以引入央行数字货币，实现自动实时的 DVP 对付、监控资金流向等功能。

2. 数字票据的内涵与创新

区块链数字票据并不是新产生的一种实物票据，也不是单纯的虚拟信息流，它是用区块链技术，结合现有的票据属性、法规和市场，开发出的一种全新的票据展现形式，在技术架构上与现有的电子票据完全不同。同时，它既具备电子票据所有功能和优点，又融合了区块链技术的优势，成为一种更安全、更智能、更便捷、更具前景的票据形态。

电子票据诞生于 2009 年 11 月，由中国人民银行设计和主管。电子票据较纸质票据具有明显的先进性，可以有效地保证票据的真实性，但发展还比较缓慢。央行数据显示，2013 年电子票据的占比为 8.3%，2014 年达到 16.2%，2015 年上半年达到 28.4%，市面流通的票据还是以纸质银票为主。而纸质票据与电子票据的主要区别在于信用环境，票据大案中以纸质票据为主。未来，数字票据的信用环境将主要构筑在企业与企业之间的贸易环节，通过构造托管于智能合约的票据池，实现实时支付、融资和清算等，可以为中小微企业提供更好的数字普惠金融服务。而且，由于业务上的强关联性，风险系数将大大降低。

数字票据的基础属性依然是票据，只是在形式上与传统的纸质票据、电子票据有所区别，数字票据在形式上的改变，其目的是更好地实现票据权利的产生、转让与交付，更好地实现支付、结算、汇兑、信用、融资等功能。以分布式记账为基础，区块链技术实现了去中心化、自信任、防篡改机制，再结合智能合约功能，这类特征与票据的某些属性天然契合，甚至在很大程度上颠覆了传统票据交易规则与模式，如票据的拆分、流转效率。

去中心化（弱中心化）是数字票据的本质特征，基于区块链架构的数字票据系统，其分布式记账和账本共享不需要其他中心机构或者第三方来认证交易过程，可实现无须第三方参与的点对点交易。利用智能合约实现对票据的流转，以编程的方式进行更为复杂的控制，实现更高级别的智能化。

区块链架构下的数字票据对传统票据的突破具体表现为以下4方面。

（1）区块链票据是有因性的有价证券。区块链票据的安全性就是利用区块链技术防范无真实贸易背景的票据贴现业务风险。根据银监会发布的《关于票据业务风险提示的通知》，要求结合开发银行自身业务特点，研究如何利用区块链技术防范票据业务风险，研究内容主要包括利用区块链公开透明和不可篡改等特点防范票据业务中无真实贸易背景的票据贴现、掩盖信用风险等风险问题。国家开发银行在办理纸质或者电子银行承兑汇票业务时，为了防范欺诈风险而要求客户把企业的贸易合同信息和增值税发票信息上传到区块链上，这一要求导致了区块链票据成为有因性证券。

（2）区块链票据是附条件和自动履行的新型有价证券。传统票据是无条件支付的完全有价证券，在支付过程中如有附条件的记载，将导致票据无效。智能合约把票据交易和流通环节中的合同内容通过编码镶嵌在区块链上，在票据流转的同时，通过编辑一段程序即可控制价值的限定和流转方向，确保所有流通票据按照统一的管理规则进行交易。所以区块链票据的智能合约是对票据支付的附加条件，与《票据法》第 22 条第 2 项"无条件支付的委托"规定相违背，在传统意义上是无效票据，属于一种新型有价证券。

（3）区块链票据弱中心化或去中心化交易。数字票据在联盟链内，系统架构和账本存储采用分布式记账模式。应用系统也无须建构在中心级服务器中，节省中心应用和接入系统的大量成本，也节省了系统维护和优化的成本，同时难以出现服务器崩溃或被黑客控制的风险。分布式账本也不会因为少数节点出错而影响系统的运转。各个参与者掌握的都是总账。

（4）区块链票据数据的完整性、透明性和可验证性。任何价值交换都要实现追踪和查询，都需要完整的交易账本信息，且这些信息不能单独保存在某个服务器中或由某个参与者单独控制。分布式账本容易实现便利的信息跟踪和对历史数据的追踪，对票据流转过程中的责任问题可以进行快速而清晰的判断，降低法律纠纷的频率和取证难度。

3. 数字票据的特点与价值

区块链架构下的数字票据就是在传统票据的基础上加入区块链技术，使得票据业务变得更加高效、便捷、安全。

1）数字票据的安全性

传统纸质票据的安全性较为脆弱，而电子票据最新出现的安全风险现象被广泛关注。例如，票据交付给对方但没收到资金的"背飞"现象、资金付出后未收到票据的"打飞"现象。相比较而言，数字票据具有更高的安全性，其以区块链为架构，采用分布式账本，为信息不对称、交易追踪等关键问题给出了极好的解决方案，具体表现在以下 3 方面。

（1）实现票据价值传递的去中心化。票据是一种有价凭证，其在传递中一直需要隐藏的第三方角色来确保交易双方的安全可靠。例如，在纸质票据交易中，交易双方信任的第三方负责识别票据实物的真伪性；在电子票据交易中，交易双方通过人行电子商业汇票系统（ECDS）进行信息交互和认证。

但借助区块链，既不需要第三方对交易双方价值传递的信息做监督和验证，也不需要特定的实物作为连接双方取得信任的证明，实现了价值在点对点之间的"无形"传递。另外，在实际的票据交易中，经常会有票据中介这一角色利用信息差撮合，借助区块链实现点对点交易后，票据中介的现有职能将被消除，并以参与者的身份重新定位。

（2）分布式账本。在联盟链中，每个数字票据的出票、票据行为的实现，都以全网广播的形式在所有接入节点间进行存储、确认，使得在连续记录的账本中不可能出现毁损、丢失、编造等现象。账本在每个节点都有一个完整的复制，系统运行并不依赖特定的中央服务器，当出现少数节点不联网、被攻击、被损坏等情况时，也不会因此出现全网交易中断、信息泄露等重大风险事件。

（3）加密签名。数字票据的签名采用公钥和私钥结合的形式，接入区块链的节点均可相互查看，缺少合法的私钥就无法进行票据行为。由于交易历史信息在账本中有完整的记录，以及私钥操作的不可代理等，使得数字票据的中介价值已经意义不大了。

2）数字票据的交易效率

数字票据只要在联网条件下就可以进行交易，票据的电子化有效提高了交易的效率。

（1）传统纸质票据从开票到承兑，因为需要不断核实，导致交易效率较低。由于区块链不需要中心化的服务器，这对现有的依赖系统来办理业务的票据体系形成极大优化，不需要通过需求—代码—测试—投产—验证等多个环节的时间跨度，可以通过分布式账本随时进行审计，省去了确认身份、票据真伪验证等人力、物力和时间成本。

(2) 区块链的使用可以有效地提高当下的组织结构、管理体系以及行政干预,使得经营决策变得更加便捷和高效,从而进一步提高整个票据市场的运行效率。

3) 数字票据的监管

在采用区块链去中心化的分布式结构后,改变了现有的系统存储和传输结构,建立起更加安全的多中心模式,更可以通过时间戳完整反映票据从产生到消亡的过程,其具有可追溯历史的特性,使这种模式具有全新的连续背书机制,真实反映了票据权利的转移过程。同时,不可篡改的交易记账,使得监管的调查、取证成本大幅度降低,使责任的认定更为简便。

区块链这种可追溯特性给票据市场的监管带来全新的便利,在联盟链中设置监管的超级节点,比一般用户具有更高的权限,监管人员可以通过超级节点对交易历史进行完整追溯,对特定票据行为进行监控,再结合智能合约的编程监管,使数字票据的监管效率和便利程度远高于电子票据系统。

4. 数字票据交易的运行流程

数字票据交易的主要环节包括数字票据的签发、流转、融资、兑付,具体流程如下。

(1) 数字票据的确认与签发。数字票据要求详细记录债权凭证的收款人、金额、期限等要素信息,经核心企业、平台、债权人共同记账后签发给其上游供应商,各级供应商企业可根据实时动态变化来灵活管理应收账款,提高资金利用率和周转率。

(2) 数字票据拆分与流转。供应商的上游企业在供应链内接收债权凭证。系统根据上游企业接收到的凭证金额确认其核定额度,在额度范围内上游企业可按照付款需求签发新凭证,完成采购支付。分布式记账保证了供应链内信息的真实性与可靠性。

(3) 债权凭证融资。数字票据持有人依据交易,以对应的应收账款向金融机构申请直接融资,按提前付款日期与应付到期日之差来计算融资利息,金融机构扣除相关利息后发放融资金额。

(4) 数字票据兑付。当持有的数字票据到期时,核心企业支付资金,并按照凭证记载的转让路径将资金划转到票据持有人,同时,签发人收回数字票据。

9.2.4 数字票据平台

区块链技术是一种通过去中心化和去信任化的方式集体维护一个可靠数据库的技术方案,能够让区块链中的参与者在无须相互认知和建立信任关系的前提下,通过一个统一的账本系统确保资金和信息安全。这项技术给票据业务从业者很大的启发,利用区块链技术可以搭建一个可信的交易环境,避免信息的互相割裂和风险事件。

1. 架构设计

Fabric 是区块链技术的一种架构实现,它的逻辑结构主要包括会员、区块链、交易和链码(chaincode,即智能合约)。这种模块化的架构支持组件可插拔,且强大的容器技术可支持任何主流的语言开发智能合约。

在具体的实践中,将区块链数字票据进行分层设计,包括网络层、数据层、平台层和应用层。各个参与方可以通过 API 的方式很方便地接入联盟链中,并且在这样的架构下,还可以实现多种信用资产的发行与流通管理。区块链数字票据分层架构如图 9-2 所示。

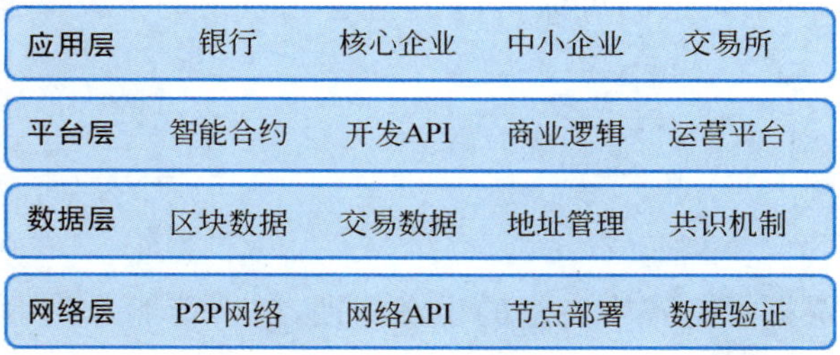

应用层	银行	核心企业	中小企业	交易所
平台层	智能合约	开发API	商业逻辑	运营平台
数据层	区块数据	交易数据	地址管理	共识机制
网络层	P2P网络	网络API	节点部署	数据验证

图 9-2　区块链数字票据分层架构

2. 底层联盟链

联盟链和公有链相比,更能满足分布式商业中的多方对等合作与合规有序的发展要求,在高可用、高性能、可编程和隐私保护上更有优势。联盟链让节点数得到了精简,能够使得系统的运行效率更高、成本更低,更容易在现实金融场景中落地。

(1) 在参考以太坊智能合约虚拟机技术的基础上,扩充指令操作码,实现隐私保护机制所需要的同态加法操作。

(2) 参考 Fabric 的共识机制,对 PBFT 算法进行优化,使得底层联盟链支持节点的动态管理。

(3) 根据金融业务的需求,对底层联盟链进行大量安全方面的加固和创新,实现了节点通信加密、数据落盘加密,以及联盟链上用户私钥的安全存储和运算。

3. 区块链中间件

区块链中间件实现了底层联盟链与上层类中心式业务应用系统之间的消息传递机制,给出了中心式业务应用系统并发访问区块链节点、时间戳共识、交易确认事件通知等问题的解决方案,使底层在基于区块链节点开发的同时，上层业务应用系统仍可保留传统中心式系统的开发架构，有效降低了开发门槛。

4. 智能合约

每个数字票据都有一个完整的生命周期，其中智能合约承担着区块链最核心的功能。包括票据开立、流转、贴现、转贴现、再贴现、回购等一系列业务类型，这些业务类型、交易规则以及监管合规，理论上都可以通过智能合约编程的方式来实现，并可根据业务需求灵活变更升级。

智能合约可以实现数据脱敏和监管的穿透干预，具体表现如下。

（1）改造联盟链底层实现智能合约的干预机制，以满足司法干预等现实中存在的特殊需求等。

（2）根据数字票据特定场景下的隐私保护需求，智能合约的约定既解决了数字票据交易金额对交易无关方的信息保密，同时又保证了票交所等监管方在必要时拥有看穿机制。

（3）采用业务逻辑智能合约与数据智能合约相分离的新型设计模式，解决了传统区块链智能合约不易升级，以及升级后繁重的历史数据迁移等问题。在这种设计模式下，可以支持票交所对包括数字票据交易在内的业务逻辑的在线升级，而无须进行数字票据数据迁移。

5. 业务应用创新

引入数字货币进行结算，可以实现数字票据交易的资金链和信息流同步转移，原则上每个验证节点代表单位都是强信用企业，由自己保管公私钥，所有参与方在票据平台上的交易、查询等业务操作需要使用私钥进行认证与数据加密。同时，承担上下游企业参与方身份识别和管理等职能。此外，平台会员登记以及票据资产上链均需要经过严格审核，一旦上链，数据将不可篡改,就进入一个可信的交易流通环境,完成 KYC 环节,并且所有会员均可见,避免不同金融机构之间对用户重复 KYC 的问题,极大地提高了效率,减少信用风险。

9.2.5 案例分析:链式票据"合同＋单据＋发票"对信用的影响

供应链中的交易一般基于基础合同,在交易过程中将产生订单、关单、税单、运单、仓单、水单、发票等关键证据,将这类票证以交易逻辑关系串联起来,可以展示供应链数据的全景视图,从而以链式票据实现对交易真实性的证明。

深圳大创科技基于区块链技术行业 1＋6＋1 模式,实现对数十亿条资产溯源上链数据的检验。1＋6＋1 模式深入供应链流程,获取前、中、后关键节点的凭证,来证明价值在供应链中的传输。区块链技术主要保证票据的不可篡改和实现分布式记账。

1 代表合同,即供应链业务上的框架合同,合同数据上链,实现合同条款不可篡改;6 代表订单、关单、税单、运单、仓单、水单,6 种单据形成有逻辑关系的证据链,可全程跟踪供应链业务的完整流转,同时实时采集和动态掌握节点信息,防止票据作假,识别虚假业务行为;最后的 1 代表发票,采用区块链专票电子化(数字票据),既保证开票信息的安全、防伪、可认证、可抵扣,又实现上链发票信息及发票状态等流转信息的可信任、可追溯,将现有纸质专票的邮寄、流转、接收和处理时间,缩短为收票企业秒收。

1＋6＋1 模式对风险控制、客户管理、服务协议等事前进行评估,订单发起、报关报检、进出口税、物流运输、出入库等事中进行控制,资金结算、电子发票等事后进行分析,能够对供应链环节电子化数据、流转、状态等信息上链进行锁定,获得资产形成的底层证据,大幅提升资产的质量,实现资产信息的可信、可验证、可追溯。

9.3　基于数字票据的应收账款融资场景

从国家统计局的公开数据来看,截至 2019 年 12 月,我国工业类企业应收账款余额为 17.40 万亿元,同比增长 4.5％。2018 年年底,我国工业类企业应收账款余额为 14.34 万亿元,同比增长 8.6％。2017 年年底,我国工业类企业应收账款余额达 13.48 万亿元,同比增长 8.5％。从近年来全国工业类企业应收账款余额来看,每年的期末余额呈递增的趋势,应收账款积压和盘活压力亟待化解。同时,从已经公布的 2018 年全国规模以上工业类企业主要行业的应收账款余额来看,电力、热力生产和供应业的应收账款同比增长速度最快,达 18.2％;其次是黑色金属冶炼和压延加工业,增长幅度达 12.4％;同时专用设备制造业和金属制品业的增长幅度均在 5％以上。

从这些数据分析来看,截至 2019 年年底,我国规模以上工业类企业的应收账款规模出现较大幅度的增长,一方面是由于我国经济复苏缓慢,工业企业经营流动性问题一直存在;另一方面是由于中小企业在我国经济发展中的地位提升,中小企业的融资难、融资贵的问题没有根本解决。基于这样的现状和前提,中小企业不仅要加强企业的信用制度建设、企业内部财务管理,而且要积极盘活应收账款,加强应收账款的管理,将应收账款应用于生产的资金再循环,满足融资需求。

9.3.1　应收账款的内涵

应收账款是指供应商因销售商品、产品、提供劳务等业务,应向购货企业或接受劳务企业收取的款项,是伴随企业的销售行为而形成的一项债权。《中华人民共和国物权法》第223条明确规定应收账款为可以出质的财产权利之一。

上述应收账款的概念,包含了确认应收账款的两个基本条件:①在资产负债表中作为流动资产列示的应收账款,是指因销售(包括提供劳务)形成的债权,不包括非销售活动产生的应收款项;②应收账款是指一年以内或超过一年的营业周期以内应回收的款项,不包括长期债权。与其他资产形式(例如,现金)相比,应收账款主要有以下4个特点。

(1) 较高的风险性。由于应收账款是供应商对客户的一种债权,所代表债权的仅是交易的单据,如发票、收货单、运货单等。因此,账款的回收是很被动的,关键要看客户是否为信用及财务状况良好的客户,从而使企业存在一种无法收回款项的可能性。在市场环境不好的情况下,坏账率很高,所以,供应商的应收账款实际存在不能回笼的风险。

(2) 较低的流动性。在目前的金融制度下,应收账款虽然能接受用以进行出售、抵押等取得的资产,但是实际操作中付款方顾虑甚多,成交可能性很低。因此,对于未到期的账款、已到期而未付的账款或拖延不付的账款,除了派人员催收或通过采取法律方法处理外,只有一直挂账,长期记录在流动资产项目内,造成资金积压。

(3) 较长的停留时间。现在企业的销售,极少数是以现金方式或者货到付款的方式进行销售,一般是给予客户一定的交款限期,按客户的交易量、信用、实力及其他因素决定限期,从而使供应商的资金较长时间地由另一方无偿占用,供应商应该可以获得的资金效益都由资金占有方取得。这一点对于处于供应链末端且资金需求较为迫切的中小企业供应商尤为重要。

(4) 较高的回收成本。核心企业常会延期支付,中小企业的供应商为了自身发展,需要及时收回挂账的应收账款,往往要付出较高成本,如折扣清账、法律途径等。最后在收款后扣除相关的成本，所剩无几。

9.3.2 应收账款融资模式

在市场经济的竞争机制下，赊销作为主流的交易方式成为企业的重要竞争手段，这样就形成了大量的应收账款，造成了企业的资金压力。在此背景下，应收账款融资的全面展开对于帮助中小企业盘活应收账款、加速资金流通、缓解债务危机、促进企业的正常生产经营和发展具有重要的现实意义。

应收账款融资是指供应商企业将对核心企业的应收账款转让给金融机构申请贷款，金融机构为供应商企业提供的融资服务。这种方式通常与企业的现金流相连接，在企业将应收账款质押取得贷款后，只要应收账款回款，便可将款归还，是一种可循环使用的短期贷款。

利用应收账款进行融资，在西方早已得到广泛应用。许多国家将其作为一个单独的行业，是金融业的一个重要组成部分，有专门的金融机构从事此项业务，是西方国家常规的融资渠道之一。2016年，中华人民共和国国务院首次提出"大力发展应收账款融资"，给应收账款融资带来新的发展机遇。

用于融资的应收账款必须具备如下3个特征。

（1）可转让性。用于融资的应收账款可以依照法律和当事人约定将全部或者部分进行转让。如当事人在产生应收账款的基础贸易或者服务合同中明确约定，基于该基础合同所产生的一切权利是不可以转让的，基础合同的权利和义务只涉及合同双方，则履行这样的合同产生的应收账款债权是不能进行质押融资的。此外，基于特定的与人身性质不能分割的缘由产生的应收账款债权，也不适宜进行质押融资。

（2）明确性。即用于设立质押的应收账款的有关要素包括金额、期限、支付方式、债务人的名称和地址、产生应收账款的基础合同、基础合同的履行程度等必须明确、具体和固定化。由于应收账款作为普通债权没有物化的书面记载来固定化作为权利凭证,质权人对于质物主张质权的依据主要依靠上述要素来予以明确。为此,各承认应收账款质押国家的立法,都对质押合同中关于用于质押的应收账款的描述,做出尽可能详尽的要求,否则在面临诉讼时,就可能得不到法院的支持。

(3) 时效性。用于设定质押的应收账款债权必须尚未超过诉讼时效。超过诉讼时效,便意味着债权人的债权已从法律权利蜕变为一种自然权利。因此,从保障银行债权的角度出发,一方面,银行在选取用于质押的应收账款时应确保该应收账款债权尚未超过诉讼时效;另一方面,在融资期限内也要对应收账款债权的时效予以充分关注,及时督促出质人中断诉讼时效。

9.3.3 区块链技术下的应收账款融资方案

核心企业的高信用并没有因为连续的交易关系而传递,银行给予核心企业和一级供应商的贷款利率较低,而对于二级、三级乃至末端供应商则关闭大门,这些有资金需求的供应商难以获得银行的正规金融服务,只好选择利率较高的民间借贷。区块链产生以后,就形成了一个价值传输网络,创建了从核心企业开始的信用传递通路,以解决因供应链信用逐级递减而造成的末端节点信用不足问题。

1. 基于区块链的应收账款融资模式

如图 9-3 所示,通过构建基于区块链的应收账款融资架构,可以有效提升应收账款融资效率,解决多级供应商资金流问题。具体做法是将供应链核心企业、各级供应商、金融机构等各参与方的信息在区块链上进行登记,实现供应链授信的可信化；构建一种多级贯通的融资机制与信用机制，实现供应端融资的多级化贯通；借鉴区块链技术中 UTXO 记账模型和智能合约技术，实现对每个数字权证进行无限溯源，保证每笔资金的拆分和流转有据可查，实现供应链权证流转化；结合数字签名技术和分布式账本技术，打通金融机构、核心企业、多级供应商等系统的联系，将权证确权、权证流转、权证融资、融资授信、融资还款等流程线上化操作，建立供应链流程线上化，实现信用与价值的链上传递。

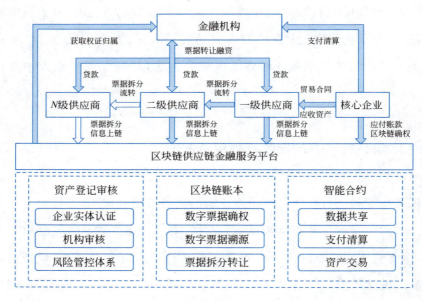

图 9-3 基于区块链的应收账款融资架构

该架构实现的关键在于如何结合区块链技术将有用的资产进行数字化，采用数字票据的形式进行质押和交易，采用分布式记账进行数字票据的确权、拆分、流转和溯源，使数字资产具有不易被篡改、共识验证等特征，从而形成一种新型的信用机制。

2．数据票据的拆分与流转

核心企业的高信用向末端传递，需要进行多级拆分，以应收账款为资产，以债权凭证（区块链数字票据）为载体，实现全链企业都能因交易关系而获得可信的票据拆分，从而实现盘活应收账款、降低融资成本的目标。

1）基本原理

由核心企业通过区块链供应链金融服务平台，将其优质企业信用转换为可流转、可融资、可灵活配置的数字票据，通俗地讲就像企业"蚂蚁花呗"或者"京东白条"。在该平台上流转的数字票据具有安全、高效、实时的特点，同时也是有期限的。产业链上中小企业在数字票据期限内通过区块链供应链金融服务平台，可将其接收的数字票据进行转让、融资或持有。数字票据为产业链上广大企业提供了全新的经济往来结算工具，既大大提高结算效率，又为中小企业提供了一个便捷、低成本融资的新通道，是在产业链场景下基于区块链技术的一种创新型金融服务。

2）实现流程

（1）流转。在区块链上发行一种电子付款承诺函（也称数字票据），可以在公开透明、多方见证的情况下进行随意的拆分和流转，核心企业凭借其信用，利用数字票据向其供应商支付货款。中小企业从下游企业接收到数字票据，将持有的数字票据转让给上游供应商，结转应付账款。当整条供应链的后手都受让该项数字票据时，数字票据就发挥了电子货币的信用与支付功能，并完全摒弃了中转银行的角色。

（2）融资。基于真实贸易背景，核心企业以信用支付，实现零成本融资；而中小企业向金融机构提供供货合同、发票、发货单等基础信息后，以其持有的数字票据作为保理融资还款保证，可在平台上实现T＋0贷款的高效低成本融资。申请贴现利率不会因为是末端企业而更高，因为是凭证贴现，与持有人的信用级别关系不大，所以解决了末端企业的融资成本偏高的问题。

（3）灵活配置。中小企业获得拆分后的数字票据，可以根据业务发展需求选择：①等待凭证到期，自动获得核心企业的回款；②根据资金流现状，在数字票据到期日前的任意时间内向平台申请贴现，企业可灵活安排结算金额和期限，商业银行见票兑付。

（4）风险管控。数字票据以区块链为技术基础，运用非对称加密和时间戳技术，可以实现对票据发行和交易中的所有参与者的信用信息进行有效、可信的搜集，并对信用风险进行实时评估，提高信用风险管控能力。且企业信用的支付是基于真实贸易背景的，加上运用非对称加密技术构建了完全透明的数据管理体系，从而防范信用超发风险以及各种道德风险。

图9-4展现了供应链金融平台上数字票据的流转过程。这种模式相当于把整个商业体系中的信用变得可传导、可追溯，贯穿供应链上下游，打通了整条产业链，整合了产业链内的企业用户，为大量原本无法融资的中小企业提供了融资机会，极大地提高了票据的流转效率和灵活性，降低中小企业的资金成本，实现了产业链上的多方共赢。

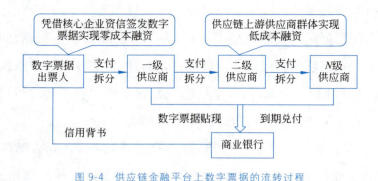

图9-4　供应链金融平台上数字票据的流转过程

一个票据拆分的实例如图9-5所示。

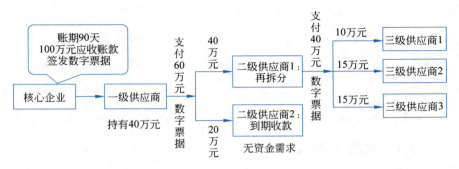

图 9-5 多级票据拆分流程示意图

一级供应商与核心企业的交易项为 100 万元,产生应收账款,账期 90 天,经核心企业确认后,签发金额 100 万元的数字票据。一级供应商持有 40 万元到期兑付,同时支付 60 万元数字票据给两家二级供应商,分别为 40 万元和 20 万元。得到 20 万元数字票据的二级供应商由于无资金需求,采取持有 20 万元数字票据的方式,到期将收到 20 万元结算款;得到 40 万元数字票据的二级供应商进行数字票据再拆分和流转,分别支付给三家三级供应商 10 万元、15 万元和 15 万元的数字票据,从而实现高信用的数字票据在全链的流通。

3. 区块链＋应收账款融资模式的应用价值

区块链＋应收账款融资模式的应用具有重要的经济价值和社会意义:一方面,帮助金融机构提升金融效率,建立敢贷、愿贷、能贷的长效机制;另一方面,协助供应商解决融资难、融资贵的问题,提升了企业生产运转效率。

(1) 打造了全新的供应链金融服务模式。重构了传统供应链金融融资的结构方案,对不同行业、不同规模、不同经营模式的企业拥有的应收账款进行处理,剔除掉个性化信息和商业机密,保留标准化应收账款数据,使不同应收账款可以最终形成统一的标准化数据。平台利用大数据技术以及风险管控模型，筛选贸易过程中的关键节点和活动数据，剔除无效信息，最大程度还原贸易的真实性，弱化主体信用在融资活动中的作用，在确保贸易活动真实有效的基础上，结合企业各种经营活动的佐证，客观科学地评估应收账款的风险。

（2）为中小企业提供了全新的融资渠道。中小企业融资难、融资贵是一个世界性的难题，区块链＋应收账款通过自身结构和方案的设计，最大化实现了贸易过程中的信用传递，成功将大型企业的商业信用传递到供应链上较弱势的中小企业身上，为中小企业提供了全新的融资渠道。中小企业可以凭借数字票据选择到期回款或者随时兑现，保证了债权实现的高可靠性。

（3）提高了供应链的信息化水平。可以通过区块链、大数据等技术手段，将各级供应商不同的应收账款进行标准化，也方便了核心企业获得完整的信息链来搭建风险管理体系，严格控制、跟踪、监管数字票据的拆分，直观地掌握资金的实际情况。

9.3.4　案例分析：浙商银行推出国内首个基于区块链的应收账款平台

2016年年底，浙商银行搭建了基于区块链技术的移动数字汇票平台，能为客户提供移动端签发、签收、转让、买卖、兑付移动数字汇票等功能，并在区块链平台实现公开、安全记账。2017年1月，浙商银行宣布，区块链移动数字汇票产品已经正式上线并完成了首笔交易。

小额移动汇票签发、流转等是浙商银行区块链技术应用的第一阶段。2017年8月，浙商银行宣布推出基于区块链技术的企业应收款链平台，意味着其在探索应用方面又上了一个台阶。

应收款链平台旨在帮助企业解决应收账款盘活问题，加快资金周转，截至 2018 年年底，该平台累计签发应收账款 2600 笔，签发金额达 1000 多亿元。

应收款链平台采用了趣链科技 Hyperchain 底层技术，付款人签发、承兑、支付应收账款，收款人可以随时使用应收账款进行采购支付或转让融资，解决企业痛点问题；围绕核心企业，银行机构为应收账款流通提供信用支持；上游企业收到应收账款后，可在平台上直接支付用于商品采购，也可以转让或质押应收账款盘活资金，方便对外支付和融资。

具体来说：去中心化实现了企业的唯一签名，在区块链上密钥一经生成后不能更改，银行等任何第三方均无法篡改应收账款交易信息，最大程度保证应收账款信息安全；区块链采用分布式账本技术记录应收账款信息，改变传统应收账款依赖于纸质或电子数据，从技术上排除了数据被篡改、被伪造的各种可能；区块链智能合约技术，可保证应收账款各类交易根据智能合约规则自动、无条件履约。

浙商银行应收款链平台可以提供单一企业、产业联盟、区域联盟等多种合作模式，助力企业构建供应链自金融商圈。单一企业商圈，由集团企业发起建立、成员企业和供应链上下游企业共同参与，在商圈内办理应收账款的签发、支付、融资等业务，并可以转让至圈外机构，增强流动性；产业联盟商圈，由核心企业发起建立，产业链上下游企业和联盟成员共同参与，从下游客户签发应收账款开始，在物流中无缝嵌入资金流，减少联盟成员外部融资和资金沉淀；区域联盟商圈，由区域内龙头企业发起、其他加盟企业参与，延伸到各加盟企业的供应链上下游客户，根据真实交易和商业信用签发应收账款，在联盟内进行转让、融资等。

9.4 本章小结

供应链金融是银行将核心企业和上下游企业联系在一起提供灵活运用的金融产品和服务的一种融资模式。具有去中心化、不可篡改、高度透明性等多种特性的区块链技术在赋能供应链金融领域有天然优势，可以解决交易环节的信任问题，解决上下游企业的融资难题。而区块链架构下的数字票据为供应链上众多企业提供了全新的经济往来结算工具，既大大提高了结算效率，也为中小企业提供了一个便捷、低成本融资的新通道。

本章首先介绍了供应链金融模式发展的 5 个阶段，针对存在的局限性，提出了区块链应用解决方案。使得票据的多级拆分和流转不再是融资模式实现的"卡脖子"问题；其次对区块链架构下的数字票据体系进行了详细的介绍；最后基于数字票据的应收账款融资场景进行方案梳理和案例分析。

练习与思考

1. 供应链金融发展模式有哪些？
2. 区块链技术助力供应链金融的具体表现有哪些？
3. 对比传统供应链金融与区块链供应链金融。
4. 简述供应链金融的应用场景。
5. 简述数字票据交易的运行流程。
6. 区块链＋应收账款融资模式的应用价值有哪些？

参 考 文 献

[1] 段伟常,梁超杰.供应链金融 5.0：自金融＋区块链票据[M].北京：电子工业出版社,2019.

[2] 林楠.基于区块链技术的供应链金融模式创新研究[J].新金融,2019(4)：51-55.

[3] 朱兴雄,何清素,郭善琪.区块链技术在供应链金融中的应用[J].中国流通经济,2018(3)：111-119.

[4] 肖小伟,李亮,赵思彦.对票据融资服务中小企业的几点思考[J].金融与经济,2018(1)：90-92.

[5] 刘少英.我国票据融资规模影响因素研究[J].新金融,2016(12)：47-52.

[6] 韩洁.数字票据与传统票据的比较分析[J].财会通讯,2018(28)：85-88.

[7] 黄维.通过区块链技术破解融资性票据监管问题研究[J].金融理论与实践,2019(3)：46-53.

[8] 郭夂.金融科技重塑应收账款融资[J].中国金融,2018(22)：63-64.

[9] 张路.博弈视角下区块链驱动供应链金融创新研究[J].经济问题,2019(4)：48-54.

第 10 章　区块链＋金融审计与监管

区块链就好像一个巨大的数据账本,不仅可以为数据的录入、提取、编辑提供最便捷的渠道,还可以为数据的安全提供强有力的保障。所以对于需要大量数据储备的审计行业,区块链是一项具有重要价值的技术。区块链技术可通过区块链交易数据库简化银行之间的实时对账、审计与监管机构的数据共享。一旦发现违反内部合规和外部监管要求的情况,智能合约将发出警告。

10.1　金融审计

目前,审计在我国的地位越发突显,了解金融审计,发现存在的问题,是进行金融活动前的必备一课。

10.1.1 金融审计的概述

金融审计是经济管理范畴的一门独立而完整的经济监督学,是审计理论与审计方法在金融企业资产、负债、损益、经营中的具体应用,是审计学体系的组成部分。

1. 金融审计的概念

金融是指货币资金的筹集与融通,即货币流通和信用往来以及与之相关的经济活动的总称,它是通过银行和非银行金融企业的各种业务活动实现的。

审计是由独立的审计机构及其成员根据国家法律法规和审计准则,运用专门的程序和方法对被审计单位的经济活动进行监督、核查、评价和协调,以达到国家和经济活动各利益关系人正当权益的一种经济评价和协调活动。

金融审计是审计学科体系中的一门专业审计,它是国家审计机关和金融系统内部的审计部门对金融企业经济实体活动及财务成果的真实、合法和效益的监督评价与协调,以加强金融宏观调控和管理,促进金融事业健康发展的经济监督活动。

主要包括以下 7 方面的工作内容。

(1) 收集、汇总、分析信贷领域重要审计信息、重大风险事件、典型案例以及被审计单位公司信贷领域背景资料,了解公司信贷内控架构、岗位职责及风险防范措施。

(2) 按照项目安排,实施查前准备阶段的审计方案制定,确定审计范围,开展非现场审计分析,选取检查内容及抽样,制定审计方法,撰写审计请示及审计预算,组织审计项目查前培训或其他专业化培训等。

(3)按照审计方案要求,实施现场审计程序,与被审计单位沟通,记录审计工作底稿。

(4)撰写审计报告、审计简报、审计要情、审计专题等审计文书,编制相关附表的工作,及时、如实、完整、准确地报告审计发现。

(5)复核、整理、上报相关审计项目档案等资料。

(6)开展公司信贷领域审计项目后续跟踪等相关工作。

(7)梳理公司信贷领域内控风险点,补充、完善风险内控库。

2.金融审计概念的含义

金融审计是防范金融风险、加强金融监管的有效途径,特别是上升到国家审计层面后,能够促进金融监管效能提升,增强金融监管能力,及时发现金融系统存在的问题并深入辨明其成因,有利于金融风险的控制和防范。金融审计概念表达了以下含义。

(1)揭示了金融审计的本质特征。金融审计是以行政手段和经济手段进行的经济监督形式。

(2)明确了金融审计的主体和客体。金融审计的主体是指整个金融业各类银行和非银行金融企业独立的、专门的、处于超脱地位的监督部门。主要包括中国银监会、国家审计机关、财政中企部门、纪检监察部门、金融机构内部审计监督部门等。金融审计的客体是各类银行和非银行金融企业所经营的各项业务活动和财务活动。

(3)阐明了金融审计的依据和标准。金融审计是以各类银行和非银行金融企业经营业务的资金活动为核查内容,以会计核算资料所反映的情况作为核查依据,以国家现行的金融政策、法规和制度作为辨别是非标准来核查其真实性、合法性、安全性和效益性。真实性是保证合规性、安全性、效益性的基础;合法性是保持金融审计秩序的关键,只有严格执行国家法规、法令,才能保障资金安全,才能讲求经济效益;安全性是对金融业的特殊要求,经营货币信用业务的金融业,只有减少风险程度,提高安全系数,才能不断壮大发展;效益性是金融活动的最终目标。四者是一个统一的有机整体,紧密相连,缺一不可。

(4) 指明了金融审计的目的。金融审计的目的在于保护公众利益,保障金融体系的安全稳定,保障金融业公平竞争,提高金融业的效率,促进我国社会主义金融事业的健康发展。

10.1.2 金融审计的特点

金融审计具有独立性和权威性、广泛性和综合性、系统性和延伸性等特点,这是由金融机构业务的综合性、管理的垂直性和信贷资金流动的特点所决定的。

1. 金融审计具有独立性和权威性

金融审计独立性是指审计人员的独立地位和客观公正立场。独立地位是指金融审计不管在机构设置上或者业务领导方面都有较强的独立性。金融审计机构既是金融业的一个组成部分,又独立于其他行政业务部门,在上级审计组织的领导下,依法独立行使审计监督权,不受其他行政机关和个人的干扰。客观公正立场是指金融审计人员在行使审计监督权时,必须站在公正、中立的第三者立场上,坚持原则,依法进行审核、核查,对被审计对象做出主观、公平的评价。

我国金融审计具有较强的权威性,我国法律赋予审计独立行使经济监督的权力,如核查权、质询权、止付权、处分权、通报权等,任何单位经济活动及核算资料都必须依法接受审计,而不得拒绝。审计结果提出处理意见,做出的审计结论具有法律效力,必须依法执行。

2. 金融审计具有广泛性和综合性

金融审计的广泛性体现在对象多、范围广、内容多等方面。按照《中国人民银行审计工作暂行规定》,凡是国家银行、股份银行、合作银行、外资银行、中外合资银行、保险公司、信托投资公司以及其他从事金融活动的银行或非银行金融机构及其人员,均属审计对象。从金融审计的范围上看,有存款、放款、结算、货币发行回笼、现金收支等银行业务;有承保、理赔等保险业务;有委托、代理等信托业务;有买进、卖出等证券业务;还有内部基金、财务收支业务等。从金融审计内容上看,包括党和国家的金融方针政策的贯彻落实;包括信贷、货币发行、金银、外汇、财务收支计划的执行情况;包括财经纪律和经济效益等。

金融审计的综合性是指银行的经营活动深入社会生产的各个领域,因此对金融部门业务进行审计要综合地了解、分析各方面情况,要求审计人员具有较为全面的知识和较强的分析能力。

3. 金融审计具有系统性和延伸性

金融部门的人、财、物和各项业务活动都是按系统垂直领导和统一管理的,因此决定了金融审计具有系统性的特点。一般在基层单位发现的业务方面的问题,往往都可以在上级单位找到原因,也可以在同级单位找到相同的问题,所以金融部门出现的问题一般具有系统性。

金融审计的延伸性是指审计不仅对自身的业务和财务活动进行监督,而且要对客户(主要指借款人)的产、供、销过程进行监督。对逾期贷款和风险程度等的考核,有时往往要延伸到借款单位进行实地抽查,才能找出贷款被挤占挪用、超储积压而形成呆账损失的数量和原因。

10.1.3 金融审计面临的问题

传统的审计监督是比较困难的,因为很多都是纸质流程,需要翻阅查看,同时很难避免信息的伪造和篡改。归纳一下,金融审计主要面临两类问题:审计数据难获取和审计过程需完善。若这两方面问题没有有效的解决,会影响金融审计的顺利开展。

1. 审计数据难获取

对于审计工作,最重要的基础就是全面、真实、有效的数据,而这一基础也是审计部门要不断夯实的,但在数据获取上仍存在 4 方面的问题。

(1) 审计数据分散。审计工作存在数据孤岛,审计单位信息系统分散。不同行业的信息系统类型和后台数据库应该都是不同的,这也导致数据类型不断增加,以及数据结构不断复杂化,再加上审计采集标准尚未统一,就更加大了数据采集的难度。在这种情况下,不仅审计准备时间被拉长,而且数据的准确性和完整性也不能保证。

(2) 数据更新不及时。任何类型的数据都是动态变化的,要想让数据得到最有效的利用,就必须保证数据的及时更新。为了达成实时读取数据的目的,这些采集的数据需要纳入平台进行联网审计,数据的及时更新和同步更新是非常重要的一个环节。

(3) 电子数据易篡改且无篡改痕迹。手动做账已被系统软件取代,使得电子数据成为审计核查的主体。电子数据与纸质资料相比,易于篡改且篡改后不会留下篡改痕迹,这使得审计人员很难发现,存在审计信息失真的风险;一旦电子数据经过缜密的非法修改后,审计人员无法将修改的电子数据进行恢复,从而不能得到真实有效的审计证据。

(4) 数据的隐私性需要保护。在数据隐私保护、对大数据审计认识不充分、行业要求等因素的影响下,那些没有审计需求的企业或机构就不会为审计部门提供数据,或者提供的数据也不是原始数据。这是因为业务数据是被审核企业的核心机密,被审计过程中存在较大的安全风险,一旦受到黑客攻击或其他形式泄露,被审计企业会有不可估量的损失。

2. 审计过程需完善

(1) 审计工作滞后性。传统金融审计是对过去一段时间内会计信息进行监督和检查。时间上的滞后,使管账人员存在非法修饰或篡改会计账簿的可能,因而存在经营活动信息失真的风险。审计时间滞后也使监管部门未能及时发现被监管单位的违规违法行为,导致监管职能缺失。

(2) 审计工作效率低。随着审计客户的经营业务逐渐发展,审计信息将变得日益庞大和复杂,如果现场审计中存在管理制度不完善、审计资源分配不足或人员沟通不顺畅等问题,会导致审计工作质量低劣、效率低下甚至发生重大审计失误。

(3) 审计覆盖范围片面。抽样方法在审计中普遍运用,是为了更好地控制审计成本,提高审计效率,但审计抽样方法不能对每项交易数据的真实性进行核查。在审计工作中,审计人员为了考虑审计工作效率,只有在认为内部控制或企业管理规章存在薄弱环节时,才会对薄弱的环节进行细节测试。这种传统的审计程序过于片面,往往会遗漏审计疑点和审计线索,这样也会导致审计的经济监督职能、经济评价职能、经济鉴证职能缺失。

10.2 区块链技术驱动金融审计

区块链技术因其分布式、去中心化、去信任机制及加密安全性等特征，将在金融审计中发挥重大作用，并将对审计、会计等行业产生颠覆性影响。使用区块链，所有信息都存储在链上，可以实现实时审计监督，信息难以篡改，此外提供的信息会更加丰富，如工程施工进度、照片等多媒体信息。通过区块链技术，能够建立公开透明的金融大数据公共"大账簿"，完善社会信用体系，拓展并完善审计信息获取渠道，及时获取真实、不可篡改的审计证据，促进金融机构内部控制，降低舞弊风险，实现实时审计，从而及时发现问题，及时提醒警示，找准风险控制切入点，有利于构建金融风险防范长效机制。

10.2.1 区块链＋金融审计的可行性分析

1. 分布式、去中心化保证全民记账及公共账簿的实现

目前金融机构采用的集中化的、基于信任的账本系统存在不透明问题，容易被人为操纵，第三方中介的存在又会给交易结算带来瓶颈和障碍。而区块链本质上是一个去中心化的分布式账本系统，每个区块都是整个区块链中的一个数据单元，即数据库中的一条记录；相关人员共同参与记账、共同维护，信息的写入需要经过多方验证，保证账本的公开透明和不可篡改性。通过对金融机构大数据的实时收集和处理，能够建立一种公共"大账簿"，每笔经济业务发生时都能够通过区块链自动采集，通过区块链录入账簿系统,或者每位业务人员都能够方便地记录经济业务,并进行查看和维护。

2. 去信任化机制保证数据公开透明及不可篡改性

区块链最大的颠覆性在于其全新的信用机制。在现阶段,会计账簿等财务数据的真实性依赖于现行的信用机制,如企业的财务控制、财务规章制度的约束、审计机构的意见表示等,而区块链的去信任化机制不依赖权威机构的认证和信用背书,只需要信任区块链的共同算法,通过技术来建立信用,在机器之间建立信任网络,无须第三方进行背书与担保,从根本上改变了中心化的信用创建方式。经济业务的记录在录入分布式账簿前会按照公开的标准经历严格的审核,实现实时交易验证,录入后则人人都能监控,系统所有参与节点共同进行认定记录是否为真,解决信息不对称问题,消除了单一岗位人员舞弊的风险,确保谁都无法弄虚作假,从而实现实时审计跟踪;任何经济业务的记录都有永久的时间标记——时间戳功能,任何人无法篡改,具有不可逆性,保证了数据的公开透明。

3. 加密安全性保证系统安全性及数据完整性

区块链在金融中的应用,使信赖权威机构转变为信赖机器智能合约,其系统安全性受到人们的广泛认可。通过密码学等计算机技术,数据被打包成一个个的区块并进行加密,形成加密的链条结构,使用协议规定的密码机制进行认证;分布式存储和自维护特性也保证了加密安全性,即使对系统发动大规模攻击,也必须控制一半以上的区块才能达到对整个系统进行篡改的目的。因此系统安全性和数据完整性都能够得以保证,区块链对审计的影响如表10-1所示。

表 10-1 区块链对审计的影响

区块链特征	初始目标	对审计的影响
不可篡改（公钥加密）	所有权证明	保证审计数据来源的唯一性，保证审计数据不可篡改
分布式账本（去中心化）	增强交易透明度	提高审计数据的真实性、可靠性
时间戳	明确交易顺序	提高审计数据的可靠性，提供稳定的审计线索
网络共识	验证交易合法性	提高审计数据的真实性、可靠性和及时性，为持续审计和实时审计的开展夯实基础
可编程	无	通过可编程性，设置审计算法或审计业务处理规则，实现审计工作的智能化

10.2.2 区块链技术在金融机构内部审计中的应用

1. 改变现有支付结算方式

支付、清算与结算体系是金融市场基础设施的重要组成部分，目前，我国的非现金支付技术及其应用已经走到了全球前列，电子支付尤其是移动支付业务保持快速增长，第三方支付机构发展势头迅猛。而同时，现阶段第三方支付行业仍面临诸多问题和挑战，包括备付金管理问题、业务管理不规范问题、客户信息使用问题、市场退出机制建设问题等。

如何同时保证支付结算方式的效率与安全，必须借助新技术解决诸多难点。区块链技术基于密码学原理，建立智能合约，在客户之间实时扣款，无缝衔接，可实现支付结算自动化和智能化，使得任何达成一致的双方能够直接进行支付，无须第三方信任担保，极大地提升效率，降低沟通成本，提高灵活性、透明性，减少第三方安全漏洞的可能性，提高安全性。基于此，利用区块链技术的去中介特性，能够建立基于信用的电子支付系统，减少支付结算领域的风险环节和风险点,促进银行支付体系的安全和高效运行,降低运营和金融风险,继而降低审计风险,即基于区块链技术的金融审计能够有效防范和控制支付结算系统可能出现的重大风险。

2. 改变现有征信管理模式

征信的本质就是记录每个人的信用行为,它的本质和应用场景决定了它必须要公开透明、不可篡改。区块链技术的特性完美符合征信的这些需求,通过区块链将各个征信数据孤岛串联起来,能够形成真实可靠、覆盖面广的全社会征信数据库,完善社会信用体系,无需大量的征信工作,实现企业、个人征信情况自动管理及跟踪,从而及时高效地获取充分、必要的审计证据。从这个意义上讲,区块链金融审计的实现,最终能够从根本上解决小微企业贷款成本高、贷款难的问题;随着互联网金融的发展,互联网征信工作中存在的征信信息不全面、征信信息隐私保护、征信数据安全风险、互联网征信行业监管等问题也可以通过区块链技术进行解决,从而提高征信信息覆盖率,增强数据隐私保护,降低信贷双方信用交易成本,提高征信信息使用效率。

3. 实现实时审计

目前,很多金融机构已经实现计算机辅助审计,将经济业务数据纳入自动审计系统,在非现场审计平台中对数据进行自动审计、筛选,发现异常事项,提炼审计重点,明显提高了审计效率,应用成效显著。但现行计算机辅助审计系统的设计往往是为某些金融机构"量身定做"的,开发调试过程中需要大量的工作,成本较高,通用性较差,且原始信息采集和向系统中录入等过程反而加重了审计人员负担,数据采集的标准、范围,数据的传递、保存,审计的程序、标准等均存在着缺乏规范的问题,影响了计算机审计的深入发展。

区块链技术的发展和应用有望解决目前计算机辅助审计系统存在的一些问题。利用区块链技术,金融机构经营活动中发生的每笔交易数据和经济活动能够实时传输到网络,经过全网节点的批准,集中记录、存储到内部区块链上,审计人员通过跟踪这些区块链实时监控公司财务系统,通过模型模拟审计员对金融交易的审核,使金融机构的审计工作真正实现实时化、自动化、规范化。区块链去中心化的分布式存储结构和信息不可篡改的特性可防止被审计部门或个人私自篡改财务数据,保证会计资料真实可靠,使金融机构审计更加透明,提高审计效率,加快审计进程,降低审计成本,实现实时审计。目前世界四大会计师事务所对区块链技术在审计领域的应用都进行了积极的探索,在推动为客户提供区块链解决方案方面不断取得进展,预期将提供一种更便宜、更有效和更快的解决方案来替代现有的审计程序,改变现行审计方式。

4. 促进金融机构内部控制

金融机构内部控制和风险控制至关重要,专门的内部控制和风险管理部门存在着一定的滞后性,尽管我国金融机构十分重视内部控制建设,但金融大案、要案仍时有发生,这对金融机构内部控制的进一步完善提出了要求。随着金融业务的多样化、金融创新的发展,出现海量的交易信息和管理信息,银行业务及运营逐渐实现了集中化和远程化的处理方式。在这样的背景下,金融机构中的人为违规操作越来越多样化,隐蔽性越来越强,金融机构的内部控制难度在不断加大。特别是随着互联网金融的发展,金融机构的运营理念和管理机制都将因此发生变化,金融机构的内部控制和风险控制也将面临新的挑战,但也面临着难得的技术革新的机遇。

在这种形势下,金融机构内部审计不能仅仅满足于查错纠弊,而要更加重视审计在改善经营管理、评价和完善内部控制中的作用,体现审计的风险导向,从而实现治理目标。因此,要探索运用先进技术改进审计方法,提高审计效率,降低审计风险,保证审计质量。利用区块链技术的公开透明性,有权限的人员都可对经济记录进行查看,实现相互监督,从源头实时监控各项经济业务的整体流程,在链上获取真实原始经济业务数据,结合销售、现金流、物流等各种信息,在共享的基础上进行互相验证,任何一笔违规操作都会马上"现形";对于隐蔽性较强的违规操作,通过区块链技术和大数据的收集,建立科学的预测监控机制,进行实时掌握和监控,利用分析模型,将区块链技术与大数据技术、云计算等结合使用,识别其内在关联,发现和判断异常,及早地发现问题,适时、精准、有效地对异常问题进行审计,以便金融机构管理层及时做出反应,采取措施予以纠正,从而有效防控金融风险,并提供审计辅助决策。可以预见,未来金融机构内部审计的功能将大大增强,能够满足股东、债权人等利益相关者对信息可信性的要求。

10.2.3　区块链技术在政府层面审计中的应用

1. 提高政府审计效率及准确度

从政府层面上看,金融业关系着国家经济命脉,对金融业的管理控制,往往是事后"堵"漏洞,金融审计范围较广,难度较大。审计工作面临着大量繁杂的经济业务、账户、数据等,传统的金融审计方法在收集信息、分析数据、做出审计判断及形成审计结论等过程中需要投入大量资源与成本,费时费力,审计效率较低。而区块链分布式、去中心化技术能够使经过严格审核后录入分布式账簿的经济业务记录受到层层严格监控,无法篡改,保证信息真实、完整,并通过在系统中设置审计标准,实现实时审计和系统自动预审。以区块链技术对金融业大数据进行分析,对异常事项进行识别,能够将各种金融机构的金融数据系统、全面、完整地汇集,进行系统性、全局性地分析、筛查问题,有的放矢,节省大量资源,极大地提高政府金融审计的效率,集中力量审查较为严重的问题,使政府审计更有成效。

2. 弥补外部审计的固有缺陷

外部审计能够对政府部门金融业监管起到补充作用。据《银行业金融机构外部审计监管指引》要求,外部审计机构必须在形式和实质上均保持独立性,且特别指出对金融机构进行审计的机构必须具备与委托方资产规模和业务复杂程度等相匹配的规模、资源以及风险承受能力。由于我国外部审计是典型的买方市场,会计师事务所外部审计独立性往往受到被审计单位的影响。而区块链技术因公共账簿的公开透明和实时审计跟踪的实现,无须权威部门或第三方加以担保,使金融机构的会计信息及财务报表的合法性、公允性得到较大程度的保证。可以预期,金融机构各项经济业务信息大数据的采集如果能够通过区块链技术实现,将弥补外部审计独立性不足的固有缺陷,且能够解决外部审计机构专业能力不足的问题,从而提高外部审计质量。

3. 进行实时审计评价,实现金融风险预警

基于区块链技术的实时审计能使政府监管部门进行实时审计评价,随时掌握金融市场动态;区块链大数据分析技术的应用和风险控制模型的建立,能够发布金融风险预警信号,保障国家金融安全,维护金融市场秩序。以目前发展十分迅速的互联网金融平台为例,其营业资格、资产状况、资金流向等信息透明度较低,且数据量十分巨大,监管机构和投资者很难掌握其真实情况,具有较大的金融风险。而应用区块链技术对大数据的收集和记录,能够实时获得互联网金融机构的运营状况,并保证信息披露的真实、准确,使互联

网金融从业机构的运营更加透明,明确揭示风险,便于投资者做出正确决策,从而使政府监管机构实现实时监督管理,提升监管机构对互联网金融的监管效率,有效维护金融稳定。

4. 发挥金融审计在国家治理中的作用

金融业关乎国计民生,其安全和稳定直接影响我国经济与社会的发展。通过区块链技术进行实时跟踪审计,能够促使审计部门对国家重大建设项目实施过程进行跟踪审计监督,以保证项目财务信息的合法性、真实性、规范性,及时发现并纠正问题,妥善处置,避免损失;对金融业合规性、合法性等进行适时评价和持续监督,以防范并化解风险,而且能通过及时反馈,提高金融服务实体经济的效率;促进政府治理及服务过程透明化和智能化,提高政府数据安全,从而发挥金融审计在国家治理中的作用。

10.3　基于区块链技术的金融审计应用平台

随着区块链在金融审计中应用的不断发展,金融审计模式、审计职能、审计内容不断转变,将区块链技术应用于金融审计的过程中,构建基于区块链技术的金融审计应用平台,该平台包括金融审计数据采集层、区块链技术层、平台分析层以及应用服务层,如图 10-1 所示。在金融审计准备阶段,可以从金融审计数据采集层入手,将被审计单位财务系统的每笔交易数据发送到区块链技术层进行上链操作,形成金融审计分布式账本;在金融审计实施阶段,利用平台分析层各个子系统对金融审计证据进行追溯和相关分析;在金融审计报告阶段,将审计结果传输到应用服务层,提供给金融审计人员及相关监察部门,有利于对被审计单位进行监督和检查。

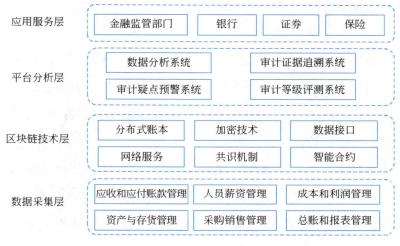

图 10-1　基于区块链技术的金融审计应用平台架构

10.3.1　数据采集层

数据采集层由应收和应付账款管理、资产与存货管理、人员薪资管理、采购销售管理、成本和利润管理以及总账和报表管理六大模块组成。在政府相关部门的牵头下,加快推进各行业数据采集、开放、流通以及审计标准的制定工作,被审计单位发生一笔交易,金融审计数据采集层中相关子模块就会对该交易进行实时处理,并将交易数据上链到区块链技术层。

数据采集层的主要功能是接收数据,由系统研发人员确定好金融审计所需要的数据范围和类型,对数据的格式进行统一设置,使其上链数据符合形式要求,从而省去数据清洗工作,使金融审计数据保持一致。数据清洗工作可能会引起数据丢失或出错,因而减少数据清洗的次数会提高金融审计数据的准确性,保证数据实时传输的效率和质量。

10.3.2　区块链技术层

区块链技术层包含分布式账本、网络服务、加密技术、共识机制、数据接口及智能合约。区块链技术层是连接数据采集层和平台分析层的中间层级，由硬件和软件组成，实现了被审计单位的交易数据上链并存储，并为平台分析层提供实时分析数据和判定架构。

区块链技术层利用网络服务，通过数据接口将经过共识机制和加密技术处理过的财务交易数据传输到数据库中，形成金融审计证据，存于各节点的分布式账本中，并按照智能合约进行审计数据的脱敏查询和调用。该层是连接数据采集层与平台分析层之间的纽带，便于数据存储和取证工作。

10.3.3　平台分析层

平台分析层是基于区块链技术的金融审计应用平台中最重要的一个环节，包括数据分析系统、审计疑点预警系统、审计证据追溯系统和审计等级评测系统。

每笔交易都会形成电子会计凭证，这些凭证集中到平台分析层的数据分析系统，根据金融审计人员所设定的标准逐一核查交易数据是否齐全。审计疑点预警系统是根据交易数据的正常性和真实性进行虚假账簿的判定，在可以正常查询的情况下，区块链应用平台会实时通过外部网络与审计客户的上游供应商、下游客户、业务往来银行及其他相关方等求证业务真实性，发现疑点后进行及时预警，提醒审计人员收集更多证据进一步查证。审计证据追溯系统主要归集审计人员现场审计所形成的视频、图片资料，如被审计单位的机器设备、仓库、车辆、厂房等，并根据上链数据的时间戳进行事件序列的整理。最后，审计等级评测系统会综合评价被审核对象的历史数据和实时上链数据，进行守信等级评测，为下一步行政干预提供参考。

10.3.4 应用服务层

应用服务层提供金融审计应用平台数据的实时检查和监控，服务对象主要针对金融监管部门和银行、证券、保险业机构。金融审计人员在接入互联网的环境中，可以在台式计算机、笔记本计算机或者是研发出的手机审计终端，登录金融审计应用平台。由于该平台是基于区块链技术研发的，因而审计人员对金融审计结果进行访问时，有不同的权限设置。系统会根据不同的登录身份，给予不同级别的访问权限，金融审计人员通过必要的公钥和私钥认证后，才可以浏览对应权限下的相关金融审计结果信息。金融审计人员可以不受时间和空间的限制，实现金融审计结果的实时查看和监督。

10.4 基于区块链技术的金融监管

监管的产生晚于审计，但审计和监管具有共同的诉求，就是保证金融市场稳定运行。针对应用区块链技术的金融业各项业务，要健全监管体系，创新监管方式，规范与创新并重，实现分类监管，促使优秀创新应用成果的推广，在鼓励创新的同时，也要注重金融稳定和风险防范，促进业务规范，保证金融安全，支持区块链技术健康发展。

10.4.1 区块链技术驱动金融监管

1. 区块链在金融监管中的应用路径

建立有效的市场监管,目的是促进金融市场的透明性、效率性、确定性和稳定性,让开放自由的市场正常繁荣地运作。区块链技术具有去中心化、信任度高、追溯性强、自治度高等特点。去中心化和自治度高意味着区块链作为一种可信任的价值网络,内置了强技术约束,包括共识机制、共享账簿、智能合约等,其中智能合约技术可以自动执行抵押、清算和偿还等,减少交易对手风险和系统风险,这是对原有监管机制中软约束的巨大改进。正是因为区块链的节点由所有利益相关方组成,其实质是让社会共同监管,代替了现在某个中介机构作为担保。可见,区块链所要实现的前景和金融监管的目的在根本上是一致的,即以低成本实现市场的透明性、效率性、确定性和稳定性。当前区块链技术在金融监管中的应用主要体现在以下 4 方面。

(1) 改进数据的记录及存储方式。分布式账本的存储方式使得每个节点具有相同的备份,最大程度上保障了数据的完整性,区块链可以通过验证各个节点中的重要交易信息(例如,各节点的账本有没有缺漏,网络节点有没有遭受攻击等),实现对异常记录的自动处理,除此以外,监管人员可以对区块链上的有效信息进行直接且快速地访问、查询,并且可以设置超级节点,在出现问题时,监管人员可以在第一时间进行修正和干预。同时,区块链使用时间戳的方式记录各项交易和操作,这样不仅可以实现数据的溯源与追踪,而且大大提高了监管工作的质量和效率。

区块链还能保护数据安全和数据隐私,因为哈希值无法转回原始数据,这是一个单向过程。因此,如果原始文档或交易随后被更改,它将产生不同的数字签名,从而警告网络不匹配。从理论上说,区块链方法降低了欺诈和错误的出现率,而且易于发现这些问题。

(2) 给票据交易带来了全新的技术途径。根据我国法律规定,票据的签发、取得和转让,应当对应真实的交易关系。数字票据借助区块链技术,实现了点对点交易,有效去除了票据交易中心角色。由于区块链具有的不可篡改的时间戳和全网公开的特性,采用区块链技术用于票据验证,能够有效防范传统票据市场一票多卖等问题,降低系统中心化带来的运营和操作风险,较好地控制信用风险和市场风险。

(3) 促进了支付清算和结算的变革。与传统支付体系相比,区块链支付可以为交易双方直接进行端到端支付,不涉及中间机构,在提高速度和降低成本方面能得到大幅改善。尤其是跨境支付方面,如果基于区块链技术构建一套通用的分布式银行间金融交易系统,可为用户提供全球范围的跨境、任意币种的实时支付清算服务,跨境支付将会变得便捷和低廉。在跨境支付领域,Ripple 支付体系已经开始了实验性应用,主要为加入联盟内的商业银行成员和其他金融机构提供基于区块链协议的外汇转账方案。同时,银行间的支付交易信息通过加密算法进行隐藏,相互之间不会看到交易的详情,只有银行自身的记账系统可以追踪交易详情,保证了商业银行金融交易的私密性和安全性。

(4) 完善了权益证明。区块链基于数学原理解决了交易过程的所有权确认问题,保障系统对价值交换活动的记录、传输、存储结果都是可信的。区块链基于加密算法技术,使账户地址的唯一指向性得到保证,在身份核对和验证,以及企业识别凭证等领域均具有一定的应用前景。在区块链系统中,交易信息具有不可篡改性和不可抵赖性。对于需要永久性存储的交易记录,区块链是理想的解决方案,可适用于房产所有权、车辆所有权、股权交易等场景。其中,股权证明是目前尝试应用最多的领域:股权所有者凭借私钥,可证明对该股权的所有权,股权转让时通过区块链系统转让给下家,产权明晰、记录明确、整个过程也无须第三方的参与。

2. 区块链技术对金融监管的挑战

区块链技术在金融业的应用将彻底改变数据记录和交易结算等数据金融基础设施的建设和使用方式,理论上使金融业监管更具"共享经济"和自我智能监管的发展特征。监管机构应该充分利用这种技术提高审计跟踪、汇集报告、降低运营风险等方面的水平。然而,现有监管框架对互联网金融、数字货币等新金融领域仍然做不到有效监管,区块链技术对金融监管行业存在以下4方面的挑战。

(1) 现有监管模式需要更新。随着金融区块链和数字货币的发展,运用大数据技术实现精准监管,以及用中心化的监管模式对接去中心化平台发展,需要监管部门在工作机制、工作方式上进行革新,以满足新的监管要求。另外,金融监管的规则要求加强信息披露,而金融区块链技术的匿名性对历史交易信息进行了加密保护,为跟踪交易链条和寻找相应密钥带来极大困难。同时,金融监管平台与金融区块链对接后业务数据的可审查性也考验监管部门的技术分析能力。

(2) 应对风险能力需要提升。第一,由于区块链交易发生即清算,风险传播速度将大大加快,一旦区块链平台倒闭或遭受黑客攻击,对相关数字货币会造成很大影响。第二,区块链与现有中心化的金融系统对接后,一旦金融区块链系统出现巨大风险,如何迅速进行两者的风险隔离,也考验着监管部门的风险控制能力。第三,由于区块链高度自治的特点和交易的不可逆性,撤销交易、限制交易权限或冻结账户等中心化监管措施与去中心化区块链的整合也是一项系统性工程。

(3) 法律责任确定更加困难。相对于传统的互联网应用程序存储在一个特定地点的服务器，去中心化组织直接将数据和应用部署在区块链上，不受国家地理边界和司法管辖边界的限制，也不被任何单一的企业、政府机构或个人拥有或控制，因此，很难认定这个去中心化自治组织的创造者。一旦产生某种法律纠纷，受害者几乎不可能从去中心化的自治组织中获得赔偿，现有法律对自治组织的规定也无法彻底关闭相关平台。

（4）改革监管职能。区块链即服务、服务即监管的模式可能会导致监管机构自由裁量权、影响力的下降，以及职能的深刻变革。通过撤并监管系统中不适应科技发展的部分，如传统的证券交易分为交易、清算，监管也是分别进行的，而区块链则做到交易即清算，无疑需要归并监管，这可能减少监管岗位工作，并提高金融科技、大数据分析等岗位的数量。未来，监管科技（RegTech）将涉及大数据分析、人工智能、云计算和智能合约，例如，监管规则写入智能合约，对智能合约条款的代码需要在云中进行审查，对区块链相关运营商和制造商的行为需要监管，这需要大量新兴的金融科技人才加入监管队伍。

10.4.2 监管沙盒

通过分析区块链技术对金融监管的挑战，可以知道区块链对金融监管具有有效的促进作用，但仍存在模式、风险、法律和职能方面的问题。反观大环境下，以区块链、大数据为代表的一系列金融科技快速发展，各种新兴的金融产品、服务和商业模式陆续产生，快速改变着传统金融业的生态格局，而金融科技的业务模型和应用模式都十分多样而复杂，监管机制则难以同步发展，用滞后的监管机制来管控日新月异的金融科技时，如何平衡风险防控和促进创新之间的关系，成为一大难题。在这样的需求下，监管沙盒应运而生。

1. 监管沙盒的定义

监管沙盒按照英国金融行为监管局（FCA）的定义：监管沙盒是一个安全空间，在这个安全空间内，金融科技企业可以测试其创新的金融产品、服务、商业模式和营销方式，而不会因从事这些有疑问的活动而触发所有正常情况下的监管后果。

这一设计本质上是一种金融创新产品的测试与激励机制，同时也能保护广大消费者权益，是一个短周期、小规模的测试环境，可以缓冲监管对创新的制约作用，与我国的经济试点有相似之处。其具体流程总体上可分为申请、评估和测试 3 步，运作核心包括两方面：在既有的监管框架下降低测试门槛；同时确保创新测试带来的风险不从企业传导至消费者。

除英国外，新加坡、澳大利亚、美国等国家也纷纷在 2016—2017 年推出了关于监管沙盒的相关文件，对准入条件与操作方法进行了说明。目前我国区块链发展迅速，2018 年以来新成立了大量新项目，如果对其进行"一刀切"式的管控，无疑不利于我国在金融科技领域保持领先地位。因此在 2017 年 5 月 23 日，我国在贵阳启动了区块链金融沙盒计划，是我国首个由政府主导的沙盒计划。

所以，监管沙盒是一种金融创新监管的实验场所，能够为金融机构解决信息不对称等问题及降低合规风险提供明确的政策导向。借助监管沙盒机制，在鼓励金融创新的同时，将风险限制在可控范围内，从而促进金融创新和金融监管的互联互通。

2. 监管沙盒机制在我国应用的可行性

建立中国式监管沙盒，其可行性有以下 3 点。

（1）监管部门注重监管创新和审慎监管。首先，以金融科技为代表的金融创新正在迅速发展，监管部门已经意识到监管创新的重要性，这为监管沙盒机制的实施提供了有益土壤；其次，我国金融监管体制实行宏观审慎的监管方式，这与监管沙盒机制存在相似之处，使金融创新的监管具备了政策基础；最后，金融监管机构对监管沙盒模式持支持态度，这更加有助于今后监管工作的开展。

（2）金融科技发展期待与之匹配的监管模式。我国金融科技实现了信息技术和金融业的结合，这对推进国家普惠金融战略、促进金融资源的高效配置起到了重要作用。但伴随着金融科技的发展，监管机构对风险的监管相对滞后，容易造成虚假操作、交易信息不安全。为防止金融科技创新监管工作一放就乱、一乱就抓、一抓就死，我国可吸取国外实施监管沙盒的经验，对金融创新加强信用管理，实施动态监管。

（3）金融创新期待有效监管的法律法规。金融监管的合规合法是金融创新的必要保障。但法律法规存在滞后性，我国当前尚未形成针对金融创新进行有效监管的法律法规。在我国混业经营的大背景下，金融创新风险和金融监管之间的矛盾将日益突出，而监管沙盒机制可以在新产品测试期限内降低某些监管规则和法律框架的要求，在相对宽松的金融环境下探索风险防范的最佳途径，对法律法规的不完善之处做出重要补充。

3. 监管沙盒的运行流程

监管沙盒的运行流程主要分为确定测试主体、选择测试项目和进入测试3个阶段，其中进入测试又可以分为申请阶段、测试阶段和评估阶段3个组成部分。

（1）确定测试主体。监管沙盒主要以金融科技企业为测试主体，以测试的方式预见并化解技术创新给传统金融业带来的风险。各个国家和地区为鼓励和支持金融创新，均以放宽对测试主体的要求来激发金融科技企业的创新积极性。金融科技企业能否使用监管沙盒进行测试主要从以下4点进行判断：①金融科技企业是否有测试积极性；②金融创新产品是否有利于金融业的发展；③金融创新是否为消费者和投资者带来了便利；④测试目的是否明确。

(2) 选择测试项目。不同国家和地区都把测试的必要性和充分性作为选择测试项目的标准。测试的必要性是指该创新项目除监管沙盒外，无法通过其他方式进行测试。测试的充分性是指测试具有理论和现实意义：一方面，通过测试可以传达金融监管新思维，改善传统监管互动性差的缺点；另一方面，通过测试可以平衡监管者、企业和消费者之间的利益关系，建立良好的合作机制。

(3) 进入测试。当监管机构确定参与测试的主体与测试的项目后，被测试企业将进入测试流程，如图10-2所示。监管沙盒测试流程包括以下3个阶段：①申请阶段。首先，监管机构公布测试申请流程和审核标准；然后，金融科技企业依据监管部门的规章制度、测试的目标和基本原则提出测试申请，监管机构收到申请后依照审核标准进行审核；最后，若审核通过，则监管机构和申请主体约定测试时间和测试方案，并帮助申请主体制定市场规划，若审核不通过，则测试结束。②测试阶段。监管机构要持续监测测试进程，若测试过程安全有效，则与测试主体约定测试结束时间；若出现影响金融稳定、损害消费者或投资者合法权益的情况，则测试结束。③评估阶段。测试结束后，申请主体按照创新产品的测试情况，向监管机构提交测试总结。若测试结果达到监管沙盒测试的目标和评估标准，申请企业可制定发展战略，进行大范围的市场推广；反之，则测试结束。

4. 监管沙盒机制的作用

(1) 有利于进一步消除监管壁垒。一方面，监管沙盒凭借新的监管理念

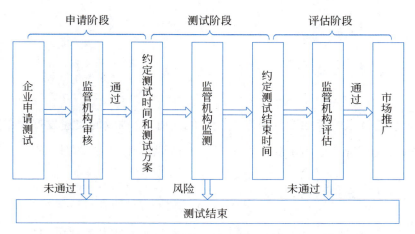

图 10-2 监管沙盒测试流程图

可消除监管隔阂,重新衡量政府与市场的关系,既能促进金融创新,又能防控金融风险;既能提高金融监管的有效性,又能为金融创新提供宽松的金融环境。另一方面,在监管沙盒内,金融科技企业可及时分析消费者和监管者的反馈信息,以此帮助金融科技企业有效防范创新带来的风险,为今后拓宽金融市场积累经验。

(2) 有利于进一步保护金融消费者。监管沙盒的测试过程要更加注重对金融消费者权益的保护,主要体现在以下 3 方面:①测试机构应如实告知项目的测试时间、潜在的风险以及风险补偿机制;②测试机构能确保消费者及时了解项目测试情况;③积极促进金融科技产品投向市场,不断提高金融科技企业的服务质量和服务水平,为消费者提供更优质的产品和服务。

(3) 有利于进一步增强信息共享。监管沙盒测试的项目涉及支付清算、投融资管理和保险等领域,通过测试可以加强各领域统计数据的交流,实现信息共享。同时,监管机构以测试企业的反馈信息为基础,建立风险预警管理机制,强化风险防范,提升监管的有效性、准确性。另外,创新企业和监管部门应构建良好的沟通机制,通过信息共享不断完善监管体系,使金融创新更加合规化。

10.4.3 区块链金融监管的研究展望

区块链技术给金融业发展带来变革的同时,金融业的飞速发展也给区块链技术的监督管理提出了新的要求,具体可总结为以下 3 方面。

1. 制定金融区块链标准

金融区块链的发展需要许多方面的配套发展,如数字货币的标准、数据接口的标准、分布式账簿的记账标准、共识机制的标准、智能合约的标准等,标准化的推行有助于区块链技术在各行业的应用。区块链的应用前景十分广阔,为了更好地服务于金融领域,区块链技术的落地要符合金融领域的管理和服务等传统的行业习惯和发展要求,特别是对于这些行业的现有规则的适应和修改。目前区块链的实施标准因应用场景的差异而不尽相同,未来区块链的应用范围进一步扩大时,多区块链之间的互联可能会受阻于不统一的标准。另外,区块链的金融应用也亟待更加成熟的监管制度来进行规范。

现阶段,国内和国际化标准组织对区块链技术标准化的布局工作已有初步框架。在未来的一段时间,区块链技术的标准化工作必将进入关键时期。目前我国区块链技术政策形势积极,在区块链技术标准预研方面也有初步进展。这些前期工作为我国区块链技术标准化工作打下了良好的基础。在现状下,我国有机会也有实力在国际区块链标准化领域发挥关键作用,产生较大影响,这对于国内区块链技术和区块链产业发展意义重大,也对我国增强技术实力和扩大技术影响力有积极作用。

推进区块链行业标准化建设,有以下两方面的建议。

(1) 在标准制定方面急用先行。因为区块链技术 2008 年才出现,有时间短、发展快、形式新颖、热度高、涉及范围广等特点。基于这些特点,在区块链技术标准制定方面,应遵循以下两点:①优先开展基础性、实用性的标准研制工作。区块链技术涉及广泛,建立起健全的标准化必然是一项长期工程,对于涉及民生的方面,如普惠金融方面有利的技术标准应当给予适当的优先度。同时,对于技术相对成熟的方面,如信息安全等领域可以率先启动。②在标准试验方面大胆试错,实践是检验真理的唯一标准,标准化过程需要在深度实践中检验和发展。

(2)在标准国际化方面力争上游。是否能推进标准国际化是国内技术能否变为国际竞争力的关键点。在区块链技术井喷发展的今天,积极推行标准国际化能为我国区块链产业的发展抢占制高点。积极跟进国际区块链技术强国的标准化工作,加强合作交流,增强互利互信意识,在国际标准制定过程中积极参与争取主导。在国际标准化的过程中,积极推进本国技术优势项,迅速补足技术缺陷,以争取最大影响力为目标,力争标准话语权,抢占国际市场先机。

2. 探索新型监管方式

当前,新技术对各国货币体系带来深刻的影响,调控经济金融的传统政策框架和手段越发跟不上形势的变化。监管部门应与时俱进,借鉴互联网监管发展路径,充分利用金融技术的便利改进监管方式、完善监管手段。

(1)转变金融创新监管理念。面对金融产品的层出不穷,如何更好地服务于消费者和投资者是我国金融监管机构改革的方向和着力点。首先,促使监管部门变被动监管为主动监管,以主动引导的思维整合金融市场资源;其次,混业经营是金融发展的必然趋势,金融业各监管部门难以形成合力以实现有效监管,因此需要监管科技的介入,变机构监管为功能监管;最后,以监管的目标和准则引导金融科技创新的发展趋向,为金融创新提供更大的发展空间和更稳定的金融环境。

（2）创新金融监管模式，建立包容性监管机制。我国目前的金融监管主要通过数据统计来防控风险，这会造成金融监管的监管错位、监管空白和多重监管等问题。而金融科技创新具有多层次、多样化、变化快的特点，促进了监管痛点问题的解决，新技术的应用及发展代表着创新和进步，但同时会伴随着一定的风险隐患。监管部门应当在坚持原则监管和底线监管的同时，采取包容性监管，为行业的创新发展预留空间，在防范系统性风险和区域性风险的同时，更好地促进普惠金融和新经济的发展。

（3）组织并扩大产业联盟。区块链的架构哲学和多方参与、多方维护的特点，已经天然决定了区块链需要联盟的形式来贯彻落实技术应用。从近期发展来看，无论是底层技术研究、应用场景探索，还是产业政策与学术交流等方面都涌现了一系列联盟与组织，试图通过不同机构间的资源共享与群策群力共同构筑区块链生态体系。从构建小联盟入手，加快在相对成熟的产业里区块链应用的落地。以此作为试点进行推广，致力于加强行业对接，促进区块链与行业深度融合，有助于整个产业的发展和成熟。

（4）探索跨行业、跨地区的监管合作机制。在金融创新全球化的背景下，各国各地区的银行、保险和证券的监管部门均面临如何创新金融监管的难题，所以我国的金融监管部门应与其他国家或地区的监管部门加强联系，分享监管经验，加强彼此间的交流与合作，提高金融监管的协调性和一致性，形成跨市场、跨行业和跨区域的联合监管，以共享金融科技创新的成果。同时，充分发挥金融行业协会、中介机构等社会主体的积极性，合理配置社会资源，推动社会协同共治，提升监管合力。

3. 建立监管沙盒机制

监管沙盒作为一种具有前瞻性和综合性的金融创新监管方式，促进了金融创新的精细化,使监管流程更加公开、透明。因此,我国金融监管者应提高其预见性和前瞻性,汲取国外监管沙盒机制的实施经验,结合我国实际,积极开展对监管沙盒机制的探索。

监管者应将金融和信息技术相结合,发挥比较优势,加深对金融科技创新的认识,提高风险管理意识。发挥监管沙盒的最大效用,使监管创新和金融创新协同发展,通过建立以监管沙盒为操作主体的长效监管机制,积极鼓励金融科技创新企业加入监管沙盒,监管者可根据不同企业的实际情况实行区别监管,测试完成后根据评估结果提出针对性的建议。通过监管沙盒机制对项目的测试,在验证监管方式有效的同时,密切关注测试项目存在的问题,根据事态的发展状况实现实时监管,降低监管中的不确定性。

由于监管沙盒的创新性监管在一定程度上会对现行金融监管体制提出更高的要求,所以监管者要协调两者之间的矛盾,积极提升监管对金融市场发展的助推作用。一方面,利用监管沙盒,可根据实际情况制定申请人和监管产品的监管标准,明确监管职责,避免分业监管体制中的监管套利;另一方面,监管沙盒可依托金融科技手段,通过对数据的统计和分析,动态调整金融监管手段,提高监管者制定政策的针对性,改变固有的"轻事前监管,重事中事后监管"的弊病。

虽然区块链技术在金融监管领域的发展应用还面临着诸多挑战,但是其作为具有变革性的技术,未来在银行、证券、保险等金融领域应用的前景非常广阔。区块链金融将会成为我国未来金融业转型变革的重要发展方向,成为越来越多金融机构抢夺金融市场的新优势,并将改变金融会计、金融审计的格局,提高金融效率,促使金融监管迅速向信息化和智能化方向发展。

10.5　案例分析：享宇金服——区块链授权存证体系

目前传统银行、消费金融公司、互联网巨头及互联网金融等机构纷纷进入消费信贷市场，线上信贷逐渐成为互联网金融的主流发展趋势，而依靠多维度大数据的交叉验证成为降低业务风险的有效方式。享宇金服作为国内唯一获得运营商用户基础数据的第三方大数据金融科技公司，与中国移动、中国信息通信研究院联合打造主要包含运营商数据及多维度数据源的大数据信用体系平台，旨在深度挖掘运营商数据在金融维度应用价值，并探索运营商数据安全合规应用的具体落地方式。

在调取用户各项数据的过程中，所涉及的数据安全问题主要有以下3点：数据需求是否合规，用户授权是否合规，数据形态及转移方式是否合规。针对以上问题，享宇金服重点打造可有效监管和审计数据交互的数据安全体系，并以技术审查作为保证数据服务符合安全合规要求的重要手段，因此开发出基于区块链技术的用户授权体系是享宇大数据平台的安全基石。

区块链技术本身具备去中心化、数据透明、不可篡改、集体维护等特点，通过选取可预定记账人的联盟区块链类型，构造了可追溯、可监管、防篡改且保证私密性的区块链授权存证体系。体系包含数据源方、数据需求方、数据加工方及合规监管方。区块链授权体系不但可对用户的授权行为、数据源方与加工方的鉴权行为进行全记录且保证不可篡改，同时允许监管方对全部记录进行监管，确保数据授权过程合规合法。

10.5.1 数据支持

享宇金服通过对不同领域数据源及金融机构的跨领域资源整合,以基于大数据的反欺诈模型及贷中预警为核心,通过多方共赢商业模式将两者结合,推动金融机构构建新型业务模式、产品与流程,同时助力场景公司及数据源公司开辟"金融+"的数据变现途径,实现数据价值最大化。

三位一体(数据+服务+金融)是享宇金服的基本合作模式。电信运营商提供可靠数据源,享宇金服提供大数据风险管控服务,银行负责最终的审贷和发放信用贷款等,并作为桥梁工具,通过专线连接银行和电信运营商,利用具有自主知识产权的大数据风险管控模型帮助银行实现智能化移动信贷服务,为银行信贷业务保驾护航。

存证区块链数据类型主要为用户存证信息,其中包括手机号、业务归属、数据源等数据。数据量较大,每天大概 50MB 的存证数据和大概 1GB 的日志数据。

10.5.2 系统框架

区块链授权存证体系采用开源项目 Hyperledger fabric 1.0 作为底层支持技术,通过定制化开发实现特有的业务逻辑。通过自主研发的业务体系、授权体系、监管审计体系和在底层框架上开发的整套智能合约形成一套完整的应用系统。该系统通过把用户的授权数据、数据摘要和数据调取过程存入区块链中,形成一条可监管、可追溯、防篡改、对成员商业数据保密的信用链条。区块链授权存证体系系统架构如图 10-3 所示。

区块链授权存证体系应用的经济效益主要表现在为金融机构和数据源

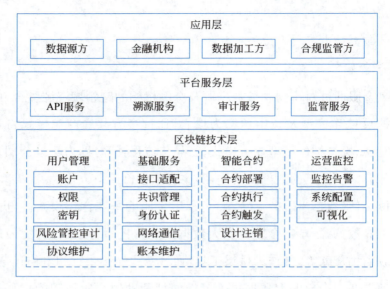

图 10-3　区块链授权存证体系系统架构

方、数据加工方和合规监管方建立一个统一、合规的数据流通应用。把分散的数据资源和对口的金融机构整合在一起,通过防篡改、可追溯、去中心化并且合规的技术手段,进行统一管理和认证,形成一股合力。通过对技术接口、流通标准、监管、审计等服务的整合,提高资源的利用率和数据使用的合规性,以扩展广阔的市场化空间,打造产业的核心竞争力。

因为金融业具有高度的商业敏感性、安全性和合规性,需要可审核的准入门槛,对身份认证和权限管理要求就变得非常严格。系统通过分布式、跨机房、跨区域部署形成核心区块链网络,保证联盟成员的调用效率,同时通过分布式多节点部署,来增加共识效率和系统可靠性。

10.5.3　业务流程

如图 10-4 所示,参与区块链数据交换的有金融机构、数据加工方(分析机构)和数据源方(存储机构)3个核心角色。在用户授权给金融机构后,金融机构存写入均授权到区块链上,然后向数据源方发起数据调用。数据源方收到调用请求后,通过上链校验该授权,如果校验通过即可返回数据。其中,如果金融机构不是直接向数据源发起调用,而是向数据加工方发起,同样,加工分析机构也会上链校验客户授权,通过后继续向数据源方调用数据,数据源方也会再次发起校验。

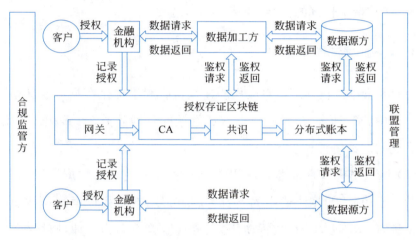

图 10-4 业务流程

在存证和校验过程中,为了保障客户商业机密,链上数据会通过加密处理,使各个机构直接数据不再透明。在整个调用过程中,涉及多次加密、解密,为保证系统吞吐性能,大部分非核心的加密和解密工作都交于客户端系统完成,既保证数据的安全性又保障区块链的中立性。

同时,在有了底层区块链网络后,享宇金服采用 J2EE 技术,基于分布式、微服务的架构,开发了整个 API 服务和后台管理服务。并且,也通过容器化技术和虚拟化技术,来保障 API 服务器的高可用、高扩展和高并发。因为区块链底层所有节点都采用了容器化技术,如需扩展节点,只需用享宇金服发行的镜像启动容器即可扩展节点。

10.5.4 区块链授权存证体系的作用

区块链是多行业交叉过程中数据流通管理手段和技术手段发展的必然趋势,它将为金融业和大数据应用行业的发展注入新的活力,促进社会、经济的发展,能够带来良好的社会、经济、生态效益。

1. 优化数据流通环境

(1)区块链授权存证体系应用的建设将有利于优化数据流通环境,提高数据流通中的管理水平,确保数据流通领域的管理效益、经济效益和社会效益三者之间的统筹协调发展。

(2)区块链授权存证体系应用的建设将极大地丰富数据流通的管理手段和营销手段,为数据流通中的新行为、新市场、新模式提供高科技服务,并将数据源方、数据加工方、数据使用方、合规监管方融为一体,将数据流通领域各个参与方进行优化整合,使其成为一种新的数据流通渠道和监管渠道,提升数据流通的安全性和合规性。

2. 提升监管和审计能力

区块链有助于提升数据流通的合规性和安全性,并且可追溯和私密性能够提升数据流通的监管和审计能力,为数据流通创造更高的社会效益。区块链是数据流通过程中的核心主件和底层设施,能够把用户的授权存储在一个去中心化、不可篡改、分布式的数据库中,为数据流通过程中的各方提供更合规、更安全的服务,创造更高的经济效益。区块链中的参与机构决定了整个联盟的综合效益,链上数据的数据质量决定了区块链的规模,审计和监管决定了联盟生态的合规性。整个区块链系统的安全性和稳定性决定了整个联盟的发展。区块链在金融业和数据流通行业的高效、合规运行将推动整个行业的综合发展。

区块链授权存证体系的运营状态关系数据是流通行业和金融业应用最新技术相互结合、相互促进的最终效果。通过存证区块链，切实保证了数据的安全、合规流通，同时又减少了用户授权逻辑的复杂性，提高了授权模块的稳定性。

10.6　本章小结

区块链技术能够保证价值转移的精准性、数据存储的安全性和交易信息的可信性，使数据同时具有透明性和保真性，从而使信息有效性的验证与社会信任问题得到解决，在保证金融稳定方面具有强大的应用潜力，区块链技术给金融审计带来变革的同时，也给金融监管带来创新思路。

本章分为区块链审计和区块链监管两部分介绍。监管工作的开展建立在审计之上，高质量的审计是高质量监管的基础，同时，政策与监管也是金融审计健康运行的重要保障，两者互为条件、互相促进。在区块链审计中分别介绍了区块链技术在金融机构内部审计和政府层面审计中的应用，并构建了基于区块链技术的金融审计应用平台；在区块链监管中从可行性、运行流程和作用方面详细介绍了监管沙盒的应用，并对区块链监管进行了研究展望。最后，通过区块链授权存证体系的具体案例进行了应用分析。

练习与思考

1. 简述金融审计的概念及特点。
2. 区块链技术对金融审计有哪些影响?
3. 简述基于区块链技术的金融审计应用平台架构的组成。
4. 什么是监管沙盒?监管沙盒的作用有哪些?
5. 简述监管沙盒的运行流程。

参 考 文 献

[1] 王叶.国家机构改革背景下的金融审计问题研究[J].财会通讯,2019(10):94-98.

[2] 黄斯狄.区块链金融重塑互联网经济格局[M].北京:电子工业出版社,2018.

[3] 孙国峰.监管科技研究与实践[M].北京:中国金融出版社,2019.

[4] 李锐.区块链技术在金融审计中的应用研究[J].金融理论与实践,2018(10):55-59.

[5] 王颢澎,赵振智.以金融审计促进金融安全:机制与路径[J].人民论坛•学术前沿,2019(6):78-81.

[6] 张夏恒.区块链引发的法律风险及其监管路径研究[J].当代经济管理,2019(4):79-83.

[7] 李昊.监管沙盒的国际实践、效果分析及我国推行的路径选择[J].南方金融,2019(7):3-10.

[8] 卢瑶瑶,赵华伟."监管沙盒"机制对我国金融创新监管的影响[J].财会月刊,2018(19):160-164.

[9] 王斌,潘洋,王敏燕,等.区块链所需标准研究[J].大众标准化,2019(4):16-21.

[10] 和树舰.区块链在我国的监管现状及建议[J].金融科技时代,2019(7):23-25.